Thomas Fritz

Wie Sie Ihr Vermögen vernichten, 3. Auflage

**50 Anekdoten über die größten Fehler
bei der privaten Vermögens- und Unternehmensnachfolge
und wie Sie es besser machen können**

2013
HDS-Verlag
Weil im Schönbuch

Bibliografische Information der Deutschen Nationalbibliothek
Die Deutsche Nationalbibliothek verzeichnet diese Publikation
in der Deutschen Nationalbibliografie; detaillierte bibliografische Daten
sind im Internet über http://dnb.de abrufbar

Gedruckt auf säure- und chlorfreiem, alterungsbeständigem Papier

ISBN: 978-3-941480-73-5

© 2013 HDS-Verlag
Harald Dauber
www.hds-verlag.de
info@hds-verlag.de

Layout und Einbandgestaltung: Peter Marwitz – etherial.de
Druck und Bindung: STANDARTU SPAUSTUVE Druckerei

Printed in Lithuania
Januar 2013

HDS-Verlag Weil im Schönbuch

Dr. Thomas Fritz ist Inhaber der Rechtsanwaltskanzlei Dr. Thomas Fritz und Kollegen in München, mit dem Beratungsschwerpunkt **Erbrecht**, einschließlich **Unternehmensnachfolge** und **vorweggenommener Erbfolge**. Er war Vertreter der deutschen und bayerischen Industrie gegenüber dem bayerischen Landtag und den bayerischen Ministerien für den Bundesverband der Deutschen Industrie (BDI). **Dr. Thomas Fritz** ist Verfasser zahlreicher Veröffentlichungen im Bereich Erbrecht, Erbschaft- und Schenkungsteuer, Testamente und Unternehmensnachfolge.

Sie erreichen den Autor in der Kanzlei unter folgenden **Kontaktdaten**:

Tel.: 089/1783072
Fax: 089/1783748
E-Mail: mail@drthomasfritz.de
Internet: www.drthomasfritz.de

Vorwort und Gebrauchsanleitung zur 3. Auflage

Juristische Bücher zu lesen ist in der Regel kein Vergnügen. Wer das Gegenteil behauptet, tut dies nur in Gegenwart des Autors. Diesem unzumutbaren Zustand will das vorliegende Buch ein Ende bereiten: Anhand von unterhaltsamen Anekdoten werden elementare Versäumnisse und Fehler aufgezeigt, die täglich gemacht werden und dazu führen, dass mühsam erworbenes Vermögen nach dem Tod genau dorthin gelangt, wo es nie hätte landen sollen. Oder dass es zwar dorthin gelangt, wo es landen sollte, dann aber versilbert werden muss, weil die Erbschaftsteuer nicht bezahlt werden kann. Oder blockiert wird, weil die Gesellschafter eines Familienunternehmens vergessen haben, den Gesellschaftsvertrag der testamentarischen Regelung anzupassen. Oder … oder … oder …

Die Erblasser müssen das von ihnen verbrochene Resultat nicht mehr selbst erleben. Ihre Erben jedoch drehen sich zwar nicht im Grab, wohl aber nachts im Bett und verfluchen die, die ihnen durch falsche Schachzüge und fehlerhafte oder fehlende Testamente posthum die nächsten Verwandten zu Feinden und das Leben zur Hölle machen.

Was kann es Vergnüglicheres geben, als sich mit solchen Anekdoten eine unterhaltsame Zeit zu machen und nicht ohne Schadenfreude zu begreifen, wie man es keinesfalls machen sollte. Und die Lösung, wie man es hätte richtig machen können, wird gleich mitgeliefert.

Also ein Buch zum Schmunzeln, für viele Aha-Effekte und eine Gebrauchsanweisung zur Vermeidung der Situation, welche der Volksmund als Regel vorgibt: „Das Leben ist mit dem Tod nicht zu Ende, anschließend gibt es ja noch den Erbenstreit." Wir wünschen gute Unterhaltung!

Wegen der großen Nachfrage wird nun die dritte Auflage fällig. Wir haben dies zum Anlass genommen, das Buch umfassend zu überarbeiten und auf den neuesten Stand zu bringen, damit Sie weiterhin bestens informiert die beschriebenen Fallen elegant umgehen können.

Falls Sie sich auch noch über die **zwischenmenschlichen Fallstricke** beim Vererben informieren wollen, um es anschließend möglichst besser zu machen, dürfen wir Ihnen auch das neuerschiene Parallelwerk **„Wie Sie Ihre Familie zerstören – ohne es zu merken"** ans Herz legen (siehe auch die Anzeige am

Ende dieses Buches). Das Buch wurde auf Anregung etlicher Leser geschrieben, um nun auch die andere, oft übersehene Seite des Erbens zu beleuchten. Denn oft geht es nur vordergründig um das Geld, tatsächlich aber um alte Gefühle wie Liebe, Neid und Wut, die mit dem Erbe und der vermeintlichen Zurücksetzung aufbrechen. Aus diesem Grunde werden viele Erbenstreitigkeiten so erbittert geführt und hinterlassen „verbrannte Erde", bzw. zerstörte Familien.

Wir wünschen Ihnen auch mit der 3. Auflage viel Vergnügen!

München, im Dezember 2012   Dr. Thomas Fritz

Die folgenden Anekdoten sind sämtlich frei erfunden. Jegliche Ähnlichkeit mit lebenden oder verstorbenen Personen wäre rein zufällig.

Der Autor

Ganz persönlich dagegen ist mein Dank an Kolleginnen Frau Barbara Zinn und Stephanie Maull, die mich geduldig unterstützt und zur Entstehung dieses Buches beigetragen haben.

Inhaltsverzeichnis

Überblick über die erbschaft- und schenkungsteuer-rechtlichen Änderungen

Ausgangspunkt der Reform von 2009 war das am 31. Januar 2007 veröffentlich-te Urteil des Bundesverfassungsgerichts zur Besteuerung von Erbschaften und Schenkungen. Es hatte gefordert, dass Grundvermögen, Betriebsvermögen, An-teile an Kapitalgesellschaften und land- und forstwirtschaftliche Betriebe zukünf-tig – anders als bisher – mit ihrem **Verkehrswert** bewertet werden müssen, da sonst die Erwerber solcher Vermögensgegenstände gegenüber den Erwerbern von Geldvermögen ungerechtfertigt bevorzugt würden.

Das zum 1. Januar 2009 wirksam gewordene Erbschaft- und Schenkungsteuerge-setz (offizieller Name „Gesetz zur Reform des Erbschaftsteuer- und Bewertungs-rechts – ErbStRG –) hat diese Ziele umgesetzt. Das neue Gesetz stellt unter ande-rem sicher, dass bei selbst genutzten Eigenheimen der Übergang auf die nächste Generation möglich ist, ohne dass die Familie wegen der Steuerlast die Immobi-lie verkaufen muss und ermöglichst dies der Familie – unter bestimmten Bedin-gungen – sogar ohne Rücksicht auf die Höhe des Verkehrswertes der Immobilie (siehe im Einzelnen Kapitel 21). Ebenso wurde ein Kompromiss für die Weitergabe von Betriebsvermögen an die nächste Generation erarbeitet, der allerdings trotz seiner Verabschiedung weiterhin heftig umstritten ist (hierzu im Einzelnen siehe Kapitel 24). Zu den geänderten gesetzlichen Neuregelungen gehören natürlich auch die genauen Bestimmungen des Bewertungsgesetzes, d.h. wie die Verkehrs-werte errechnet werden.

Mindestens genauso bedeutsam ist natürlich die gesetzliche Regelung der Freibe-träge, auch hierzu ausführlich die folgenden Kapitel, insbesondere das Kapitel 21, „Steuerrecht und Erbrecht".

Auf die Änderung des Erbschaftsteuerrechts folgte die Reform des Erbrechts, wel-che nunmehr seit dem 1. Januar 2012 in Kraft ist. Nach – nicht unumstrittener – Auffassung der großen Koalition hat (so die amtliche Begründung) „aufgrund gesellschaftlicher Entwicklungen und veränderter Wertvorstellungen, insbeson-dere einer stärkeren Berücksichtigung der Persönlichkeitsrechte des Einzelnen, sowie durch die Akzeptanz nicht traditionell vorgegebener Lebensentwürfe, sich im Erbrecht, vor allem im Pflichtteilsrecht Änderungsbedarf ergeben". Ob und gegebenenfalls inwieweit tatsächlich Änderungsbedarf besteht, ist eine gesellschaftspolitische Frage, die jeder für sich selbst beantworten muss. Das Prinzip „Blut ist dicker als Tinte" wird zukünftig zurückgedrängt: Die Rechte der Pflichtteilsberechtigten (also der nächsten Familienangehörigen) werden geschwächt, wohingegen die Rechte der gewillkürten (also der durch Testament eingesetzten) Erben erheblich gestärkt werden. Kurz zusammengefasst könnte man formulieren: Erbrechtlich werden in Zukunft Verwandtschaft und Ehe weniger Bedeutung haben, weil die Rechte der Pflichtteilsberechtigten deutlich verschlechtert werden. Wer also heute darauf baut, dass er „auf alle Fälle ohnehin einen guten Teil des Erbes erhält", der muss sich inzwischen darauf einstellen, dass dies nicht mehr in dem gleichen Umfang der Fall sein wird wie bisher.

Während es bei der **Erbschaftsteuerreform** um die Steuergerechtigkeit geht, geht es bei der **Erbrechtsreform** um die Gerechtigkeit zwischen den Verwandten und anderen nahestehenden Personen und schließlich auch um das Misstrauen innerhalb der Familie, weil sich die Familien nach dem neuen Recht weniger auf „das Wort" des Erblassers werden verlassen können als bisher. In Familienunternehmen wie aber auch in sonstigen Familien ein ganz heißes Eisen.

Wir wünschen bei der Lektüre gute Unterhaltung!

1 Muss ich überhaupt ein Testament machen – und wann?

Welche Alternative gibt es zum Testament?

Die Punktlandung (Anekdote 1)

Falk Adler hatte als Fallschirmspringer in der Fremdenlegion Karriere gemacht und dort seine gesamte Berufszeit gedient. Durch und durch Soldat verspürte er anschließend keine Lust, sich in ziviler Arbeit zu verlieren. Falk Adler war unverheiratet und kinderlos. Er hatte ein kleines Vermögen geerbt, zählte seine Dukaten und beschloss, eine Punktlandung (wie er zu sagen pflegte) zu machen: Zu diesem Zweck schaute er in die Familiengeschichte und stellte fest, dass sein Vater, sein Großvater und auch sein Urgroßvater jeweils 77 Jahre geworden waren. Wenn er sein Vermögen gut anlegen würde, so dachte sich Falk, dann könnte er aus Zinsen und Substanz 20 Jahre (das wäre genau bis zu seinem 77. Lebensjahr) gut leben, dann wäre das Vermögen aufgebraucht.

Das war die „Punktlandung", die sich Falk Adler ausgedacht hatte: Sterben in dem Moment, in dem nichts mehr da ist. Konsequenz dieses Planes, auf den er sich fest und zuversichtlich einstellte, war u.a., dass Falk Adler kein Testament machte, da dies seinem Plan entsprechend überflüssig war.

Falk Adler verstarb an seinem 77. Geburtstag. Die Obduktion ergab, dass er die Einhaltung seines Lebensplans mit einer tüchtigen Portion Strychnin unterstützt hatte.

Lieber Leser, wenn Sie Ihre Lebensplanung in dieser Geschichte nicht wiederfinden, so sollten Sie die folgenden Kapitel durchlesen. Sie sind mit bunten Geschichten illustriert, um Ihnen den Aufenthalt mit diesem Buch so angenehm wie möglich zu gestalten. Die Antworten auf Ihre Fragen werden übrigens gleich mitgeliefert.

Es ist nie zu früh und manchmal zu spät (Anekdote 2)

Wann soll ich mein Testament machen?

Rudi Rastlos war ein brillanter Journalist. Sein messerscharfer Verstand wurde bewundert und gefürchtet. Als er im Alter von 70 Jahren seiner – wie sich später herausstellte letzten – Lebensgefährtin begegnete, war sein Intellekt immer noch so bestechend wie eh und je. Tanja, 41 Jahre alt, ließ Rudi sein Alter vergessen und während er ihr Weihnachtsmann war, brachte sie ihm noch einmal den Sommer zurück.

Am Abend seines 73. Geburtstags erlitt Rudi einen Gehirnschlag, in dessen Folge er geistig langsam, aber ständig abbaute.

Viel zu spät dachte Rudi daran, seine Lebensgefährtin testamentarisch zur Alleinerbin zu machen: Denn als er dies tat, befand er sich bereits in einem Zustand, in den man ihn mit einigem Wohlwollen als noch geschäftsfähig, bei bösartigem Betrachten aber bereits als dement bezeichnen konnte bzw. musste. In diesen Zustand kommen wir fast alle und zwar meist früher als vermutet und gerade dann merken wir es nicht mehr, weswegen die folgenden Zeilen von **jedem** gelesen werden sollten.

Als Rudi Rastlos einige Monate später starb, fochten seine beiden Söhne das Testament mit dem Argument an, ihr Vater sei bei dessen Abfassung nicht mehr testierfähig gewesen. Zum Beweis führten sie ein Gutachten des behandelnden Neurologen an, aus dem sich ergab, dass Rudi Rastlos sich bereits in den Wochen vor der Testamentserrichtung in einem Zustand befunden hatte, in dem er nicht mehr zuverlässig einen freien Willen bilden konnte, mit anderen Worten: dass er in dieser Zeit bereits testierunfähig war.

Indirekt warfen die Söhne von Rudi also seiner Lebensgefährtin Tanja vor, dass sie ihm in den letzten Wochen seines Lebens ein von ihr veranlasstes Testament „untergeschoben" habe, das letztlich nicht seinen eigenen freien letzten Willen darstellte. Es kam zum Prozess. Tanja ließ eine ganze Reihe von Zeugen vernehmen, die bezeugen konnten, dass Rudi Rastlos auch in den letzten Wochen seines Lebens durchaus Phasen hatte, in denen er hundertprozentig Herr seiner Gedanken war. U.a.

traten als Zeugen auch der Hausarzt und der Rechtsanwalt auf, in deren Anwesenheit Rudi Rastlos sein (kurzes) Testament geschrieben hat. Es nützte alles nichts: Im Ergebnis „sticht" das neurologische Gutachten und Tanja verlor den Prozess. Die beiden Söhne, denen Rudi eigentlich am liebsten überhaupt nichts hätte zukommen lassen, weil sie ihr Leben lang nur schmarotzende Tu-Nicht-Gute gewesen waren, erhielten das gesamte Vermögen.

Gerechtigkeit des Schicksals

Drei Wochen nach Prozessgewinn überschlägt sich einer von Rudi Rastlos' Söhnen mit seinem nagelneuen Porsche und stirbt noch an der Unfallstelle. Seine langjährige Lebensgefährtin Rosi erbt nichts, denn angesichts seines jugendlichen Alters von 37 Jahren hatte Rudi Rastlos Sohn kein Testament gemacht. Sein Bruder erbt alles.

Ergebnis: Ein Testament gehört zum Leben wie Essen und Trinken. Ob Sie sich noch wie 37 fühlen oder es tatsächlich noch sind, spielt keine Rolle: Wer kein Testament in der Schublade hat, handelt gegenüber denjenigen, die er liebt und die ihm vertrauen, verantwortungslos. Schauen Sie sich in den nächsten Kapiteln an, wie Ihr Testament aussehen muss, damit Ihr Vermögen auch dort ankommt, wo Sie es nach Ihrem Tod gerne hätten.

Merksatz für Skatspieler: Neurologe sticht Hausärzte und Juristen.

2   Das Berliner Testament

Warum das „Berliner Testament" zwar die beliebte Standardlösung ist, häufig aber nicht passt

Das klassische Berliner Testament lautet in etwa wie folgt:

„Wir, Vater und Mutter, setzen uns hiermit gegenseitig zu Alleinerben ein. Nach dem Tod des Zweitversterbenden erben unsere Kinder zu gleichen Teilen."

Diese Regelung entspricht dem in der Regel vorherrschenden Interesse innerhalb einer Familie: Der überlebende Ehegatte soll das Vermögen des Erstversterbenden erhalten, um weiterhin ein sorgenfreies Leben führen zu können. Erst nach seinem Tod sollen die Kinder das, was nach dem Tod des zweitversterbenden Ehegatten übrig bleibt, erben.

So weit so gut. Die negativen Folgen des Berliner Testaments sind insbesondere

- dass das Ergebnis häufig den wirklichen Interessen der Familie nicht entspricht,

- dass häufig zu viel Erbschaftsteuer gezahlt werden muss, wie die folgende Anekdote zeigt.

Die Standardlösung, die 2 Mio. € Steuer kostete (Anekdote 3)

Als Dr. Adam und Brigitte Riese 1975 ihr erstes Kind bekommen hatten, machten sie das klassische Berliner Testament mit dem am Anfang dieses Kapitels angeführten Text. Zwischenzeitlich waren beide 66, Adam ein wohlhabender Geschäftsmann und Eva hatte einiges von ihren Eltern geerbt. Die beiden Söhne entwickelten sich prächtig. An die Vermögensnachfolge dachte keiner mehr; „man hatte ja ein Testament gemacht". Als Adam beim Bergsteigen tödlich verunglückte, wurde Brigitte seine Alleinerbin und bezahlte 1 Mio. € an Erbschaftsteuer. Drei Jahre später starb auch Brigitte. Die beiden Söhne wurden ihre Erben und bezahlten gemeinsam wieder 1 Mio. € Erbschaftsteuer. Die beiden Söhne waren sich – übrigens zu Recht – einig, dass ihre Eltern betreffend ihre Vermögensnachfolge nach dem Prinzip Ludwigs XV. „nach mir die Sintflut" gehandelt hatten.

Durch die Zweiteilung des Vermögensübergangs auf die nächste Generation, nämlich zunächst Übergang des väterlichen Vermögens auf die Ehefrau und dann von der Ehefrau an die Kinder, fiel für das gleiche Vermögen zweimal die Erbschaftsteuer an. Wenn das zu vererbende Vermögen weit höher ist als die gesetzlichen Freibeträge (siehe dazu Kapitel 20), kann mit entsprechender testamentarischer Gestaltung erreicht werden, dass diese „Doppelbesteuerung" ganz oder teilweise entfällt.

Eine dieser Maßnahmen wäre gewesen, alles Vermögen des Adam, das Brigitte nicht für ihren Lebensunterhalt brauchte, bereits nach dem Tod des Vaters an die beiden Söhne zu vererben. Diese hätten somit ihre Kinderfreibeträge nach dem Tod des Vaters ausschöpfen und nach dem Tod der Mutter nochmals die Freibeträge nach der Mutter in Anspruch nehmen können, also statt 400.000 € 800.000 € pro Kind. Insgesamt wären allein durch diese einfache Maßnahme (Ausnutzung der Freibeträge) bei beiden Brüdern zusammen 1,6 Mio. € nicht der Erbschaftsteuer unterworfen worden.

Eine andere – evtl. mit der ersten Möglichkeit kombinierbare – Alternative hätte darin bestanden, dass nach dem Tod von Adam die beiden Söhne bereits den größeren Teil des Vermögens von Adam geerbt hätten und die Mutter zum Zweck ihrer Versorgung lediglich den Nießbrauch (z.B. an Unternehmensgewinnen oder Mieteinnahmen) erhalten hätte.

(Wegen mit dem Nießbrauch eventuell verbundener Probleme siehe allerdings Kapitel 18.)

Berliner Testament: Thema mit Variationen (Anekdote 4)

Mark Farmer hatte mit Warentermingeschäften (Schweinehälften) ein beträchtliches Vermögen gemacht. Seine Ehe mit seiner Frau Jane war glücklich. Seine Tochter Liane war schön. Einziger Schönheitsfehler war, dass Liane bei der Auswahl ihrer Männer jeglichen Instinkt vermissen ließ. Vater Mark war klar, dass einige der Wölfe, die ums Haus schlichen, es mehr auf die Mitgift denn auf seine Tochter selbst abgesehen hatten. Mark und Jane Farmer ließen sich beraten, wie sie erreichen könnten, dass im Falle ihres Todes zumindest die übelsten Mitgiftjäger von der Tochter Liane ablassen würden. Ergebnis war eine Variante des sog. „Berliner Testamentes": Die Tochter wurde zwar zur Alleinerbin des überlebenden Ehegatten eingesetzt, aber sie wurde nur sog. nicht befreite Vorerbin, d.h. kam an die Substanz des Vermögens nicht heran, sondern durfte lediglich die Früchte (Dividenden, Mieteinnahmen, Zinsen etc.) verbrauchen. Zur Vollerbin ohne jegliche Beschränkung (d.h. mit dem Recht, auch über die Substanz des Erbes zu verfügen, würde sie erst mit Erreichen des 50. Lebensjahres werden, wenn sie – so die Hoffnung der Eltern – menschlich erfahren und sittlich gereift wäre. Außerdem versahen die Eltern ihr Testament mit einer sog. **Pflichtteilsstrafklausel:**

„Für den Fall, dass unsere Tochter nach dem Tod des Erstversterbenden von uns beiden ihren Pflichtteil verlangen sollte, erhält sie nach dem Tod des Zweitversterbenden auch nur den Pflichtteil. Erbe nach dem Tod des Zweitversterbenden von uns beiden wird in diesem Fall die Heilsarmee."

Die Liste der Fälle, in denen die klassische Konstruktion des Berliner Testamentes durch die eine oder andere testamentarische Regelung ersetzt oder variiert werden **muss**, um zum wirtschaftlich optimalen Ergebnis zu kommen, könnte fast unbegrenzt fortgesetzt werden.

Merke: Was alle machen, muss für Sie nicht das Richtige sein. In mindestens der Hälfte aller Fälle entspricht das sog. „Berliner Testament" nicht oder nur in Verbindung mit zusätzlichen Regelungen dem wirklichen Familieninteresse.

Bei dieser Gelegenheit sei noch ein Nachteil des Berliner Testaments erwähnt: Wie bei vielen anderen Ehegatten-Testament-Konstruktionen ist auch beim Berliner Testament der überlebende Ehegatte nach dem Tod des erstversterbenden Ehegatten **gebunden**, d.h. nicht mehr in der Lage, anderweitig als vereinbart zu testieren. Haben beispielsweise die Ehegatten festgelegt, dass nach dem Tod des zweitversterbenden Ehegatten beide Kinder zu gleichen Teilen erben sollen und stellt sich nach dem Tod des erstversterbenden Ehegatten heraus, dass eines der Kinder durch Schicksalsschläge verarmt ist und daher eigentlich drei Viertel des elterlichen Vermögens benötigt, während das andere Kind auf sein Erbe nicht angewiesen wäre, kann der überlebende Ehegatte dieser neuen Situation nicht mehr Rechnung tragen. Erben werden dann beide Kinder zu gleichen Teilen, auch wenn klar ist, dass auch der zuerst verstorbene Ehegatte bei entsprechender Kenntnis das in wirtschaftliche Schwierigkeiten geratene Kind im Testament deutlich bevorzugt hätte. Für solche Notfälle können sog. **Öffnungsklauseln** in das Testament aufgenommen werden, die dem überlebenden Ehegatten für bestimmte (Not-)Fälle Handlungsspielräume eröffnen.

Beispiel für eine Öffnungsklausel:
„Der überlebende Ehegatte ist befugt, die Erbquoten unter unseren beiden Kindern abzuändern, wenn die wirtschaftliche Entwicklung bei einem unserer Kinder dies notwendig machen sollte."

Fazit: Wer das Berliner Testament macht, ohne vorher genau geprüft zu haben, ob es für ihn tatsächlich die optimale Regelung darstellt, der hat ein hohes Risiko, viel oder alles falsch zu machen. Zu den u.U. katastrophalen steuerrechtlichen Folgen des Berliner Testaments lesen Sie Kapitel 21, „Steuerfalle 3".

Folgenschweres Missverständnis über die Wirkungsweise des Berliner Testamentes (Anekdote 5)

Als im Jahre 1975 Eva Schön ihren Adam Reich verführte und noch im gleichen Jahr ehelichte, geschah dies nicht nur mit Hilfe eines Apfels, sondern ebenso unter Zuhilfenahme verführerischer Kleider und ebensolcher Schmuckstücke, die Eva über alles liebte. Evas Leidenschaft fürs Schöne endete aber nicht mit der Eroberung Adams, sondern entwickelte sich parallel zu dem zunehmenden wirtschaftlichen Erfolg Adams in früher ungekannte Höhen. Wenn Adam auch nicht das von seiner Mutter mehrfach verwendete Wort „Verschwendungssucht" benützen wollte, so hatte er doch aus genau diesem Grund das von ihm erarbeitete Vermögen immer in seiner Person gehalten. Und sein Berliner Testament – so dachte er ebenso wie seine Söhne – würde dazu führen, dass nach seinem Tod Eva sein Vermögen zwar nutzen, jedoch nicht verbrauchen könnte. Als nach Adams Tod Eva zwei der gerade geerbten Mietshäuser verkaufte, um sich mit ihrer nie ganz vergessenen Jugendliebe Aeneas in Sizilien niederzulassen, wollten ihr die beiden Söhne dies gerichtlich verbieten lassen. **Vergeblich:** In der Begründung seines Urteils erläuterte das Gericht, dass sowohl Adam als auch die beiden Söhne das System des Berliner Testamentes nicht verstanden hatten. Richtig ist nämlich, dass durch das Berliner Testament der überlebende Ehegatte zum **Vollerben** wird, d.h. mit dem von ihm ererbten Vermögen machen kann, was er will. Adam und seine beiden Söhne hatten allerdings – wie viele Zeitgenossen – geglaubt, dass der überlebende Ehegatte nur **Vorerbe** wird, d.h. über das von ihm ererbte Vermögen nicht verfügen darf und nach der Nutzung des ererbten Vermögens dieses an die Kinder weitergeben muss.

Wichtig: Durch das Berliner Testament wird der überlebende Ehegatte zum Vollerben, der zu seinen Lebzeiten über das ererbte Vermögen unbeschränkt – z.B. durch Verkauf oder Verbrauch – verfügen kann, auch wenn er es nicht anders als im gemeinsamen Testament bestimmt vererben darf. Wer seinen Ehepartner der Verschwendungssucht zu Lasten der nachfolgenden Generation verdächtigt, muss den Ehepartner ausdrücklich als Vorerben und die Kinder als Nacherben einsetzen. Dabei kann im Testament im Einzelnen aufgeführt werden, was der überlebende Ehepartner mit dem geerbten Vermögen machen darf und was nicht.

3 Die Bewertung des zu übertragenden Vermögens ist wesentlicher Teil der Nachfolgeplanung – Insbesondere: Die Unternehmens- und Immobilienbewertung

Die Unternehmens- und Immobilienbewertung (Anekdote 6)

Randolf Eisenhardt hatte im Lauf der Jahre seine Spenglerei zu einem erfolgreichen Unternehmen der Metall verarbeitenden Industrie entwickelt. Randolf war ein genialer Tüftler, Zahlen interessierten ihn weniger. Bei seinen Mitarbeitern war er wegen seines bescheidenen Auftretens beliebt; keiner wusste, dass Randolf unter ständigen Selbstzweifeln und mangelndem Selbstwertgefühl litt. So glaubte er auch, dass im Vergleich zu seinen größeren Konkurrenten sein Betrieb nur „eine Klitsche" sei. Dementsprechend bescheiden in der Formulierung und desaströs im Ergebnis fiel sein Testament aus:

„… meine drei Kinder werden Erben zu gleichen Teilen. Rüdiger soll die Firma übernehmen, Barbara bekommt das Mietshaus in der Mozartstraße und Angelika mein Wohnhaus und das Wochenendhaus am Kochelsee."

Barbaras Mann war Banker. Nach dem Tod seines Schwiegervaters wollte er seinem Schwager Rüdiger, dem neuen Firmennachfolger, zeigen, „wo der Bartl den Most holt" und verlangte, dass sämtliche Vermögenswerte des Nachlasses geschätzt werden. Dabei stellte sich heraus, dass Randolfs „Klitsche" selbst bei niedrigster Bewertung 8 Mio. € wert war. Das für Barbara gedachte Mietshaus hatte einen Wert von 2 Mio. €, das Wohnhaus und das Wochenendhaus zusammen einen Wert von ebenfalls 2 Mio. €. Insgesamt betrug der Nachlasswert also 12 Mio. €.

Damit ergab sich – weil gemäß Testament die Kinder „zu gleichen Teilen" erben sollten – eine Ausgleichspflicht von Rüdiger gegenüber seinen beiden Schwestern in Höhe von jeweils 2 Mio. €, insgesamt also 4 Mio. €. Diesen Betrag zuzüglich der Erbschaftsteuer hatte Rüdiger weder zur Verfügung, noch konnte er diesen mit Hilfe der Firma erwirtschaften. Er musste das Unternehmen veräußern; für 8 Mio. € ging es an einen seiner Konkurrenten, der übrigens ein sehr guter Kunde der Bank seines Schwagers war. Rüdiger und Barbara blieben für immer verfeindet.

Wäre Randolf Eisenhardt etwas selbstbewusster gewesen, dann hätte er den Wert seiner Firma wesentlich höher eingeschätzt als er dies getan hatte. Dann wäre ihm möglicherweise auch klar geworden, dass seine Vermögensstruktur (Firmen- und Privatvermögen) in Verbindung mit seinem Testament („jedes Kind soll gleich viel bekommen") eine Zeitbombe darstellte, die mit seinem Tod zur Explosion kommen musste. Mit dieser besseren Erkenntnis hätte Randolf Eisenhardt testamentarisch verfügt, dass – über die Grenze des **Pflichtteilsrechtes** hinaus – eine Ausgleichungspflicht zwischen den Erben nicht besteht, Rüdiger also das Unternehmen ohne zusätzliche Auszahlung seiner Schwestern hätte weiterführen können. **Wie aber, so fragen viele Unternehmer, soll ich wissen, was mein Unternehmen wert ist.**

In der Tat ist – wie es einmal ein Experte formuliert hat – die Frage der richtigen Unternehmensbewertung eines der letzten ungelösten Probleme unseres Planeten. Fragt man zwei Unternehmensbewerter, so erhält man drei verschiedene Antworten und diese innerhalb eines enorm breiten Spektrums. Wirklich professionelle Unternehmensbewertungen erstellen darauf spezialisierte Wirtschaftsprüfer und Steuerberater. Nur diese sollten für die Unternehmensbewertung in Anspruch genommen werden und zwar aus folgenden Gründen:

1. Zum einen ist die Frage der Unternehmensbewertung inzwischen eine so komplizierte geworden, dass nicht spezialisierte Personen diese Arbeit nicht präzise verrichten können. Frühere Bewertungssysteme wie beispielsweise das sog. Stuttgarter Verfahren sind heute weitgehend überholt. Derzeit gelten die Bewertungsgrundsätze des Instituts der Wirtschaftsprüfer vom 18.10.2005 (IdW S. 1). Bewertungen erfolgen heute kaum mehr aufgrund der Zahlen früherer Jahre, sondern fast ausschließlich aufgrund von Zukunftsprognosen, die die Zahlen der Vergangenheit lediglich als Orientierungshilfe nutzen. Die Unternehmensbewertung ist also zwischenzeitlich zu einer „Wissenschaft für sich" geworden.

2. Im Erbauseinandersetzungsverfahren benötigen alle Beteiligten eine Unternehmensbewertung von auch bei Gerichten anerkannten Unternehmensbewertern. Diese müssen auch bereit sein, ihre Zahlen und Bewertungen vor

Gericht „zu verteidigen" und werden von den Gerichten auch als seriös gehört. Andernfalls kommt es zu sich widersprechenden Partei- und Gerichtsgutachten und die evtl. weit auseinander liegenden Bewertungsergebnisse bilden dann die Grundlage für zum Teil obskure und nicht praktikable Kompromissvorschläge.

3. Die Unternehmensbewertung muss auch von den Steuerbehörden anerkannt werden. Denn ohne anerkannte Unternehmensbewertung kann das Finanzamt die Erbschaftsteuer nicht festlegen. Die richtige Unternehmensbewertung stellt deswegen auch eine wichtige Komponente für die Höhe der anfallenden Erbschaftsteuer und damit für die Finanzierbarkeit der Erbfolgeregelung dar. Ergibt die Bewertung, dass das Unternehmen einen so hohen Wert hat, dass die Erbschaftsteuer nie bezahlt werden kann, ohne dass dadurch das Überleben des Unternehmens gefährdet würde, dann entsteht dringender Handlungsbedarf: Entweder müssen zusätzliche Investoren gefunden werden, die Anteile am Unternehmen erwerben oder das Unternehmen muss – im schlimmsten Fall – rechtzeitig, d.h. ohne Zeitdruck, verkauft werden.

Die gleichen Überlegungen zur Finanzierbarkeit der Erbschaftsteuer ergeben sich übrigens auch bei der Unternehmensnachfolge zu Lebzeiten. Hier kann nach der seit dem 1. Januar 2009 geltenden Regelung die Steuerbelastung unter bestimmten Voraussetzungen reduziert werden (siehe dazu in Kapitel 21); bei entsprechend hohem Unternehmenswert können die Steuerzahlungen aber zu den oben bereits genannten Notwendigkeiten führen.

Im Ergebnis war also das Verhalten von Randolf Eisenhardt einschließlich seines Testamentes für die nächste Generation eine einzige Katastrophe. Aber auch wenn Randolf Eisenhardt sein Testament wie folgt richtig gemacht hätte:

„Im Wege der Teilungsanordnung bestimme ich:
Der Sohn Rüdiger bekommt die Firma, die Tochter Barbara das Mietshaus in der Mozartstraße, die Tochter Angelika mein Wohnhaus und das Wochenendhaus am Kochelsee. Hiermit bestimme ich, dass die sich durch diese Teilungsanordnung ergebenden Wertunterschiede nicht ausgeglichen werden sollen",

wäre auch in diesem Fall eine Unternehmensbewertung erforderlich gewesen: Denn auch bei einer Teilungsanordnung mit der Klausel, dass Wertunterschiede nicht ausgleichungspflichtig sind, kann es – wenn das Unternehmen wesentlich mehr wert ist als vom Erblasser geschätzt – dazu kommen, dass die Kinder, die nicht am Firmenvermögen beteiligt werden, mit den ihnen zugewendeten Werten nur auf ein Erbe in Höhe des gesetzlichen Pflichtteils kommen oder sogar darunter fallen. In diesen Fällen können sie ihren Erbteil ausschlagen und den Pflichtteil in Geld verlangen, der dann möglicherweise vom ausgleichungspflichtigen Firmenübernehmer gar nicht bezahlt werden kann. **Somit gilt: Für eine geordnet ablaufende und auch finanzierbare Nachfolgeregelung ist in jedem Fall eine Unternehmensbewertung erforderlich.**

Teilweise kann das Unternehmensbewertungsproblem dadurch gelöst werden, dass bereits in der Gesellschaftssatzung des Unternehmens festgelegt wird, wie das Unternehmen bewertet werden soll. Allerdings ersetzt die Festlegung der Parameter in der Gesellschaftssatzung des Unternehmens natürlich nicht die konkrete Unternehmensbewertung selbst. Und diese sollte – auch wenn die Parameter bereits im Gesellschaftsvertrag festgelegt sind – nicht erst im Todesfall, sondern aus den vorgenannten Gründen sehr frühzeitig und gegebenenfalls in bestimmten zeitlichen Abständen immer wieder neu erfolgen, um den Erbfall richtig vorzubereiten. Unternehmensbewertungen müssen also „auf Wiedervorlage" gelegt werden.

Infolge des seit dem 01.01.2009 geltenden neuen Erbschaft- und Schenkungsteuergesetzes sowie des ebenfalls seit der 01.01.2009 geltenden geänderten Fassung des Bewertungsgesetzes ist für die Besteuerung jetzt nur noch und **ausschließlich der Verkehrswert** entscheidend.

Dabei ist aber zu beachten, dass – anders als bei der Ermittlung des Unternehmenswertes im Zusammenhang mit einem Unternehmenskauf, wo sich die Parteien regelmäßig auf ein Verfahren zur Bewertung des Unternehmens einigen – die Ermittlung des Verkehrswertes zur Besteuerung nach dem vom Bewertungsgesetz vorgesehenen Verfahren erfolgen muss. Das Betriebsvermögen wird jetzt einheitlich, d.h. unabhängig davon, ob es sich um eine Beteiligung an einer Kapital- oder Personengesellschaft handelt, nach dem **Ertrag** bewertet, soweit nicht ein zeitnaher vorheriger Unternehmensverkauf vorliegt, aus dem sich der Marktwert ermitteln lässt. Bei der Ermittlung des Ertragswertes sind die üblichen Bewertungsmethoden, also insbesondere das Ertragswertverfahren nach dem IDW S. 1, das Discount Cashflow-Verfahren und ähnliche Verfahren anzuwenden.

Nach § 199 des Bewertungsgesetzes kann statt dieser anerkannten Verfahren auch das sogenannte vereinfachte Ertragswertverfahren nach § 200 Bewertungsgesetz angewandt werden, wenn dieses nicht zu offensichtlich unzutreffenden Ergebnissen führt.

Durch dieses vereinfachte Ertragswertverfahren will der Gesetzgeber vor allem Inhabern und Erben kleinerer Unternehmen die Möglichkeit bieten, ohne hohen Ermittlungsaufwand und Kosten für ein Gutachten die Bewertung des Betriebsvermögens vorzunehmen. Die Bewertung nach dem vereinfachten Ertragswertverfahren dürfte aber in der Praxis zu erheblicher Rechtsunsicherheit führen, da oft nicht ohne weiteres, d.h. insbesondere nicht ohne parallele Bewertung nach einem anerkannten Bewertungsverfahren, festzustellen ist, ob die Bewertung nicht „zu offensichtlich unzutreffenden Ergebnissen" geführt hat. Hier bleibt die höchstrichterliche Rechtsprechung zu der Frage, ab wann Ergebnisse „offensichtlich unzutreffend" sind, abzuwarten.

Kann das vereinfachte Ertragswertverfahren durchgeführt werden, ist zur Ermittlung des Ertragswertes der zukünftig nachhaltig erzielbare Jahresertrag mit dem Kapitalisierungsfaktor des § 203 Bewertungsgesetz zu multiplizieren. Der Kapitalisierungsfaktor ist der Kehrwert aus dem Kapitalisierungszinssatz. Der Kapitalisierungszinssatz setzt sich nach § 203 Abs. 1 des Bewertungsgesetzes zusammen aus einem Basiszins und einem Zuschlag von 4,5 %, wobei der Basiszins aus der langfristig erzielbaren Rendite öffentlicher Anleihen abzuleiten ist. Das Bundesministerium der Finanzen veröffentlicht diesen maßgeblichen Basiszins regelmäßig im Bundessteuerblatt.

Es bleibt hier darauf hinzuweisen, dass das zur Unternehmensbewertung Gesagte keine Anleitung zur Do-it-your-self-Bewertung sein, sondern lediglich einen – naturgemäß unvollständigen – Überblick über die Bewertung nach der Erbschaftsteuer- und Bewertungsrechtsreform geben kann.

Für die Praxis lässt sich das Ergebnis wie folgt zusammenfassen:

Seit dem 01.01.2009 gilt nur noch der **Verkehrswert** des Unternehmens als Bewertungsgrundlage. Damit ist die Ermittlung des Verkehrswertes zukünftig nicht nur für die Berechnung von Pflichtteilsansprüchen bzw. Pflichtteilsergänzungsansprüchen oder Ausgleichungsansprüchen unter Erben (siehe oben) wichtig, sondern auch für die Berechnung der Erbschaft- bzw. Schenkungsteuer unerlässlich.

Zukünftig ist eine Feststellung des Verkehrswertes des Unternehmens schon deswegen erforderlich, damit der Erblasser bzw. (bei Übergabe des Unternehmens zu

Lebzeiten) der Schenker weiß, ob er bzw. seine Nachfolger die geschuldete Erbschaftsteuer überhaupt aufbringen können, ob sie möglicherweise die Stundung von Ansprüchen des Finanzamtes wie auch von Pflichtteilsberechtigten erbitten müssen etc. Jeder Unternehmer muss also in Zukunft ein doppeltes Interesse an der Kenntnis des Verkehrswertes seines Unternehmens haben.

Wie weiter unten (siehe Kapitel „Unternehmensnachfolge ganz oder teilweise zu Lebzeiten?") noch dargestellt wird, sind Unternehmensübertragungen zu Lebzeiten oder von Todes wegen ganz steuerfrei, wenn das Unternehmen mindestens sieben Jahre gehalten wird und bestimmte Voraussetzungen erfüllt werden. Zu diesen Voraussetzungen gehört insbesondere die Beibehaltung der Lohnsumme. Gelingt dem Unternehmensnachfolger die Einhaltung dieser Bedingungen, so kommt es auf den Verkehrswert des Unternehmens in solchen Fällen nicht an, da der Nachfolger von der vollständigen Steuerbefreiung profitiert. Ob der Nachfolger die Bedingungen allerdings einhalten kann, weiß er natürlich erst, wenn die vom Gesetzgeber zur Bedingung gemachte Frist von sieben bzw. zehn Jahren abgelaufen ist.

Bei den **Immobilienbewertungen** (gleiches gilt natürlich auch für andere Vermögenswerte wie Bilder etc.) sollten Sie ebenfalls nur anerkannte Spezialisten hinzuziehen. „Mal einen Makler fragen" kann zwar durchaus Anhaltspunkte geben, bringt jedoch im Erb- und Streitfall nichts. Entscheidend sind Gutachten eines öffentlich bestellten und vereidigten Sachverständigen oder aber die Gutachten der sog. Gutachterausschüsse der Gemeinden oder Landkreise. Wenn der Erblasser – zu seiner eigenen Information wie auch zur Orientierung für seine Erben – ein solches Gutachten machen lässt, dann schließt dies zwar nicht 100 %ig aus, dass sich die Erben und Pflichtteilsberechtigten später einmal um die Frage des Wertes streiten. Trotzdem gilt: Wenn das Gutachten sorgfältig ausgearbeitet ist, werden sich spätere Gutachten nicht gänzlich aus dem Rahmen der Wertermittlung des ersten Gutachtens hinausbewegen. Daher bietet ein solches vom Erblasser in Auftrag gegebenes Gutachten, eine solide Grundlage für die spätere Nachlassverteilung.

Merke: Infolge der seit dem 01.01.2009 geltenden erbschaft- und schenkungsteuerlichen Änderungen sowie des neuen Bewertungsgesetzes ist der volle Verkehrswert der Immobilie als Grundlage für die Besteuerung von Schenkungen und Erbschaften maßgebend.

Ergebnis: Aus der Bewertung des Vermögens ergeben sich folgende entscheidende Hinweise:

1. Der Verkehrswert des Unternehmens.

2. Die Höhe einer später einmal von den Erben zu bezahlenden Erbschaftsteuer.

3. Die Antwort auf die Frage, ob im speziellen Fall ein Betriebsübergang zu Lebzeiten (evtl. mit Nießbrauch für den übergebenden Elternteil, siehe dazu Kapitel 21) die sinnvollere weil evtl. steuerlich günstigere Lösung darstellt.

4. Der Wert des Unternehmens im Verhältnis zum Wert des Privatvermögens.

5. Die Antwort auf die Frage, ob der dem einzelnen Erben zugewandte Vermögensgegenstand (Unternehmen bzw. Privatvermögen) zumindest den Wert seines Pflichtteils hat?

4 Gibt es in den letzten Dingen totale Gerechtigkeit?

Frühere Schenkungen und Ausgleichspflicht unter den Erben

Im Kapitel 3 wurde das Thema verschieden hoher Zuwendungen an die Erben per Testament und eventuelle Ausgleichungspflichten besprochen. Denkbar ist aber auch, dass der Erblasser **bereits zu Lebzeiten** an einen oder mehrere seiner Abkömmlinge Zuwendungen getätigt hat. Müssen diese nach seinem Tod ausgeglichen werden?

Anekdote 7

Witwer Gunther liebte Wagner und seine drei wohlgeratenen Kinder. Alle drei wollte er nach seinem Tod im gleichen Umfang bedenken. Zu Lebzeiten hatte er ihnen bereits verschiedenen Wohltaten zukommen lassen:

- Seine Tochter Brunhild hatte außer einem Faible für Reisen in den hohen Norden keine teuren Hobbys. Sie begeisterte sich für alle Sportarten, so neben dem Ringen auch für den Speerwurf. Aus diesem Grund hatte Gunther ihr zum Beginn ihres Sportstudiums einen alten Speer, ein Familienerbstück im Wert von 7.500 €, geschenkt. Das Studium wurde über ein Stipendium des Deutschen Sportbundes finanziert.
- Sein Sohn Siegfried hatte sich immer für das Handfeste begeistert und war in der Stahlbranche tätig. Um Siegfried finanziell abzusichern, hatte Gunther Siegfried für 250.000 € eine Geschäftsbeteiligung an der Nothung AG geschenkt.
- Seine Tochter Kriemhild galt schon immer als die Schöngeistige unter den Dreien. Um ihren Anlagen gerecht zu werden, finanzierte Gunther zunächst eine künstlerische Ausbildung im Ausland, später gar eine Schulung in Übersee. Während der gesamten Zeit kam Gunther für den kompletten Lebensbedarf Kriemhilds auf. Insgesamt hatte er an Unterhaltsleistungen für Kriemhild etwa 750.000 € ausgegeben.

Gunther hatte keine letztwillige Verfügung getroffen. Als er verstarb, ohne ein Testament gemacht zu haben (wie drei von vier Deutschen war er „einfach noch nicht dazu gekommen"), begann der Nibelungensage letztes Kapitel: Brunhild, Kriemhild und Siegfried gerieten in ewigen Streit, weil nach gesetzlicher Erbfolge alle drei gleich viel hätten bekommen müssen, Kriemhild jedoch bereits zu Lebzeiten des Vaters viel mehr als die anderen beiden erhalten hatte. Kriemhild meinte, dass die früheren Zahlungen des Vaters bei der Frage der Nachlassverteilung keine Rolle spielen dürften.

Sofern der Erblasser keine letztwillige Verfügung hinterlässt, werden die Ausgleichspflichten vom Gesetz geregelt. Dabei geht das Gesetz davon aus, dass der Erblasser seine Nachkommen grundsätzlich gleich behandeln möchte. Hat der Erblasser schon zu Lebzeiten seinen Abkömmlingen Zuwendungen zukommen lassen, soll dies als „Vorschuss" auf einen künftigen Erbteil angesehen werden. Dies bedeutet im Einzelnen:

- Alles, was die Abkömmlinge zu Lebzeiten des Erblassers als **Ausstattung** bekommen haben, ist beim Tod des Erblassers grundsätzlich gegenüber den anderen Abkömmlingen auszugleichen (§ 2050 Abs. 1 S. 1 BGB). Als „Ausstattung" bezeichnet das Gesetz dabei jede (einmalige) „Zuwendung" mit Rücksicht auf die „Verheiratung" oder zur „Erlangung einer selbständigen Lebensstellung" (§ 1624 Abs. 1 BGB).

> Demnach wäre im Beispiel der Betrag von 250.000 €, den Sohn Siegfried für die Geschäftsbeteiligung erhalten hatte, unter den Geschwistern auszugleichen.

- Die Zuschüsse, die der Erblasser seinen Abkömmlingen als **Einkünfte** oder für eine **Berufsausbildung** zuwendet, sind nur insoweit auszugleichen, als sie die Vermögensverhältnisse des Erblassers übersteigen (§ 2050 Abs. 2 BGB). Dies ist stets nach dem Einzelfall zu beurteilen. Als „Einkünfte" gelten dabei alle mit einer gewissen Regelmäßigkeit wiederkehrenden Zuschüsse.

> Im **Beispiel** waren die Kosten von Kriemhilds künstlerischer Ausbildung sehr hoch. Darüber hinaus hatte Gunther ihr stets hohe

> Unterhaltsleistungen bezahlt. Angemessen wären angesichts der Vermögensverhältnisse Gunthers Leistungen in Höhe von 250.000 € gewesen; um seine Tochter zu unterstützen, musste Gunther das Stammhaus seiner Familie in Burgund verkaufen. Demnach sind die Leistungen an Kriemhild in Höhe von 500.000 € (tatsächlich geleistete 750.000 € minus angemessene 250.000 €) auszugleichen.

- **Andere Zuwendungen** sind grundsätzlich nicht auszugleichen, wenn der Erblasser bei der Zuwendung nichts anderes **anordnet** (§ 2050 Abs. 3 BGB).

> Demnach wäre das Geschenk von Gunther an Brunhild (der wertvolle Speer) nicht auszugleichen gewesen, weil Gunther bei der Schenkung eine solche Ausgleichung nicht ausdrücklich angeordnet hatte.

Merke: Hätte Gunther eine Ausgleichung gewollt, so hätte er dieses bei der Schenkung (oder vorher) ausdrücklich anordnen müssen. Alles, was nicht spätestens bei der Schenkung, d.h. gleichzeitig mit der Schenkung, angeordnet wird, gilt als nicht erfolgt.

- Zuwendungen an entferntere Abkömmlinge (zum Beispiel an die Enkel, wenn die Eltern noch leben) sind ebenfalls nur dann auszugleichen, wenn der Erblasser dies explizit bei der Zuwendung angeordnet hat. Es spielt dabei keine Rolle, ob der Erblasser zu der getätigten Zuwendung gesetzlich verpflichtet war oder nicht. Daher sind zum Beispiel Unterhaltsleistungen an unterhaltsberechtigte Verwandte genauso zu behandeln wie freiwillige Zuwendungen (beispielsweise Geschenke). Auch in einer Vermögensübertragung, für welche bewusst eine symbolische oder nur sehr niedrige Gegenleistung verlangt wird, kann eine ausgleichungspflichtige Zuwendung liegen. Selbst ein bloßes Versprechen einer Zuwendung, welche nach dem Tod aus dem Nachlass zu erfüllen ist, führt zu einer Ausgleichspflicht. Entscheidend ist allein, dass durch eine Vermögenszuwendung aus dem Vermögen des Erblassers an seine später erbenden Abkömmlinge das Vermögen des Erblassers gemindert wird (und sei es nur dadurch, dass ein – auch auf seinen Tod bedingter oder betagter – Anspruch gegen ihn besteht).

Die Höhe der **Ausgleichszahlungen** wird in zwei Schritten berechnet:

Schritt 1:

Zunächst werden alle ausgleichspflichtigen Zuwendungen zum Nachlass hinzugerechnet und hieraus entsprechend der gesetzlichen Erbquote berechnet, wie viel jedem Erben zustehen würde.

> Im Fall Gunther hatte dieser noch keine Verfügungen und Bestimmungen über Ausgleichspflichten getroffen. Demnach waren zum Nachlass von Gunther die ausgleichspflichtigen Zuwendungen an Kriemhild (500.000 €) und an Siegfried (250.000 €) hinzuzurechnen. Die Schenkung des Speeres dagegen war, wie gesehen, nicht ausgleichspflichtig.
>
> Wenn Gunther ansonsten noch zusätzlich ein Vermögen von 2.250.000 € zu vererben hat, beträgt der Wert des gesamten so errechneten (fiktiven Gesamt-)Nachlasses 3.000.000 €. Jedes der drei Kinder würde hiervon ⅓ erben, also 1.000.000 €.

Schritt 2:

Auf diesen Betrag (1 Mio. €) wird jedem Erben auf seinen Anteil dasjenige angerechnet, was er selber ausgleichspflichtig zugewandt bekommen hat.

> In unserem Beispiel wurden demnach auf den Erbteil von Kriemhild 500.000 € angerechnet, bei Siegfried 250.000 € (und bei Brunhild 0 €). Jeder Erbe erhielt dann die Differenz zwischen seinem hypothetischen Erbteil aus dem erhöhten Nachlass und dem ihm vorab Zugewandten:
>
> - Kriemhild erhielt 500.000 € (1.000.000 € ./. 500.000 €),
>
> - Siegfried erhielt 750.000 € (1.000.000 € ./. 250.000 €),
> - Brunhild erhielt 1.000.000 € (1.000.000 € ./. 0 €).
>
> Letztlich wurden also alle Erben so gestellt, als hätte der Erbfall schon vor den ausgleichspflichtigen Zuwendungen durch Gunther stattgefun-

den und als wäre das gesamte ursprüngliche Vermögen von 3.000.000 € gleichmäßig aufgeteilt worden. Denn jedes der drei Kinder erhielt insgesamt einen Anteil von 1.000.000 €. Nicht berücksichtigt wurden die angemessenen Aufwendungen für die Berufsausbildung Kriemhilds in Höhe von 250.000 € sowie der Wert des Speeres von 7.500 €.

Anordnung der Ausgleichspflicht

Variieren wir unser Beispiel dahingehend, dass Gunther noch lebt. Als er den Übergang seines Vermögens auf die nächste Generation plant, dämmert ihm, dass seine lebzeitigen ungleichmäßigen Zuwendungen an seine Kinder nach seinem Tod Anlass zu Streitigkeiten geben können. Also überlegt er, ob er nicht doch Anordnungen über die auszugleichenden Zuwendungen treffen soll. Er weiß allerdings nicht, ob er solche Anordnungen überhaupt noch treffen kann.

Die oben genannten gesetzlichen Regelungen sind abdingbar, das heißt, der Erblasser kann auch abweichende Regelungen treffen.

Spätestens gleichzeitig mit der Zuwendung kann er eine grundsätzlich nicht bestehende Ausgleichspflicht für gewöhnliche Schenkungen **anordnen**. Dies bedarf keiner bestimmten Form. Die Anordnung kann sich sogar aus den Umständen der Zuwendung ergeben, ohne dass ausdrücklich darüber gesprochen wurde („**konkludent**"). Das ist zum Beispiel dann der Fall, wenn Schenker und Beschenkter beide stillschweigend davon ausgehen, dass im Todesfall eine Ausgleichung stattfinden soll. Dies muss jedenfalls aber für denjenigen, der die Zuwendung erhält, erkennbar sein.

So hätte Gunther bei der Übergabe des Speers an Brunhild anordnen können, dass der Wert des Speers nach seinem Tod unter den Geschwistern auszugleichen ist.

Eine nachträgliche Anordnung ist einseitig nicht möglich.

> Demnach kann Gunther keine Anordnung mehr treffen, ohne dass Brunhild dieser zustimmt.

Ihm bleibt allein der Weg, die übrigen Erben zum Beispiel durch die Aussetzung entsprechender Vermächtnisse nachträglich so zu stellen, als sei die Ausgleichung angeordnet gewesen. Denn der Erblasser ist beim Testieren grundsätzlich völlig frei.

> Um also Siegfried und Kriemhild hinsichtlich des Speers so zu stellen, als sei die Ausgleichung angeordnet gewesen, kann Gunther testamentarisch ein Vermächtnis über 2.500 € an die beiden Kinder Kriemhild und Siegfried aussetzen.

Ausschluss der Ausgleichspflicht möglich

Umgekehrt kann eine nach dem Gesetz grundsätzlich bestehende Ausgleichspflicht sowohl bei der Zuwendung selbst als auch in bestimmter Form nachträglich **ausgeschlossen** werden. Denn hierdurch wird ja der Beschenkte nicht benachteiligt. Auch ein Ausschluss der Ausgleichung gleichzeitig mit der Zuwendung bedarf keiner bestimmten Form. Auch hier ist eine „konkludente" Erklärung möglich.

> Bei den Zuwendungen an Kriemhild und Siegfried hätte Gunther also bestimmen können, dass die Zahlungen nicht ausgleichspflichtig sein sollen.

Auch im Nachhinein kann eine gesetzlich vorgesehene Ausgleichspflicht ausgeschlossen werden. Dies geschieht in der Form einer letztwilligen Verfügung. Auch hier bestehen die Möglichkeiten der Anordnung eines Vorausvermächtnisses oder des Abschlusses eines Erbvertrages. Bei Letzterem würden die Erben untereinander vertraglich auf die Ausgleichung verzichten.

Die Anordnung im Testament müsste also vorsehen, dass Siegfried und Kriemhild jeweils der Betrag, den die beiden als Ausgleichszahlungen leisten müssen, als Vorausvermächtnis zugewendet wird. Demnach wäre für Siegfried ein Vermächtnis in Höhe von 166.666,67 € (Ausgleich von jeweils einem Drittel der erhaltenen Zuwendungen von 250.000 € an seine beiden Schwestern, insgesamt also 2 x 250.000 €/3 = 166.666,67 €) vorzusehen; Kriemhild müsste ein Vermächtnis in Höhe von 333.333 € (Ausgleich von jeweils einem Drittel der erhaltenen Zuwendungen von 500.000 € an Brunhild und Siegfried, insgesamt also 2 x 500.000 €/3 = 333.333,33 €) erhalten, um die Ausgleichspflicht „aufzufangen".

Im Erbvertrag könnte die Regelung getroffen werden, dass eine Ausgleichung in allen Fällen unterbleibt. Weil ein solcher Verzicht natürlich zum Nachteil der bisher geringer bedachten Kinder Siegfried und Brunhild ginge, müssten diese selbst Vertragspartei werden und den Verzicht auf die Ausgleichung erklären.

Im Ergebnis hieße dies dann: Vom noch vorhandenen Nachlass im Wert von 2.250.000 € erhielte Siegfried ebenso wie Brunhild und Kriemhild je 750.000 €. Auch die bisher zugewendeten Vermögenswerte bleiben beim jeweiligen Empfänger, also zusätzlich zum Erbe noch 250.000 € bei Siegfried, 750.000 € bei Kriemhild und der Speer im Wert von 7.500 € bei Brunhild.

Ausgleichspflichten bei gewillkürter Erbfolge

Will der Erblasser in seinem Testament vom Grundsatz der Gleichbehandlung der Abkömmlinge bewusst abweichen, so distanziert er sich von der gesetzlichen Erbfolge. Die Grundsätze der Ausgleichspflicht sind demnach entsprechend anzupassen.

Entscheidend ist dabei das **Pflichtteilsrecht** (siehe auch Kapitel 18).

Der Erblasser kann in einer letztwilligen Verfügung Abkömmlinge ganz oder teilweise von der Erbfolge ausschließen, ihnen also weniger zuwenden als ihnen nach dem gesetzlichen Erbrecht zustehen würde. Dieser Möglichkeit sind allerdings durch das **Pflichtteilsrecht** Grenzen gesetzt.

> Setzt Gunther nur Brunhild und Siegfried als Erben ein, so könnte Kriemhild ihren Pflichtteil verlangen. Dieser beträgt die Hälfte des gesetzlichen Erbteils, in unserem Fall also $\frac{1}{2}$ x $\frac{1}{3}$ = $\frac{1}{6}$.

Wie bereits gesehen, beeinflussen die Ausgleichspflichten die Höhe des gesetzlichen Erbteils. Denn der auszugleichende Betrag wird dem Ausgleichspflichtigen vom Erbteil abgezogen. Da sich der Pflichtteil aber nach der Höhe des Erbteils richtet, ist die Ausgleichspflicht auch bei der Berechnung des Pflichtteils zu berücksichtigen.

So kann der Erblasser einem Pflichtteilsberechtigten bereits zu Lebzeiten etwas zuwenden und bei der Zuwendung bestimmen, dass das Zugewandte auf den Pflichtteil anzurechnen ist. Dann muss der Wert des Zugewandten von einem später eventuell bestehenden Pflichtteilsanspruch abgezogen werden.

> Brunhild macht ihrem Vater schwere Vorwürfe, weil dieser nur das Wohl ihrer Geschwister im Kopf habe und sie selbst „mit diesem lumpigen Spieß abfertigen" wolle. Gunther beschließt, der undankbaren Tochter eine Lektion zu erteilen: Er enterbt Brunhild vollständig.
>
> Hätte Gunther bei der Übergabe des Speers an Brunhild angeordnet, dass der Wert auf den Pflichtteil **anzurechnen** sei, könnte Brunhild den Pflichtteil nur insoweit verlangen, als er den Wert des Speeres von 7.500 € übersteigt. Demnach beträgt ihr Pflichtteil ($\frac{1}{2}$ x $\frac{1}{3}$ x 3.000.000 €) ./. 7.500 € = 500.000 € ./. 7.500 € = **492.500 €**.

Am obigen Beispiel ist zudem zu erkennen, dass auch der enterbte Abkömmling noch von der Ausgleichung profitiert, denn der Pflichtteil berechnet sich immer nach dem **(fiktiven) Nachlasswert** wie er nach dem oben dargestellten ersten Schritt der Ausgleichung besteht: Bei der gewillkürten Erbfolge sind Ausstattungen sowie Zuschüsse zu Einkünften und zur Berufsausbildung ausgleichspflichtig und werden demnach zum Wert des übrigen Nachlasses addiert. Die Höhe des maßgeblichen Erbteils kann der Erblasser auch **nicht** dadurch schmälern, dass er die **Ausgleichung** getätigter Zuwendungen ausschließt (§ 2316 Abs. 3 BGB).

> **Im Beispiel:** Gunther möchte, dass Brunhild „keinen Cent mehr" von seinem Nachlass erhält. Nach der Enterbung überlegt er sich – nachdem sein Bruder Giselher, Rechtsanwalt und auch im Erbrecht bewandert, ihm mitgeteilt hat, dass Brunhild leider immer noch den Pflichtteil erhält –, dass es ihm eigentlich am liebsten wäre, wenn es zumindest mit den Zuwendungen an seine Kinder Siegfried und Kriemhild sein Bewenden hätte und diese gegenüber der treulosen Brunhild nicht auch noch ausgeglichen werden müssten. Er bestimmt daher in seinem Testament, dass die Ausgleichung der Zuwendungen ausgeschlossen wird.

Eine solche Bestimmung ist allerdings nach dem Gesetz nicht möglich: Der Pflichtteil Brunhilds würde unzulässig beschnitten, wenn diese Anordnung greifen würde. Die Testamentsbestimmung ist daher unwirksam. Auch durch Anordnung von Vorausvermächtnissen für Siegfried und Kriemhild kann Gunther nichts daran ändern, dass Brunhild nahezu eine halbe Mio. € erhält: Vermächtnisse haben keinen Einfluss auf den Nachlasswert, aus dem sich der gesetzliche Erbteil berechnet.

Pflichtteilsergänzungsansprüche

Nicht ausgleichungspflichtige Zuwendungen müssen nur dann im Rahmen der Berechnung des Pflichtteils ausgeglichen werden, wenn der Erblasser dies bei der Zuwendung angeordnet hat. Solche Zuwendungen können aber **Pflichtteilsergänzungsansprüche** der anderen Pflichtteilsberechtigten auslösen, wenn es sich um eine Schenkung handelt, die **weniger als zehn Jahre zurück liegt** (§ 2325 BGB). Dies bedeutet, dass der Wert des Schenkungsgegenstandes zum Zeitpunkt der Schenkung (§ 2325 Abs. 2 BGB) dem Wert des Nachlasses zur Berechnung der Pflichtteilsansprüche hinzugerechnet wird (§ 2325 Abs. 1 BGB). Die Schenkung wird mit jedem Jahr, dass seit der Schenkung vergangen ist, um $1/10$ weniger berücksichtigt. Verstirbt also der Erblasser noch binnen eines Jahres nach der Schenkung, wird diese noch voll hinzugerechnet. Ein Jahr später werden dann nur noch $9/10$ angesetzt, usw.

Im Beispiel: Der Wert des Speers, den Gunther Brunhild geschenkt hat, ist nur auszugleichen, wenn er dies bei der Schenkung angeordnet hat. Ebenso verhält es sich mit dem Anteil von Kriemhilds Ausbildungskosten, welcher als angemessen anzusehen ist.

Wird nun jedoch Siegfried enterbt und liegen die Zuwendungen an seine Schwestern weniger als zehn Jahre zurück, so kann er auch ohne explizite Anordnung einer Ausgleichspflicht jeweils einen Pflichtteilsergänzungsanspruch geltend machen. Der Wert des Speeres wird also dem Nachlass hinzugerechnet; der Nachlasswert erhöht sich zur Berechnung von Siegfrieds Pflichtteilsergänzungsanspruch auf 3.257.500 €.

Demnach betrüge Siegfrieds fiktiver gesetzlicher Erbteil $\frac{1}{3}$ x 3.257.500 € ./. 250.000 € (der Wert der Beteiligung an der Nothung AG) = 833.333,33 €.

Siegfrieds Pflichtteilsanspruch beliefe sich samt dem Ergänzungsanspruch auf die Hälfte hiervon, also auf 416.666,67 €.

Zusammenfassung der Gestaltungsmöglichkeiten

Der Erblasser kann bei Ausstattungen und Zuschüssen zu Einkünften und zur Berufsausbildung die Einbeziehung dieser Zuwendung bei der Berechnung des Pflichtteils nicht einseitig verhindern. Hierzu benötigt er die Zustimmung der betroffenen Pflichtteilsberechtigten in Form eines Erbvertrages oder eines Pflichtteilsverzichtsvertrages.

Schließt Kriemhild aufgrund der hohen Zuwendungen zu Lebzeiten ihres Vaters mit diesem einen Pflichtteilsverzichtsvertrag ab, so kann sie nach dessen Tod keinen Pflichtteil verlangen, wenn Gunther sie in seinem Testament enterbt. In diesem Falle kann auch der Ausgleich der Zuwendung an Siegfried ausgeschlossen werden, da der Ausschluss der Ausgleichspflicht hier zu keiner Benachteiligung eines Pflichtteilsberechtigten führt: Kriemhild ist ja aufgrund des Verzichts nicht mehr pflichtteilsberechtigt.

Bei den sonstigen Zuwendungen besteht eine größere Freiheit des Erblassers hinsichtlich der Gestaltungsmöglichkeiten. Der Erblasser kann also, wenn er aus irgendwelchen Gründen bei der Zuwendung keine Ausgleichspflicht angeordnet hat, den Ausgleich in einem Testament dadurch herstellen, dass er den anderen Erben, z.B. durch Vorausvermächtnisse, entsprechend mehr zuwendet. Dies geht selbstverständlich vollkommen unabhängig von der Frage, ob ein Ausgleich durchzuführen ist oder nicht. Hierdurch lassen sich rein vermögensmäßig ähnliche Ergebnisse erzielen wie durch die Anordnung einer Ausgleichspflicht.

Die **Anordnung der Ausgleichspflicht** kann durch ein Testament widerrufen werden. Hat der Erblasser also bei der Zuwendung eine Ausgleichspflicht angeordnet, kann er diese mittels letztwilliger Verfügung grundsätzlich außer Kraft setzen. Dies geht aber nur soweit der Anteil der übrigen Erben an dem Nachlass hierdurch nicht nachträglich geringer wird als ihr Pflichtteil.

Werden (auch) andere Erben als die Abkömmlinge des Erblassers eingesetzt, so kann der Erblasser durch eine Auflage den Erben, welche nicht Abkömmlinge sind, die Verpflichtung auferlegen, den Zuwendungsempfänger von den Ansprüchen der Ausgleichsberechtigten freizustellen.

> **Im Beispiel:** Enterbt Gunther seine drei Kinder und setzt dafür seine Lebensgefährtin als Alleinerbin ein, so könnte er sie mittels einer Auflage verpflichten, die jeweiligen Ausgleichszahlungen aus dem Nachlass vorzunehmen.

Wankelmütigkeit als die Ursache des Übels: Wie das neue Erbrecht pflichtteilsberechtigte Erben zu Abhängigen des Erblassers macht

> ### „Es gilt das gebrochene Wort" (Anekdote 8)
>
> Rudolf Rubel hatte sich aus dem Nichts ein gut gehendes Handelsgeschäft für Stahlwaren aufgebaut. In dieses Geschäft war er auch nach Jahrzehnten noch verliebt wie ein Kleinkind in sein neues Spielzeug. Entsprechend glücklich war er, dass sein Sohn Rolf das Unternehmen

übernehmen wollte. Seine Tochter Rita wollte er aber auch fair behandeln. Um dieses zu gewährleisten, versprach er Ihr, Rolf müsse sich den Erhalt der Geschäftsanteile auf seinen Erbteil anrechnen lassen.

Dementsprechend schrieb er seinem Sohn Rolf einen Brief, in welchen er ihm ankündigte, ihm sämtliche Geschäftsanteile innerhalb der nächsten 24 Monate zu übertragen. Eine Anrechnungsbestimmung gegenüber Rolf traf er aber nicht, da er glaubte, dieses irgendwann mal, wenn er alt sei, in seinem Testament machen zu wollen.

Tatsächlich machte Rudolf Rubel Jahre später kurz vor seinem Tod ein Testament in dem er verfügte, Rolf habe sich den Wert des Unternehmens (6 Mio. €) in voller Höhe auf seinen Anteil anrechnen zu lassen. Auf diese Weise – so dachte Rudolf Rubel – würde sein sonstiges Vermögen, dass aus einem Mietshaus im Wert von 3 Mio. € bestand, nach seinem Tod automatisch und allein seiner Tochter zufallen.

Nach der Eröffnung des Testaments durch das Nachlassgericht war Rudolfs Tochter Rita auch zunächst höchst zufrieden. Mit einem geschwisterlich freundlichen Schreiben forderte sie ihren Bruder Rolf auf, gegenüber dem Grundbuchamt die Zustimmung zu ihrer Eintragung als Alleineigentümerin des Mietshauses zu erklären.

Umso verärgerter war Rita, als sie nur kurze Zeit später den Brief eines Anwalts erhielt, der erklärte, ihren Bruder Rolf zu vertreten und ihr mitteilte, dass die Anrechnungsverfügung ihres Vaters unwirksam und sie deshalb lediglich zur Hälfte neben ihrem Bruder Erbin des Mietshauses geworden sei. Eine Zustimmung zur Eintragung als Alleineigentümerin käme daher überhaupt nicht in Frage.

Um gegen die, wie sie sagte, „unerträgliche Missachtung des letzten Willens" ihres Vaters vorzugehen, beauftragte sie ihrerseits unverzüglich einen Anwalt, um gegen ihren, wie sie fand, unverschämten Bruder zu klagen.

Der Vater kann **vor oder bei der Schenkung** der Geschäftsanteile bestimmen, dass sich der Beschenkte (hier der Sohn Rolf) die Schenkung auf seinen Erbteil anrechnen lassen muss.

Dabei wird nach § 2050 BGB bei Schenkungen zugunsten von Abkömmlingen, also Kindern und Enkeln, vermutet, dass das, was sie als Ausstattung erhalten haben, im Erbfall anzurechnen ist. Bei allen anderen Zuwendungen findet eine Ausgleichung nur statt, wenn diese ausdrücklich angeordnet ist.

Bei der Anordnung einer Ausgleichungspflicht ist im Übrigen zu differenzieren zwischen der Anordnung einer Anrechnung auf den Erbteil und der Anordnung einer Anrechnung auf den Pflichtteil. Bei der Anordnung einer Anrechnung auf den Pflichtteil nach § 2315 BGB gilt das oben zur Ausgleichung auf den Erbteil gesagte entsprechend, wenn der pflichtteilsberechtigte Abkömmling enterbt wurde oder die Erbquote geringer als der ihm zustehende Pflichtteil ist.

Auch nach der Erbrechtsreform gilt die Empfehlung für alle Beteiligten: Bei Zuwendungen zu Lebzeiten ist darauf hin hinzuwirken, dass für die Familie existenzielle Anordnungen des Erblassers für alle Zukunft abgesichert werden. Wer hier nicht aufpasst, unterfällt sonst möglicherweise der unguten Lebensregel „Es gilt das gebrochene Wort".

Erzeugung von nicht gewollten Ausgleichsansprüchen durch fehlerhafte Teilungsanordnung

Gerechtes Teilen kann alles zerstören (Anekdote 9)

Als Fritz Arglos sein Testament machte, wollte er für seine beiden Kinder nur das Beste. Sein kleines, aber feines Einrichtungsgeschäft war schuldenfrei und hätte bei einem Verkauf mindestens 4 Mio. € Erlös gebracht. Sohn Maximilian, der im Geschäft bereits mitarbeitete, sollte das Unternehmen weiterführen. Außerdem besaß Fritz Arglos noch ein schuldenfreies Einfamilienhaus im Wert von etwas mehr als einer halben Mio. €. Fritz Arglos wusste, dass sich seine beiden Kinder Maximilian und Mathilde noch nie besonders verstanden hatten und dies würde sich, so war ihm klar, auch nach seinem Tod nicht ändern. Da er Witwer war und sonst an niemanden mehr denken musste, wollte er sein Vermögen so zwischen den Kindern aufteilen, dass Streitigkeiten nach seinem Tode ausgeschlossen wären. Insbesondere wollte er nicht, dass seine Tochter Mathilde ihrem Bruder Maximilian ins Geschäftliche hineinreden könnte. Im Übrigen hatte er ihr in früheren Zeiten eine sündhaft teure Ausbildung auf einer New Yorker Modeschule finanziert und ihr außerdem eine sehr großzügige Aussteuer mit in die Ehe gegeben, während Maximilian als 15-jähriger im väterlichen Betrieb begonnen hatte und den Vater nie Geld gekostet, sondern ihm immer nur Geld gebracht hatte. Dies alles vor sich hin sinnierend und wohl wissend, dass es sonst zwischen den Geschwistern nur Zwist geben würde, hatte Fritz Arglos in seinem **Testament** verfügt:

„**Maximilian bekommt ¾, Mathilde ¼ meines Vermögens. Im Wege der Teilungsanordnung bestimme ich: Maximilian bekommt das Geschäft, Mathilde mein Einfamilienhaus.**"

Fritz Arglos war's zufrieden und verstarb kurze Zeit darauf. Auch sein Sohn Maximilian war's zufrieden, zumindest bis zu dem Zeitpunkt, zu dem er einen Brief vom Anwalt seiner Schwester bekam. Darin hieß es:

„**…dürfen wir Sie namens und im Auftrag Ihrer Schwester auffordern, an Ihre Schwester 0,625 Mio. € zu überweisen. Dieser Betrag steht Ihrer Schwester zusätzlich zu dem ihr vererbten Haus zu, weil sich ihr Erbteil sonst wertmäßig unter ihrem Pflichtteil befinden würde. Sollte der Betrag nicht bis spätestens ……… eingegangen sein, so werden wir unserer Mandantin raten, ihr Erbe auszuschlagen und den Pflichtteil zu verlangen, der dann bei ca. 1,125 Mio. € liegen würde und komplett zu bezahlen wäre.**"

Maximilian, durch die Last der **Erbschaftsteuer** finanziell bereits geschwächt, nahm einen weiteren Kredit über die verlangten 0,625 Mio. € auf, den er aber wegen der in der folgenden Rezession schlecht laufenden Geschäfte bald nicht mehr bedienen konnte. Es kam zu einem Zwangs- und Notverkauf des Unternehmens und nach Abzug von Erbschaftsteuer, Steuer auf den Veräußerungsgewinn und Rückzahlung der Kredite verblieben Maximilian 1,5 Mio. € und der geplatzte Traum von der Fortführung des Familienunternehmens.

Was hatte Fritz Arglos falsch gemacht? In einer Fortsetzungskolumne seiner Tageszeitung hatte er sich – wenn auch im Ergebnis erfolglos – das notwendige Wissen für die Abfassung seines Testamentes erworben. Dort hatte er gelesen, dass im deutschen Erbrecht nach **Quoten** vererbt wird. Anders als in anderen Rechtsordnungen, wo nach Gegenständen vererbt wird („Der Sohn bekommt das Haus, die Tochter bekommt das Auto und die Sparkonten"), wird nach deutschem Recht nach **Erbquoten** eingesetzt.

Beispiel: „Maximilian bekommt ¾, Mathilde ¼ meines Vermögens."

Fritz Arglos hatte in der Kolumne seiner Tageszeitung weitergelesen. Dort hieß es: „In Ausnahme von dieser Regel kann der **Erblasser** aber auch das **Erbe** dadurch teilen, dass er verschiedene Vermögensgegenstände einzeln auf bestimmte Erben verteilt, man nennt das die sog. **Teilungsanordnung**."

Das war es, wonach Fritz Arglos gesucht hatte: Jetzt hatte er das Werkzeug gefunden, mit dem er vermeiden konnte, dass seine Tochter Miteigentümerin an seinem Einrichtungshaus werden würde. Denn nach der deutschen Regel des **Quotenerbrechts** ist es so, dass jeder der quotenmäßig eingesetzten **Miterben** zu seiner Quote **Miteigentümer am gesamten Nachlass** wird. Es entsteht also auf Grund des Quotenerbrechtes eine sog. **Miterbengemeinschaft**, in der jeder **Miterbe** quotaler Miteigentümer eines jeden Gegenstandes des Nachlasses wird: also beispielsweise ¼ Miteigentümer am Hausrat, ¼ Miteigentümer am Haus, ¼ Miteigentümer am Auto, ¼ Miteigentümer am Klavier usw.

Genau das aber wollte Fritz Arglos zuverlässig vermeiden. Daher griff er nach dem Instrument der Teilungsanordnung und verfügte, dass sein Sohn das Geschäft, seine Tochter das Haus erhalten sollte.

Fritz Arglos war dann allerdings in den Urlaub gefahren, so dass er die nächste Folge der Kolumne in der Tageszeitung nicht mehr lesen konnte. Dort hieß es nämlich:

„Die Teilungsanordnung bedeutet aber nicht, dass die Grundsätze des Erb- und Pflichtteilsrechtes keine Anwendung mehr finden würden. Vielmehr ist es so, dass zusammen mit der Teilungsanordnung immer angegeben werden muss, wie sich die Teilungsanordnung auf die Erbquote der einzelnen Erben auswirken soll."

Wäre Fritz Arglos also damals nicht in den Osterurlaub gefahren, so hätte ihm die Fortsetzung der Kolumne die Einsicht beschert, dass er bei der von ihm verfügten Teilungsanordnung noch hätte schreiben müssen:

„...dabei verfüge ich ausdrücklich, dass die vorstehende Teilungsanordnung keine Ausgleichspflicht zwischen den Erben auslöst. Sollte einer meiner Erben durch diese Teilungsanordnung wertmäßig mehr erhalten als es seiner Erbquote entspricht, ist dieser Erbe dem anderen Erben gegenüber nicht ausgleichspflichtig."

Wird ein solcher Satz nicht in das Testament mit aufgenommen, ist der Erbe, der durch die Teilungsanordnung mehr bekommt, den anderen Erben gegenüber verpflichtet, den mehr erhaltenen Wert auszugleichen. Ist dies gerade nicht gewollt, da sonst – wie bei Fritz Arglos – ein Unternehmen durch eine solche Ausgleichszahlung gefährdet wird, muss ausdrücklich die Ausgleichspflicht zwischen den Erben im Testament ausgeschlossen werden.

Außerdem hatte Fritz Arglos noch einen weiteren Fehler gemacht: selbst für den Fall, dass er den notwendigen Hinweis auf die Ausgleichspflicht in sein Testament aufgenommen hätte, so hätte dies in seinem Fall nicht verhindern können, dass er mit seinem Testament der Tochter die Möglichkeit gegeben hatte, ihren Erbteil auszuschlagen und den Pflichtteil zu verlangen und damit den Bruder Maximilian finanziell unter Druck setzen zu können. Denn das Vermögen von Fritz Arglos betrug 4 Mio. € (Geschäft) + 0,5 Mio. € (Haus) = 4,5 Mio. €. Den Pflichtteil in Höhe von 1,125 Mio. € hätte Maximilian seiner Schwester komplett in bar ausbezahlen müssen.

Fazit: Was Fritz Arglos nicht verstanden hatte: Die Teilungsanordnung kann nicht dazu führen, dass das Pflichtteilsrecht ausgehebelt wird, d.h. eine im Rahmen einer Teilungsanordnung gemachte Vermögensverfügung (hier: „die Tochter bekommt das Haus") darf nicht dazu führen, dass der Erbteil der Tochter unter den Pflichtteil sinkt.

Mit anderen Worten: der Erblasser muss auch bei den Teilungsanordnungen die durch das Pflichtteilsrecht gezogenen Grenzen beachten. Das heißt, dass jedes

Kind mindestens die Hälfte seines gesetzlichen Erbteils (das ist der sog. Pflichtteil) erhalten muss.

Das hätte im vorliegenden Fall bedeutet, dass Fritz Arglos sich über Sachverständige einen genauen Überblick über die tatsächlichen Werte seines Unternehmens und der Immobilie hätte verschaffen müssen. Dann hätte er gewusst, dass er mit der Zuteilung des Hauses seiner Tochter weniger zuwendete als sie an Pflichtteilsanspruch hatte. Und er hätte dann konsequenterweise auch eine entsprechende Regelung treffen müssen. Beispielsweise hätte sein Testament folgendermaßen lauten können:

„Mein Sohn bekommt das Geschäft, meine Tochter bekommt das Haus. Die Erbteile sollen sich nach dem Verhältnis der Werte der zugewandten Gegenstände richten. Nach den Gutachten der Sachverständigen A und B, die ich meine Kinder zu respektieren bitte, beträgt mein Gesamtvermögen derzeit 4,5 Mio. €, sodass meiner Tochter neben dem Haus noch ein Ausgleichsanspruch gegen ihren Bruder in Höhe von ca. 600.000 € zusteht. Diesen Ausgleichsanspruch hat mein Sohn meiner Tochter in bar auszubezahlen.“

Auf diese Weise hätte Fritz Arglos seiner Tochter die Möglichkeit genommen, ihr Erbe auszuschlagen und ihren Pflichtteil gegenüber dem Bruder (d.h. Auszahlung von Bargeld) zu verlangen. Er hätte aber gleichzeitig durch das Schätzenlassen der Immobilien auch die Einsicht gewonnen, dass er seinen Sohn in Folge dieses Testamentes mit einer Zahlungsverpflichtung gegenüber der Schwester in Höhe von 600.000 € belastet und hätte dies seinem Sohn Maximilian auch frühzeitig mitteilen müssen, damit dieser neben der Vorsorge für die Zahlung der Erbschaftsteuer sich auch auf die Zahlung an die Schwester rechtzeitig vorbereiten hätte können.

Und er hätte – in unmenschlich weiter Voraussicht – schon als er die teure Ausbildung und Aussteuer zahlte, mit seiner Tochter schriftlich vereinbaren müssen, dass diese Leistungen eines Tages auf ihren Erb- und Pflichtteil angerechnet würden.

Hier hatte Franz Arglos ein Beratungsdefizit, das Sie, verehrter Leser, jetzt nicht mehr haben. Möglichkeiten der Anrechnung finden Sie auch im nächsten Kapitel.

Merke: „Gerecht teilen" heißt noch nicht, dass die Erben automatisch glücklich werden. Teilungsanordnungen müssen immer sorgfältig auf die Besonderheiten des deutschen Quotenerbrechtes abgestimmt werden.

Pflichtteilsverzichtsverträge und Pflichtteilsstrafklauseln als Mittel der Durchsetzung des letzten Willens und als eine Maßnahme zur Vermeidung von – z.B. nicht realisierbaren – Ausgleichsansprüchen

Lassen Sie uns nochmals das soeben besprochene verbesserte Testament von Fritz Arglos ansehen. Wir hatten gesehen, dass Fritz Arglos zwecks Erhalt des an seinen Sohn vererbten Unternehmens den Ausgleichsanspruch seiner Tochter gegen seinen Sohn reduzieren und klar hätte regeln müssen, um das Überleben des Unternehmens zu sichern. Sein Testament hätte also lauten müssen:

„Mein Sohn bekommt das Geschäft, meine Tochter bekommt das Haus. Die Erbteile sollen sich nach dem Verhältnis der Werte der zugewandten Gegenstände richten. Nach dem Gutachten der Sachverständigen A, das ich meine Kinder zu respektieren bitte, beträgt mein Gesamtvermögen derzeit 4,5 Mio. €, sodass meiner Tochter neben dem Haus noch ein Ausgleichsanspruch gegen ihren Bruder in Höhe von ca. 600.000 € zusteht. Diesen Ausgleichsanspruch hat mein Sohn meiner Tochter in bar auszubezahlen."

Diese Reduzierung und Festlegung der Ausgleichungspflicht auf einen bestimmten Betrag ist allerdings nur dann und insoweit sinnvoll, als der Sohn seine Schwester auch tatsächlich auszahlen kann. Bringt die Auszahlungsverpflichtung den Sohn in so große wirtschaftliche Schwierigkeiten, dass der Fortbestand des Unternehmens gefährdet ist, dann müssen andere Wege gefunden werden, um den Fortbestand des Unternehmens zu sichern. Und zwar hätte Fritz Arglos schon Jahrzehnte vorher „die Grausamkeiten am Anfang begehen" müssen:

Er hatte seinem Sohn keine teure Ausbildung finanziert, wohl aber seiner Tochter. Sein Sohn hatte ihm im Gegenteil von Anfang an durch treue Mitarbeit im Geschäft Geld gespart und zusätzlichen Gewinn eingebracht. Außerdem hatte Fritz Arglos seiner Tochter eine sehr großzügige Aussteuer mit in die Ehe gegeben. Spätestens zu diesem Zeitpunkt hätte er von seiner Tochter einen sog. Pflichtteilsverzicht verlangen können und sollen: Er hätte ihr sein Einfamilienhaus übertragen und sich ein lebenslanges Nießbrauchsrecht einräumen lassen können. Gleichzeitig hätte seine Tochter – im Gegenzug zu den ihr gemachten Zuwendungen (Studium und Aussteuer sowie Einfamilienhaus) in einem notariellen Pflichtteilsverzichtsvertrag darauf verzichtet, nach dem Tod des Vaters irgendwelche Ansprüche gegen den Bruder geltend zu machen:

„Ich, die Tochter, verzichte für den Fall, des Todes meines Vaters auf jegliche Pflichtteilsansprüche."

Zugegebenermaßen wäre es zum damaligen Zeitpunkt der Eheschließung der Tochter schwierig gewesen, diese Pflichtteilsverzichtserklärung von der Tochter zu erlangen, da damals noch völlig unklar war, wie sich die Geschäfte von Fritz Arglos in den kommenden Jahrzehnten entwickeln würden. Andererseits stand damals bereits fest, dass die Ausbildung der Tochter enorm viel Geld gekostet hatte und dies auch für die großzügige Aussteuer galt. Damals wäre also der richtige Zeitpunkt für das „Geschäft zwischen Tochter und Vater" gewesen, das dem Sohn den Rücken freigehalten hätte.

Hinweis: Natürlich hätte Fritz Arglos auch in späteren Jahren, wenn seine Vermögensverhältnisse klarer gewesen wären, mit der Tochter einen sog. Pflichtteilsverzichtsvertrag schließen können, dann wäre er allerdings mehr auf den guten Willen der Tochter angewiesen gewesen.

So wie Fritz Arglos mit einem Pflichtteilsverzichtserklärung der Tochter seinen Sohn und den Unternehmensfortbestand hätte schützen können, so können sich auch **Ehegatten** schützen, indem sie die Kinder erklären lassen, dass diese **auf die Geltendmachung des Pflichtteils nach dem Tod des erstversterbenden Ehegatten verzichten**. Dies werden die Kinder dann ohne größere Probleme tun, wenn ihnen gleichzeitig angedroht wird, dass sie andernfalls auch nach dem Tod des Zweitversterbenden nur den Pflichtteil bekommen (sog. Pflichtteilsstrafklausel, siehe Kapitel 21, „Steuerfalle 3") oder aber dadurch abgesichert werden, dass der überlebende Ehegatte lediglich nichtbefreiter Vorerbe (zu dieser Konstruktion siehe Kapitel 2, Anekdote 5) wird, mit der Folge, dass der überlebende Ehegatte das vom erstversterbenden Elternteil ererbte Vermögen in der Substanz nicht angreifen, sondern lediglich die Früchte daraus ziehen kann und dementsprechend die Kinder sicher sein können, dass die Substanz des Vermögens des erstverstorbenen

Elternteils nach dem Tod des zweitversterbenden Elternteils ungeschmälert bei ihnen, den Kindern, ankommen wird.

Solche Pflichtteilsverzichtsverträge der Eltern mit den Kindern schützen den überlebenden Elternteil und zwar insbesondere in den Fällen, in denen – aus welchen Gründen auch immer – ein Elternteil (meist der Vermögendere) ehevertraglich den Güterstand der Gütertrennung vereinbart hat. Stirbt dieser vermögendere Elternteil als erster, so beträgt der gesetzliche Erbteil des überlebenden Elternteils nur $1/4$, d.h. dass die Kinder $3/8$ des Erbes des erstverstorbenen Elternteils als Pflichtteil verlangen und somit den überlebenden Elternteil möglicherweise wirtschaftlich ruinieren könnten.

Hinweis: Dass aus eben diesem Grund der Güterstand der Gütertrennung häufig eine schlechte Wahl ist und durch den Güterstand der sog. modifizierten Zugewinngemeinschaft ersetzt werden sollte, können Sie im Einzelnen in Kapitel 16, Anekdote 28, nachlesen.

Fazit: Immer an Pflichtteilsverzichtsverträge denken, wenn bereits zu Lebzeiten in größerem Umfang Vermögen verschenkt wird.

5 Wie Sie sicherstellen, dass Ihr letzter Wille auch tatsächlich verwirklicht wird: Anordnung von Testamentsvollstreckung, Vor- und Nacherbschaft, Ausschluss der Auseinandersetzung des Nachlasses

Zu starre Regelungen werden den Unwägbarkeiten der Zukunft nicht gerecht und behindern die Folgegenerationen (Anekdote 10)

Kunrath von Goisern hatte im Jahre 1896 auf dem Schloss seiner Vorfahren das Licht der Welt erblickt. Sein Vater, Kavallerieoffizier, fiel in den letzten Tagen des ersten Weltkriegs. Kaum volljährig übernahm Kunrath die Ländereien des Vaters und machte diese mit viel Geschick zu einer Goldgrube.

In den Jahren nach dem zweiten Weltkrieg stiegen die Löhne für Landarbeiter. Ebenso schnell verfielen die Preise für landwirtschaftliche Produkte. Kunrath von Goisern sattelte um: Er baute die der Landwirtschaft bisher lediglich angeschlossene kleine Brauerei aus und erzielte dank bester Qualität und heißer Sommer hohe Umsätze. Gleiches galt für den Erfolg der expandieren Schnapsbrennerei.

Kunrath war zutiefst dankbar, dass er und der Familienbesitz alle Stürme des Schicksals so gut überstanden hatten. Er war aber auch geprägt von den Katastrophen der beiden Weltkriege und den großen Anstrengungen, denen er seine Erfolge zu verdanken hatte. Geboren und aufgewachsen zu Zeiten der Monarchie erschien Kunrath Kontinuität die einzige verlässliche Grundlage für die Zukunft.

Kunraths Sohn, der die Schnapsbrennerei leitete, war leider Alkoholiker und kam für die Fortführung des Familienbesitzes nicht in Frage; Kunrath hatte ihn – gegen Pflichtteilsverzicht (dazu siehe Kapitel 4) – ausgezahlt. Kunrath wollte, dass der Familienbesitz von seinen beiden Neffen Randolf und Lundolf von Goisern weitergeführt würde. Randolf hatte Landwirtschaft studiert und Lundolf Brauereiwissenschaften, so dass beide für die Weiterführung des Familienbetriebes im Tandem prädestiniert waren. Außerdem hatten beide bereits mehrere Kinder, was Kunrath die von ihm gewünschte Kontinuität zusätzlich zu sichern schien.

Zusammengefasst wollte Kunrath eigentlich, das alles so bliebe wie es einmal gewesen war. Dementsprechend garnierte er sein ansonsten vernünftiges Testament mit drei Klauseln, die die Kontinuität sichern, sich aber später als Grundsteine für katastrophale Streitigkeiten innerhalb der nächsten Generationen herausstellen sollten.

1. Zunächst einmal setzte Kunrath seine Neffen Randolf und Lundolf lediglich als nicht befreiten Vorerben (dazu s.u.) ein und auch dessen Kinder wiederum sind nur nicht befreite Vorerben:

   „Randolf und Lundolf sind nur nicht befreite Vorerben, d.h., sie unterliegen sämtlichen Beschränkungen und Verpflichtungen, die das Gesetz den Vorerben auferlegt. Nacherbe wird bei seinem Tod derjenige eheliche Sohn, der zum Zeitpunkt seines Todes der älteste ist. Auch dieser Nacherbe hat nur die Stellung eines nicht befreiten Vorerben. Nacherbe nach diesem Sohn wird dessen ältester Sohn, bei Fehlen eines solchen dessen eheliche Tochter, ersatzweise …"

2. Um die Neffen zu zwingen, tatsächlich auch nur das zu tun, was ihm Kunrath und das Gesetz erlauben, setzte Kunrath seinen Neffen einen Testamtensvollstrecker an die Seite bzw. – wie Randolf und Lundolf später meinten – „vor die Nase":

   „Für die Dauer sämtlicher Vorerbschaften ordne ich Dauertestamentsvollstreckung an, die bis zum Eintritt des letzten Nacherbfalles bestehen bleiben soll …"

3. Schließlich fügt Kunrath noch die folgende Klausel in sein Testament ein:

   „Die Auseinandersetzung des Nachlasses schließe ich hiermit aus, das heißt, dass für den späteren Fall einer Mehrheit von Erben der Nachlass unter den Erben nicht aufgeteilt werden darf."

Kunrath starb 1986 in dem Glauben, sein Haus gut bestellt zu haben. Im Jahre 1989 fiel der eiserne Vorhang und die maßgeblichen wirtschaftlichen Rahmenbedingungen änderten sich radikal. Kunraths Neffen und Erben Randolf und Lundolf waren gezwungen zu agieren, konnten dies aber nicht, weil sie zum einen von Kunrath nur als sog. **nicht befreite Vorerben** eingesetzt waren, unter der Kuratel des **Testamentsvollstreckers** standen und außerdem die **Auseinandersetzung des Nachlasses ausgeschlossen** war.

Um das wirtschaftliche Überleben des Familienbesitzes zu sichern, hätten Randolf und Lundolf Ländereien verkaufen müssen. Außerdem wäre es aus unternehmerischen und steuerlichen Gründen vorteilhaft gewesen, wenn Randolf die Ländereien und Lundolf die Brauerei und Brennerei übernommen hätte. Die beiden Brüder waren sich einig, konnten aber diese Pläne nicht durchführen, denn sie waren an der Durchführung gehindert aufgrund ihrer Position als nicht befreite Vorerben, durch das Verbot der Auseinandersetzung des Nachlasses wie auch durch die Kontrollen des Testamentsvollstreckers. Einst dankbare Erben ihres Onkels, begannen Randolf und Lundolf von Goisern langsam damit, Kunrath zu verfluchen.

Der Erblasser kann im Testament die Erbschaft so anordnen, dass zunächst eine Person Vorerbe, und dann eine weitere Person Nacherbe wird. Diese Vor- und Nacherbschaft gibt es in verschiedenen Varianten. Eine davon ist die sog. **nicht befreite Vorerbschaft**, bei der der nicht befreite Vorerbe lediglich eine Art von Verwalterstellung hat, die es ihm allerdings erlaubt, die Früchte aus dem ihm anvertrauten Vermögen zu ziehen. Er kann aber über die Substanz des Vermögens selbst nicht verfügen, d.h. es weder veräußern, noch beleihen etc. Diese Regelung stellt sicher, dass der **Nacherbe** den Nachlass ungeschmälert vom nicht befreiten Vorerben so übernehmen kann, wie der Vorerbe ihn vom Erblasser selbst übernommen hatte. Diese Regelung sichert Kontinuität, kann aber – gerade im unternehmerischen Bereich – große Nachteile haben, wie wir noch sehen werden.

Außerdem hat der Erblasser die Möglichkeit, im Testament die Auseinandersetzung des Nachlasses auszuschließen. Auch diese Maßnahme dient der Kontinuität, hat aber auch – wie später noch deutlich wird – möglicherweise mehr Nach- als Vorteile. Mit dem **Ausschluss der Auseinandersetzung** verbietet der

(z.B. Grundstücke) untereinander aufzuteilen.

> So war es infolge der Auseinandersetzungsverbotsklausel den beiden Erben Randolf und Lundolf beispielsweise verboten, sich die ihnen als Miterben übertragenen Grundstücke so zu teilen, dass beispielsweise Randolf zehn der Grundstücke als Alleineigentümer und Lundolf die anderen acht Grundstücke als Alleineigentümer erhalten hätte.

Schließlich kann der Erblasser die Durchführung der vorgenannten Beschränkungen (der nicht befreiten Vorerbschaft und des Ausschlusses der Auseinandersetzung) dadurch überprüfen und sicherstellen lassen, dass er einen Testamentsvollstrecker einsetzt. Dieser **Testamentsvollstrecker** kontrolliert und garantiert, dass das Testament genau so wie verfügt – also auch mit allen Beschränkungen zu Lasten der Erben – auf Dauer vollstreckt wird.

> Im Fall von Goisern hatten die Bemühungen von Kunrath um Kontinuität allerdings katastrophale Folgen:
>
> Als **nicht befreite** Vorerben konnten Randolf und Lundolf keines der ihnen vererbten Grundstücke verkaufen. Sie waren – etwas pauschal formuliert – reine Verwalter des Erbes, das sie anschließend an ihre Kinder weiterzugeben hatten (die ihrerseits zwar Nacherben sind, gleichzeitig aber auch wiederum nur Vorerben vor der nächsten Generation).
>
> Klüger hätte Kunrath gehandelt, wenn er seine Neffen als **befreite Vorerben** eingesetzt hätte: Denn dann hätten seine beiden Neffen Grundstücke **verkaufen** dürfen.

Der **befreite** Vorerbe hat – wie der nicht befreite Vorerbe – die Verpflichtung, den Nachlass an die Nacherben weiterzugeben. Er kann aber mit dem Nachlass wesentlich freier umgehen, z.B. Nachlassgegenstände verkaufen und für den Erlös neue erwerben. Der befreite Vorerbe kann also beispielsweise auch Grundstücke verkaufen und mit dem Erlös in ein Unternehmen investieren, wie es hier im Rahmen der Umstrukturierung nötig gewesen wäre. Wenn nötig, dann kann der befreite Vorerbe auch die Substanz des Nachlasses verbrauchen. Allerdings darf auch der befreite Vorerbe von der ihm anvertrauten Vorerbschaft nichts **verschenken**. Im vorliegenden Fall waren Randolf und Lundolf als nicht befreite Vorerben vollständig die Hände gebunden.

In ihrer Not kamen Randolf und Lundolf auf den Gedanken, dass in der prekären Situation sicherlich auch der Erbonkel Kunrath zu seinen Lebzeiten damit einverstanden gewesen wäre, dass das Vermögen umgeschichtet, d.h. ein Teil der Ländereien verkauft und der Erlös in die Brauerei investiert würde. So beschlossen sie – wenn auch nicht ganz legal, so doch aber sehr praxisbezogen – einen Teil der Ländereien zu veräußern. Allerdings mussten sie feststellen, dass in allen Grundbüchern der sogenannte **Nacherbenvermerk** eingetragen war, der jeden Käufer darauf hinweist, dass ohne das Einverständnis der Nacherben das jeweilige Grundstück nicht veräußert werden darf. In einer eilends zusammengerufenen großen Familienversammlung malten Randolf und Lundolf ihren Kindern und Nacherben den Teufel an die Wand, worauf die Kinder als Nacherben sich bereit erklärten, der Veräußerung der Grundstücke zuzustimmen.

Doch genau diese Situation hatte Erbonkel Kunrath in – wie er meinte weiser – Voraussicht geregelt. Er hatte nämlich einen Testamentsvollstrecker eingesetzt, der dafür sorgen sollte, dass die Vorerbschaft auch genauso eingehalten würde wie er sich das vorgestellt hatte. Aus diesem Grund hatte er – unterstützt von einem gerissenen Rechtsanwalt – auch noch folgenden Passus in die Testamentsvollstreckeranordnung aufgenommen:

„**Der Testamentsvollstrecker hat auch sämtliche Rechte der Nacherben wahrzunehmen.**"

Nunmehr würde der Testamentsvollstrecker angerufen. Dies war der ebenfalls zur Familie gehörende Rudolf von Goisern, der sich von seinem Großonkel Kunrath in eine Zwickmühle gesetzt sah: Denn wenn er den Willen von Kunrath erfüllen wollte, müsste er Randolf und Lundolf deren Bitte abschlagen und dürfte nicht dem Verkauf der Grundstücke zustimmen. Andererseits wollte er es sich aber auch mit den noch lebenden

Familienangehörigen nicht verscherzen und ihnen helfen und von dieser Warte aus betrachtet müsste er dem Verkauf der Ländereien zustimmen. Allerdings waren auch die Kinder von Randolf und Lundolf nur sog. nicht befreite Vorerben, sodass der Testamentsvollstrecker Rudolf von Goisern auch noch den hypothetischen Willen der auf die Kindeskinder folgenden Nacherben (die dann allerdings Vollerben sein sollen) zu berücksichtigen hatte. Rudolf begann zu verzweifeln.

Diese Entwicklung wurde beschleunigt durch die Erkenntnis, dass die ebenfalls im Testament stehende Auseinandersetzungsausschlussklausel die Erreichung der Ziele von Randolf und Lundolf ebenfalls in unerreichbare Ferne rückte: Denn aus unternehmerischen und steuerlichen Gründen hätten Randolf und Lundolf die Landwirtschaft und die Brauerei nicht nur unternehmerisch, sondern auch rechtlich trennen müssen. Das hätte bedeutet, dass Randolf die Ländereien und Lundolf die Brauerei samt den jeweils dazugehörigen Grundstücken, Gebäuden etc. übernommen hätte, anders formuliert: dass beide das ihnen zur gemeinsamen Hand übertragene Eigentum so unter sich aufgeteilt hätten, dass jeder Alleineigentümer der jeweiligen Hälfte geworden wäre. Onkel Kunrath hatte jedoch verfügt, dass dies gerade nicht geschehen durfte, so dass die beiden – selbst wenn sie Teile der Ländereien zur Sanierung des Unternehmens hätten verkaufen dürfen (siehe oben) – die anschließende notwendige Aufteilung in zwei getrennte Vermögen und Unternehmen nicht hätten durchführen können.

Randolf und Lundolf waren zu Recht der Meinung, dass die Klausel, die die Auseinandersetzung ausschließt, in der prekären wirtschaftlichen Situation keine Gültigkeit mehr haben konnte und versuchen daher, sie vom Gericht für unwirksam erklären zu lassen, haben aber damit keinen Erfolg.

Merke: Insbesondere dort, wo es um Unternehmen geht, sollte niemand versuchen, die Zeit aufzuhalten. Kunraths Versuch in diese Richtung war zwar menschlich verständlich, unternehmerisch und wirtschaftlich für die gesamte Großfamilie aber eine Katastrophe. Mit Klauseln der besprochenen Art muss man also sehr vorsichtig umgehen. Sie können im privaten Bereich durchaus sinnvoll sein (allerdings sollte man sie auch dort ganz genau auf ihre Konsequenzen hin untersuchen), im unternehmerischen Bereich können sie die notwendige Flexibilität der kommenden Generationen verhindern und die Erben in allergrößte wirtschaftliche Schwierigkeiten bringen.

Misstrauen belastet die Familie über den Tod hinaus (Anekdote 11)

Dr.-Ing. Karl Kolbenfresser betrieb eine gut gehende Maschinenfabrik mit 200 Mitarbeitern. So genial wie Dr. Kolbenfresser als Ingenieur war, so misstrauisch war er als Mensch. Als Dr. Kolbenfresser mit seinem Privatflugzeug tödlich verunglückte, wurde das im Safe hinterlegte Testament geöffnet und festgestellt, dass Dr. Kolbenfresser sich auch beim Testamentschreiben treu geblieben war. Unter anderem hieß es im Testament:

„… Testamtensvollstrecker und damit gleichzeitig auch verantwortlich für die erfolgreiche Weiterführung des Unternehmens soll der Prokurist Herr Dr. Geiersberger werden. Allerdings bin ich mir nicht ganz sicher, ob ich mit ihm die richtige Wahl getroffen habe, daher soll unser Beirat zusammenkommen und darüber entscheiden, ob nicht Herr Dr. Franz für den Posten des Testamentsvollstreckers besser geeignet ist. Sollte sich das Beiratsgremium auf keinen von beiden einigen können, so soll meine Ehefrau, die mich bei der Führung des Unternehmens immer gut beraten hat, Testamentsvollstrecker werden …"

Ab diesem Moment gab es in der Unternehmensführung nur noch ein Thema, nämlich wer sich für das Testamentsvollstreckeramt am besten eignete. Die ebenso ungenaue wie gefährliche Formulierung, dass der Testamentsvollstrecker auch „für die Weiterführung des Unternehmens verantwortlich" sein sollte, machte das Chaos perfekt. Da ein Teil des Beirats Herrn Dr. Geiersberger, ein anderer Teil aber Herrn Dr. Franz bevorzugte, aber auch niemand Herrn Dr. Kolbenfressers Witwe verärgern wollte, kam es zu einer nicht endenden Prozession von Beratungen, Besprechungen, man drohte sich gegenseitig mit Prozessen etc.

Die Belegschaft spürte die Führungskrise nicht nur unternehmerisch, sondern auch finanziell: Da Herr Dr. Kolbenfresser auch mit Bankvollmachten äußerst sparsam gewesen war, stellte sich jetzt zum Schrecken der Unternehmensbuchhaltung heraus, dass Dr. Kolbenfresser für die Hauptkonten zwar einzelne kleinere Vollmachten erteilt hatte, aber keinerlei Vollmacht über den Tod hinaus. Das Ergebnis war, dass Löhne und Gehälter wie auch Lieferanten nicht mehr bezahlt werden konnten. Dadurch wurde der Ruf des Unternehmens in kürzester Zeit schwer geschädigt.

Merke: Unklarheiten bei der Auswahl und Benennung des Testamentsvollstreckers sind posthumer unternehmerischer Selbstmord. Die eindeutige und glasklare Benennung des Testamentsvollstreckers ist von entscheidender Bedeutung. Optimalerweise muss der Testamentsvollstrecker schon zu Zeiten des Erblassers von seiner Benennung wissen und sich auf einen eventuellen Einsatz vorbereiten können.

Zum Ablauf einer Testamentsvollstreckung

Das Testamentsvollstreckerzeugnis wird beim Nachlassgericht beantragt und von diesem dem Testamentsvollstrecker ausgehändigt. Der Testamentsvollstrecker tritt sein Amt an, sobald er das Amt durch Erklärung gegenüber dem Nachlassgericht annimmt.

Wenn der Testamentsvollstrecker feststeht, dann benötigt es trotzdem noch eine ganze Zeit, in der Regel mindestens vier Wochen, bis sein Testamentsvollstreckerzeugnis in Händen hält und damit über alles, auch über Geschäftskonten, Vollmacht hat. Im Fall von Dr. Kolbenfresser war es so, dass durch die Unklarheiten bei der Testamentsvollstreckeranordnung zehn Wochen vergingen, bis man sich letztlich auf die Person des Testamentsvollstreckers einigen konnte. Rechnet man dann noch vier bis sechs Wochen hinzu, bis der Testamentsvollstrecker sein Testamentsvollstreckerzeugnis hat, dann wären dies zwischen drei bis vier Monaten, in denen es weder eine Unternehmensführung noch eine Möglichkeit zur Verfügung über Konten im Unternehmen von Dr. Kolbenfresser gab.

Für die Zeit bis zur **Ausstellung des Testamentsvollstreckerzeugnisses** ist es daher von größter Wichtigkeit, dass parallel zur Testamentserrichtung der Erblasser bei den wichtigsten Geschäftsbanken eine sog. **Vollmacht über den Tod hinaus** unterzeichnet und hinterlegt. Die **Vollmacht über den Tod hinaus** befugt den Prokuristen, die Buchhaltung und andere wichtige Entscheidungsträger, in der Zeit zwischen dem Tod des Erblassers und der Erteilung des Testamentsvollstreckerzeugnisses die Geschäfte weiterzuführen, in dem sie z.B. Löhne und Gehälter, Lieferanten etc. bezahlen. Ohne eine solche Vollmacht über den Tod hinaus ist das Unternehmen schnell existenziell bedroht.

Im **privaten Bereich** stellt sich das gleiche Problem: Bis zur Erteilung des Erbscheins (oder, falls Testamentsvollstreckung angeordnet wird, bis zur Erteilung des Testamentsvollstreckerzeugnisses) können – gerade bei Streitigkeiten zwischen den Erben oder über die Person des Testamentsvollstreckers – oft mehrere Wochen oder Monate vergehen, bis wieder gegenüber den Banken gehandelt werden kann. In dieser Zeit laufen aber die laufenden Verbindlichkeiten weiter, Daueraufträge müssen bedient, Überweisungen müssen getätigt werden etc. Hier benötigt der überlebende Ehegatte ebenfalls eine **Vollmacht über den Tod hinaus**, um gerade in den zum Teil unübersichtlichen Wochen nach dem Tod des Erblassers zumindest immer über die Konten verfügen zu können und damit liquide zu bleiben.

Merke: In der Zeit bis zur Erteilung des Erbscheins, aber auch in der Zeit bis zur Erteilung des Testamentsvollstreckerzeugnisses können die Erben bzw. der Testamentsvollstrecker nicht über die Konten des Erblassers verfügen. Damit in dieser Zwischenzeit die notwendigen Zahlungen geleistet werden können, ist es ein absolutes Muss, dass der Erblasser bei den Banken sog. **Vollmachten über den Tod hinaus** zugunsten der Erben oder Testamentsvollstrecker oder sonstiger Personen (z.B. Prokuristen) hinterlegt, z.B.:

„Meine Ehefrau hat Kontovollmacht, die auch im Fall meines Todes weiterwirkt."

Als Erbe eingesetzt – für immer sicher? (Anekdote 12)

Nach dem Tod seiner Eltern war Paul Redlich finanziell schlecht davon-
gekommen: Seine Eltern hatten ein recht wirres Testament hinterlassen
und seine Geschwister hatten ihn massiv übervorteilt. Das hatte die vor-
mals guten Familienbande zerstört. So etwas sollte in seiner Familie nicht
mehr vorkommen, hatte sich Paul Redlich geschworen und zu diesem
Zweck ein Testament gemacht, in dem er präzise bestimmte, dass sein
Vermögen gerecht zu je $1/3$ gleichmäßig an seine drei Kinder gehen sollte.

So weit so gut. Das Schlechte in Paul Redlichs Geschichte begann unauf-
fällig, als seine beiden Söhne, die Maschinenbau studiert hatten, lukra-
tive Posten in Übersee angeboten bekamen und beide auf Dauer in die
USA gingen.

Paul Redlich war Witwer und schon seit langem davon abhängig, dass
ihn seine Tochter und Lieblingskind Eva Lieblich, geborene Redlich, liebevoll bemutterte.

Paul Redlichs Vermögen bestand hauptsächlich aus einem großen Drei-
familienhaus, in dem er eine Wohnung selbst bewohnte und die beiden
anderen vermietet hatte. Als sich Eva Lieblich scheiden ließ, zog sie mit
ihrer Tochter in eine der Wohnungen im Haus ihres Vaters, was diesen
von Herzen freute. Die beiden waren ein Herz und eine Seele und die
Enkeltochter tat ein übriges mit dem Ergebnis, dass Paul Redlich eines
Tages feststellte, dass seine beiden Söhne es doch in den USA wirtschaftlich gut getroffen hätten und von seinem Erbe wohl nicht mehr abhängig
wären. Eva Lieblich ihrerseits nutzte die Gunst dieser Stunde, in der
ihre Brüder weit weg und sie dem Vater sehr nah war. In dieser Situation verschenkte Paul Redlich sein Dreifamilienhaus an seine Tochter.
Als er fünfzehn Jahre später starb, war außer einem Festgeldkonto über
30.000 € nichts mehr im Nachlass vorhanden, was unter den drei Kindern hätte gleichmäßig verteilt werden können. Die beiden Söhne von

Paul Redlich waren mehr als verärgert und das ehemals gute Verhältnis zwischen den Geschwistern zerbrach ebenso wie es Paul Redlich seinerzeit selbst schon einmal erlebt hatte.

Diese tragische Geschichte hätte sich auch zwischen einem alternden Paul Redlich und einer frischen Geliebten abspielen können. In letzterem Fall wäre zwar dann gar keines der Kinder bedacht worden, jedoch wären die guten Beziehungen zwischen den Geschwistern – vereint in Zorn – erhalten geblieben. In beiden Fällen gilt: Der Geist ist willig, aber das Fleisch ist schwach.

Eine alte Unternehmerregel sagt: Wer mit 50 sein Testament noch nicht gemacht hat, wird es nicht mehr schaffen. Diese Regel beruht auf der Erkenntnis, dass die meisten Menschen mit zunehmendem Alter häufig wankelmütiger werden und damit nicht mehr in der Lage sind, sich zu klaren und dann auch auf Dauer durchgehaltenen Entscheidungen durchzuringen.

All dies hatte Paul Redlich sogar gewusst, weswegen er sich auch bereits in jüngeren Jahren testamentarisch festgelegt hatte. Was er und seine Kinder nicht bedacht hatten, war, dass auch zwischen dem 50. und 80. Lebensjahr noch viel Zeit liegt, in der viel geschehen kann.

Vielen unbekannt: Wenn ich etwas „vererbt" habe (also mein Vermögen oder bestimmte Gegenstände daraus per Testament oder Erbvertrag Dritten versprochen habe), dann bedeutet dies noch nicht, dass ich mein Vermögen oder bestimmte Gegenstände hieraus nicht **verschenken** kann.

Oft wird dies mit der **Bindungswirkung** von Ehegattentestamenten oder Erbverträgen verwechselt: Durch ein Ehegattentestament können sich die Ehegatten durch sog. **wechselbezügliche Verfügungen** gegenseitig binden: Dann kann nach dem Tod des erstversterbenden Ehegatten der überlebende Ehegatte seine eigene letztwillige Verfügung nicht mehr ändern; er ist also an seinen im gemeinschaftlichen Testament niedergelegten Willen gebunden. Gleiches gilt für den Erbvertrag: Auch hier können sich zwei Personen (die nicht unbedingt Ehegatten sein müssen) im voraus binden, indem sie ihr Vermögen dem Begünstigten vererben und auch hier können diese Erbverträge so gestaltet werden, dass der Erblasser von seiner erbvertraglichen Verfügung nicht mehr loskommt, d.h. nicht mehr anders testieren kann.

Diese Bindungswirkung von Testamenten und Erbverträgen bedeutet aber nicht, **47** dass der Erblasser nicht **unter Lebenden** über sein Vermögen verfügen, d.h. es **verkaufen, tauschen** oder **verschenken** kann.

So war auch Paul Redlich frei, zu seinen Lebzeiten all das zu verschenken, was er vorher bereits testamentarisch für seine drei Kinder vorgesehen hatte.

Für die beiden Söhne war die Geschichte besonders schlecht gelaufen, denn der Vater hatte die Immobilie an die Tochter verschenkt ohne sich ein Nießbrauchsrecht eintragen zu lassen. Da zwischen der Schenkung und seinem Tod mehr als zehn Jahre vergangen waren, konnten die beiden Söhne noch nicht einmal einen **Pflichtteilsergänzungsanspruch** gegenüber ihrer Schwester geltend machen. Beim Pflichtteilsergänzungsanspruch (siehe hierzu im Einzelnen Kapitel 18), der bestanden hätte, wenn der Vater innerhalb von zehn Jahren nach der Schenkung an die Tochter verstorben wäre, wäre die verschenkte Immobilie so behandelt worden als ob sie sich noch im Nachlass befunden hätte und hieraus hätte jeder der beiden Brüder jeweils die Hälfte seines Erbteils (1/3), d.h. 1/6 des Wertes der verschenkten Immobilie als sog. Pflichtteilsergänzungsanspruch geltend machen können.

Durch die Bestellung eines **Nießbrauchsrechtes** für sich selbst hätte Paul Redlich zunächst einmal sich selbst einen Gefallen getan: Das Nießbrauchsrecht, das im Grundbuch eingetragen wird, bedeutet nämlich, dass der Schenker zwar das juristische Eigentum aus der Hand gibt, sich jedoch das wirtschaftliche Eigentum, nämlich den Gebrauch der Sache (in unserem Fall der Immobilie) oder deren Nutzung (z.B. durch Vermietung) vorbehält. Etwas pauschal kann man sagen: Der Nießbraucher behält wirtschaftlich das Eigentum an der Sache.

Mit dieser Maßnahme hätte sich Paul Redlich davor sichern können, dass seine Tochter die Immobilie noch zu seinen Lebzeiten hätte verkaufen und ihn sogar auf die Straße setzen können!

Die Bestellung eines Nießbrauchsrechtes an dem Drei-Familienhaus zu seinen eigenen Gunsten hätte aber nicht nur Paul Redlich selbst, sondern auch den beiden Söhnen einen großen Vorteil gebracht: Wenn nämlich – so die Rechtsprechung – der Schenker zwar juristisch das Eigentum verschenkt, sich aber – indem er sich selbst zu seinen eigenen Gunsten einen Nießbrauch bestellt – **wirtschaftlich** weiterhin das Eigentum vorbehält, so wird diese unter dem Vorbehalt des Nießbrauchs vollzogene Schenkung im Pflichtteilsergänzungsrecht so behandelt, als ob der Erblasser gar nichts verschenkt hätte. Folge davon ist, dass die Zehn-Jahres-Frist, nach deren Ablauf die Pflichtteilsergänzungsansprüche erlöschen, nicht zu laufen beginnt, sondern auch nach dem Ablauf von mehr als zehn Jahren nach dem Datum der Schenkung beim Tod des Schenkers die Pflichtteilsergänzungsansprüche bestehen bleiben. Im Fall Paul Redlich hätten also die beiden Söhne auch fünfzehn Jahre nach der Schenkung noch ihren jeweils 1/6-Pflichtteilsergänzungsanspruch gegenüber der Schwester geltend machen können.

Fazit: Wer ähnliche Schwächen wie Paul Redlich nicht ausschließen kann, deren Folgen aber vermeiden will, der hätte in Paul Redlichs Situation die Immobilie zu je 1/3 an alle drei Kinder gleichmäßig verschenkt und sich gleichzeitig den Nießbrauch an der gesamten Immobilie vorbehalten. Damit wäre er auf Lebenszeit gesichert und die Kinder könnten sicher sein, dass der Vater weder eines der Kinder vorzieht noch auf seine älteren Tage die frische Geliebte mit dem Familienvermögen versorgt.

Aber Achtung: Kein Licht ohne Schatten. Wer einmal sein Vermögen verschenkt hat, kann dies nie wieder zurückholen. Er wird von seinen Kindern abhängig, wenn er später einmal selbst in wirtschaftliche Schwierigkeiten kommt. Das Verschenken ist zu Lebzeiten nur in Ausnahmefällen die richtige Lösung, wie sie in den späteren Kapiteln 21 „Steuerfalle 2" („Durch Schenken Steuern sparen und alles verlieren") und in Kapitel 18 lesen und nachempfinden können.

Im vorliegenden Fall wird man wohl auch die menschliche Seite nicht ganz außer Acht lassen dürfen. Während sich die beiden Söhne von Paul Redlich im Ausland ihr Vermögen erwerben konnten, wurde Paul von seiner Tochter jahrzehntelang liebevoll betreut, d.h. sie hatte sich den wirtschaftlichen Vorteil nicht nur liebevoll, sondern auch „redlich" verdient.

7 Nicht nur für Unternehmer: Regeln Sie auch den Fall, dass die Kinder vor den Eltern sterben – Alternative Geschehensabläufe mitplanen

Alle Menschen sind sterblich – auch Erben (Anekdote 13)

Leonie Lustig war Alleinerbin und -gesellschafterin eines bedeutenden Unternehmens der Unterhaltungselektronik. Die ständigen Streitigkeiten zwischen ihr und dem Geschäftsführer des Unternehmens, Tristan Lustig, der gleichzeitig ihr Ehemann war, führten dazu, dass die Ehe in die Brüche ging und geschieden wurde.

Um sich von den Strapazen des Scheidungstermins zu erholen, packte Leonie Lustig ihre Koffer und ihre 17-jährige Tochter, um im Rahmen einer gepflegten Weltreise endlich einmal wieder „die Puppen tanzen zu lassen". Auf einer Safari in Kenia fuhr Leonie Lustig in einen Elefanten und brach sich das Genick. Die Tochter überlebte schwer verletzt, allerdings verstarb auch sie vier Wochen später an den Folgen des Unfalls.

Lachender Dritter war Leonie Lustigs frisch geschiedener Ehemann Tristan, der zwar – eben weil geschieden – nicht mehr Erbe seiner Ex-Ehefrau geworden war, wohl aber der Alleinerbe seiner Tochter, die wiederum die Alleinerbin ihrer Mutter geworden war.

Nunmehr plötzlich alleiniger Gesellschafter des Unternehmens, konnte Tristan Lustig seine Vorstellungen von der Unternehmenspolitik ungehindert ausleben. Diese Vorstellungen erwiesen sich allerdings als irrig, so dass zweieinhalb Jahre später das Unternehmen insolvent wurde und die 1.200 Mitarbeiter auf der Straße standen.

Dieser Fall macht deutlich, dass in einem Testament Vorsorge für den Fall getroffen werden muss, dass einer oder mehrere der vorgesehenen Erben vorversterben oder aus anderen Gründen nicht mehr als Erben in Frage kommen. Wenn in Kriegszeiten viele Menschen sterben, trifft diese Notwendigkeit offen zutage. In

Friedenszeiten glaubt man häufig an die Unsterblichkeit der eigenen Person wie auch derer, die man gerne als seine Erben sehen möchte.

Dabei kann das Leben schnell so spielen wie in unserem Beispielsfall beschrieben. Insbesondere Ehepaare und Familien, die gerne und viel miteinander verreisen, sind – wenn statistisch auch nicht überaus wahrscheinlich – dem Risiko ausgesetzt, dass – beispielsweise bei einem Flugzeugabsturz – die ganze Familie auf einmal ausgelöscht wird. Und dann sind möglicherweise alle, die im Testament des Erblassers eingesetzt waren, gemeinsam mit diesem verstorben.

Umgekehrt muss derjenige, der sein Testament macht, überlegen, wer nach seinem Tod auf keinen Fall Erbe werden soll, damit es nicht zu ungewünschten Konsequenzen kommt. Hierbei ist insbesondere auf geschiedene Ehegatten zu achten, die wie in unserer Anekdote nach dem Tod des Ex-Ehegatten und des gemeinsamen Kindes automatisch Erben werden.

In unserer Anekdote hätte Leonie Lustig testamentarisch für den Fall ihres Versterbens einen Testamentsvollstrecker bestimmen müssen, der das Unternehmen für die minderjährige Tochter geführt bzw. die Geschäftsführung überwacht hätte.

Gleichzeitig hätte Leonie Lustig auch den – nun eingetretenen – Fall regeln müssen, dass ihre Tochter vor Abfassung eines eigenen sinnvollen Testamentes verstirbt. Sie hätte für diesen Fall ihre Tochter als Vorerbin und einen Dritten als Nacherben einsetzen sollen. Dadurch wäre nach dem Tod der Tochter das Unternehmen nicht an deren Vater (den geschiedenen Ehemann von Leonie Lustig) gefallen. Diese Einsetzung eines Nacherben nach dem Tod der Tochter hätte noch nicht einmal durch ein entgegenstehendes späteres Testament der Tochter zugunsten ihres Vaters widerrufen werden können.

Voraussetzung für eine solche unternehmenserhaltende Lösung wäre allerdings gewesen, dass Leonie Lustig ausreichend lange vorher alternativ Pläne für die Fälle des Versterbens von ihr selbst, ihrer Tochter und damals auch noch ihres Ehemannes gemacht hätte: Sie hätte alternative Eigentümerstrukturen prüfen und durch entsprechende Nacherbeneinsetzungen verwirklichen müssen. So wäre es

– wenn ansonsten keine Personen in Betracht gekommen wären – möglich gewesen, eine sog. Unternehmensträgerstiftung (dazu siehe Kapitel 23) zu gründen, die für den Fall des Versterbens der kompletten Familie das Unternehmen übernommen und fortgeführt hätte.

Fazit: Ohne eine genaue Analyse, wer bei Vorversterben von Erben als Nach- oder Ersatzerbe in Frage kommen könnte und ohne entsprechende testamentarische Regelung **läuft das Vermögen möglicherweise genau dorthin, wo es nie hätte landen sollen**.

8 Testamente für Geschiedene und Wiederverheiratete

Wie testiert ein Geschiedener mit Kindern, wenn er neu heiratet? (Anekdote 14)

Die Vor- und Nacherbschaft kann auch ein sinnvolles Mittel bei der häufig vorkommenden Situation sein, dass eine geschiedene Person mit Kindern neu heiratet und sowohl die Kinder als auch den neuen Ehepartner für den Fall ihres Todes gut versorgt wissen will.

> Harry Hurtig hatte auf dem Oktoberfest eine Amerikanerin kennen gelernt und diese kurzerhand geheiratet. Ebenso schnell ließen sie die beiden sich wieder scheiden und während seine Ex-Frau ins Land der unbegrenzten Möglichkeiten zurückkehrte, blieb Harry Hurtig mit der zweijährigen Tochter Jane zurück. Bald darauf ehelichte Harry Hurtig die deutschstämmige Kindergärtnerin Antonia. Als Harry Hurtig in späteren Jahren ohne Testament verstarb, stritten sich Antonia und Jane um das Erbe, insbesondere um die von Antonia bewohnte Eigentumswohnung von Harry: Antonia wollte in dieser Wohnung wohnen bleiben. Jane, die gesetzlich zur Hälfte Erbin war, wollte die Wohnung verkaufen und mit dem Erlös ihr Glück in den Vereinigten Staaten suchen.

Wäre Harry Hurtig besser beraten gewesen, so hätte er in einem Testament einen guten Kompromiss zwischen den beiden Frauen festlegen können: Richtigerweise hätte er seine Frau Antonia zu seiner alleinigen Erbin eingesetzt. Gleichzeitig hätte er aber testamentarisch bestimmt, dass Antonia lediglich nicht befreite Vorerbin ist und Nacherbin seine Tochter Jane. Als nicht befreite Vorerbin hätte Antonia die Wohnung lebenslang als Eigentümerin nutzen können und gleichzeitig hätte Jane die Sicherheit gehabt, dass Antonia die Wohnung nicht anderweitig vererbt. Allerdings hätte Jane ihre Stiefmutter dadurch in Verlegenheit bringen können, dass sie nach dem Tod ihres Vaters ihren Pflichtteil in Höhe von ¼ des väterlichen Vermögens verlangt hätte. Für den Fall, dass Harry Hurtig Antonia nicht ausreichend Geld hinterlassen konnte, um den Pflichtteilsanspruch der Tochter zu befriedigen, hätte Harry Hurtig Jane mit einer Pflichtteilstrafklausel (hierzu im

Einzelnen siehe Kapitel 4, Anekdote 8) von der Geltendmachung ihres Pflichtteils abhalten können. Außerdem hätte er auch noch eine andere Möglichkeit gehabt: Er hätte Antonia zu ⅔ und Jane zu ⅓ als Erben einsetzen können. Antonia hätte er als nicht befreite Vorerbin eingesetzt und Jane als deren Nacherbin. Dadurch wäre sämtliches Vermögen von Harry Hurtig nach dem Tod von Antonia an Jane geflossen, ohne dass Antonia dies hätte verhindern können.

Bei letzterer Konstruktion wäre allerdings betreffend die von Antonia benutzte Eigentumswohnung Jane zu ⅓ mit ins Grundbuch, eingetragen worden mit der Möglichkeit, als Miteigentümerin die Zwangsversteigerung der Wohnung zu betreiben. Aus diesem Grunde hätte Harry Hurtig zusätzlich für Antonia ein lebenslanges Wohnrecht an der Immobilie im Grundbuch eintragen lassen müssen.

Wie testiert der kinderlose neue Ehegatte?

Anekdote 15

Wie schon beschrieben, hatte Harry Hurtigs zweite Frau Antonia keine eigenen Kinder. Antonia hatte von ihrer Mutter ein Haus geerbt. Ihre Überlegungen betreffend ihr eigenes Testament waren die folgenden:

Sie hatte die Möglichkeit, ihren Mann Harry Hurtig zu ihrem Erben einzusetzen, wobei ihr klar war, dass dann nach Harrys Tod dessen Tochter Jane Erbin würde und somit dann ihr (Antonias) Haus erhalten würde.

Antonia war ihrer Stieftochter Jane nicht wirklich gewogen und wählte daher einen anderen Weg: Sie setzte ihren Ehemann Harry zwar als Erben ein, allerdings nur als Vorerben. Sie bestimmte weiter, dass nach Harrys Tod die Stiftung „Deutsche Pfennigparade" Nacherbe sein sollte. Auf diese Weise würde ihr Vermögen letztendlich einem guten Zweck zugeführt werden.

Als liebender Ehefrau ging es Antonia in erster Linie darum, dass nach ihrem eventuellen Vorversterben ihr Ehemann Harry Hurtig keine finanziellen Probleme haben sollte. Sie gestaltete daher die Vorerbschaft als sog. **befreite Vorerbschaft**. Dies hatte für Harry Hurtig – gegenüber der sog. nicht befreiten Vorerbschaft – den ganz entscheidenden Vorteil, dass er den Stamm des von Antonia geerbten Vermögens angreifen konnte, falls er diesen benötigte, beispielsweise, um seinen Lebensunterhalt zu bestreiten. Anders als bei der nicht befreiten Vorerbschaft durfte also Harry Hurtig nicht nur die Früchte (z.B. Zinsen, Mieteinnahmen etc.) des geerbten Vermögens, sondern auch dessen Substanz nutzen. Dies konnte er beispielsweise dadurch tun, dass er das von Antonia geerbte Haus verkaufte und dafür andere Vermögenswerte anschaffte. Dies konnte er aber auch dadurch tun, dass er nach dem Verkauf von Antonias Haus dessen Erlös für seinen Lebensunterhalt verbrauchte.

Allerdings durfte auch bei der befreiten Vorerbschaft Harry **nichts** von dem geerbten Vermögen **verschenken**.

Auf die vorstehende Weise hatte Antonia für ihren Harry Hurtig gut gesorgt und was nach seinem Tod übrig bliebe, sollte eine karitative Einrichtung erhalten. Harrys Tochter Jane ging somit leer aus, was das Vermögen ihrer Stiefmutter Antonia betraf.

Gut zu wissen: Mit einem gut durchdachten Testament kann man fast jedes Interesse verwirklichen.

„Moderne Zeiten": Die Patchwork-Familie (Anekdote 16)

Franz Fröhlich, einmal erfolgreich geschieden, lebte mit seiner Tochter Julia allein. Während eines Sommerurlaubs im französischen Perigord lernte er die lebenslustige Sylvie von Oertzen kennen, die – ebenfalls geschieden und mit ihrem Sohn Alexander unterwegs – im Perigord nach Trüffeln und einem neuen Ehemann suchte. Die Heirat fand noch im gleichen Jahr statt. Franz und Sylvie bekamen noch ein gemeinsames Kind, dem sie zu Ehren des großen Sohnes des Perigord, Talleyrand, dessen Vornamen Charles gaben.

Infolge guter Geschäfte und einiger Erbschaften war das Vermögen der beiden bald so groß, dass sie sich darüber Gedanken machten, wie sie für den Fall des Todes eines Elternteils, aber auch für den Fall eines gemeinsamen gleichzeitigen Todes, ihr Vermögen auf die drei Kinder verteilen sollten.

Im Vordergrund stand, wie üblich, auch bei dieser sog. Patchwork-Familie die möglichst lebenslange gute Versorgung des überlebenden Ehegatten. Erst an zweiter Stelle standen die Interessen der Kinder, sowohl der in die Ehe gebrachten Kinder als auch des gemeinsamen Kindes. In Fällen wie dem vorstehenden sind die grundsätzlichen Überlegungen relativ einfach, während der Teufel – wie üblich – im Detail steckt:

1. In einem gemeinschaftlichen Ehegattentestament (das auch den überlebenden Ehegatten bindet) können die beiden Ehegatten bestimmen, dass nach dem erstversterbenden Ehegatten der andere Ehegatte Alleinerbe wird und erst nach dessen Tod das gesamte Familienvermögen an die in die Ehe mitgebrachten und die gemeinsamen Kinder zu gleichen Teilen geht.

    Nachteil dieser Konstruktion ist, dass der überlebende Ehegatte durch dieses Testament nicht daran gehindert ist, nach dem Tod des Erstversterbenden dessen und sein eigenes Vermögen ungleichmäßig zu Lebzeiten an die Kinder zu verschenken. Die Hauptsorge bei solchen Ehen besteht also darin, dass der Überlebende von beiden nach dem Tod des Erstversterbenden dessen mit in die Ehe gebrachte Kinder dadurch benachteiligt, dass er das Vermögen zu seinen Lebzeiten an das eigene, in die Ehe mitgebrachte und das gemeinsame Kind verschenkt und dadurch beim Tod des zweitversterbenden Ehegatten für das in die Ehe mitgebrachte Kind des Erstversterbenden nichts mehr übrig bleibt.

2. Gegen diese Gefahr können sich die Ehegatten – zumindest teilweise – dadurch absichern, dass der überlebende Ehegatte lediglich Vorerbe des Erstversterbenden wird und die drei Kinder zu gleichen Teilen Nacherben. Falls beide Elternteile so wohlhabend sind, dass sicher ist, dass der überlebende Ehegatte den Stamm des Vermögens des erstversterbenden Ehegatten nicht benötigt, so kann die Vorerbschaft des überlebenden Ehegatten sogar eine sog. nicht befreite Vorerbschaft sein, d.h., der überlebende Ehegatte kann zwar die Früchte (z.B. Mieteinnahmen, Zinsen) aus dem Vermögen des Erstversterbenden ziehen, jedoch nicht die Substanz verbrauchen.

Auch diese Konstruktion behebt allerdings nicht das Restrisiko, dass der überlebende Ehegatte sein **eigenes Vermögen** bereits zu seinen Lebzeiten ungleichmäßig auf die Kinder verteilt.

3. Eben diese Gefahr wird in der Regel dazu führen, dass nach dem Tod des erstversterbenden Ehegatten dessen mit in die Ehe gebrachtes Kind seinen Pflichtteil verlangt, eben aus der Sorge heraus, dass von dem Vermögen des leiblichen Vaters/der leiblichen Mutter nach dem Tod des überlebenden Stiefvaters/der überlebenden Stiefmutter nichts mehr für ihn übrig ist. Die Auszahlung des Pflichtteils aber kann wiederum den überlebenden Ehegatten wirtschaftlich massiv treffen, so z.B. wenn er zum Zweck der Auszahlung des Pflichtteils die selbst genutzte Ehewohnung verkaufen oder das Unternehmen versilbern muss.

4. Zur Vermeidung solcher Probleme hat man verschiedentlich versucht, das Ehegatten-Testament mit einem Ehevertrag zu kombinieren, in dem die Ehegatten die sog. Gütergemeinschaft vereinbaren. Mit dieser Konstruktion glaubte man, die Quadratur des Kreises erreicht, d.h. sämtliche Probleme auf einmal gelöst zu haben. Leider hat der Bundesgerichtshof entschieden, dass es bei der Vereinbarung einer Gütergemeinschaft nach wie vor möglich ist, dass der überlebende Ehegatte einzelne Teile des Gesamtgutes, insbesondere Immobilien, frei weiter verschenken kann. Im Ergebnis bringt also auch die Kombination eines Testamentes mit einem Ehevertrag in Fällen wie dem vorliegenden nicht das gewünschte, nämlich risikolose Ergebnis.

5. Im Ergebnis stellt sich in Fällen von Patchwork-Familien häufig die Frage, ob man einzelnen Kindern bereits zu Lebzeiten **beider** Eltern Vermögensteile verschenkt, gegebenenfalls unter Nießbrauchsvorbehalt für beide Eltern. Ziel solcher Aktionen ist im speziellen Fall der Patchwork-Familie, die Kinder des erstversterbenden Ehegatten abzusichern. Andererseits soll man nichts verschenken, was man später noch einmal brauchen könnte; siehe Kapitel 21, „Steuerfalle 2".

Der postmortale Keuschheitsgürtel (Anekdote 17)

Dr. Justus Salomon war für sein abgeklärtes Wesen und sein ausgeprägtes Gerechtigkeitsgefühl bekannt. Als bei ihm Lungenkrebs diagnostiziert wurde, machte er sein Testament. Dabei war ihm wichtig, dass das Familienvermögen, das er von seinen Eltern geerbt hatte, an seine beiden Söhne Theo und Emanuel weitergegeben werden sollte. Seine Frau Nora sollte zunächst dieses Vermögen als seine Alleinerbin übernehmen und es dann auf die Söhne weitervererben. Seiner Nora, die wesentlich jünger war als er selbst, wollte Justus eine Wiederverheiratung nicht verbauen, für diesen Fall aber sollte Nora das Vermögen der Familie Salomon an die beiden Söhne herausgeben. Da Nora als Oberstudienrätin gut verdiente, waren ihr Einkommen und auch ihr Auskommen im Alter gesichert. Gesagt getan: Justus testierte wie beschrieben und zwar gemeinsam mit Nora in einem gemeinsamen und bindenden Ehegattentestament. Justus wars zufrieden und verstarb.

Die nächsten Sommerferien verbrachte Nora mit Theo und Emanuel in einem süditalienischen Club Med. Dort verliebte sie sich in den Nichtraucher Felix Jubel, dem sie im nächsten Frühjahr zwei stramme Zwillingstöchter gebar. Und so zeigte sich auch in diesem Fall einmal wieder, dass Gerechtigkeit das Eine, das pralle Leben aber das Andere ist. Justus Salamons Ehegattentestament war wenig mehr wert als das Papier, auf dem es stand: Nora, der Justus nur noch eine freundliche Erinnerung war, sah sich vom Leben ebenso begünstigt wie gefordert: Sie war ja Vollerbin nach ihrem ersten Ehemann geworden und verbrauchte das ihr als Vollerbin überlassene Vermögen umsichtig, aber zügig, um die jetzt auf sechs Personen angewachsene Familie standesgemäß zu versorgen. Dies konnte sie ungehindert tun solange sie Felix Jubel nicht heiratete.

Letzteres hätte sie aber doch ganz gerne getan. Deshalb ließ sie sich von einem pfiffigen Anwalt beraten, wie sie zwei Fliegen mit einer Klappe schlagen könne: Nämlich ihren Felix Jubel heiraten und trotzdem das Vermögen nicht an die Söhne aus erster Ehe herausgeben müssen.

In der Tat konnte Nora durch **Anfechtung der eigenen testamentarischen Verfügung** sich von ihrer Verpflichtung zur Herausgabe des Erbes befreien. Grund dafür ist das **Pflichtteilsrecht**: Durch die Geburt ihrer Zwillingstöchter wie auch durch die dann erfolgende Heirat mit Felix waren drei neue **Pflichtteilsberechtigte** entstanden. Für diesen Fall des Auftauchens neuer, bei der Testamentserrichtung noch unbekannter Pflichtteilsberechtigter hat der überlebende Ehegatte das Recht, seine eigenen testamentarischen Verfügungen anzufechten, um durch ein neues Testament die neuen Pflichtteilsberechtigten (hier der neue Ehemann Felix und die beiden neuen Zwillingstöchter) zu bedenken.

Die Anfechtung trifft auf den ersten Blick nur die Verfügungen, die Nora in dem gemeinschaftlichen Testament selber getroffen hat. Da aber manche ihrer Verfügungen mit denen ihres ersten Ehemannes eng verknüpft sind – v.a. die gegenseitige Erbeinsetzung und die Einsetzung der beiden Söhne als Schlusserben –, gehen die wechselbezüglichen Verfügungen des Justus **auch nachträglich nach seinem Tode** mit der Anfechtung durch Nora unter. Da nun getan wird als hätte Justus nie eine Erbeinsetzung getroffen, ist nachträglich auf seinen Nachlass die gesetzliche Erbfolge anzuwenden: Nora bekommt die Hälfte des Vermögens (bei gesetzlichem Güterstand), ist aber in der Verfügung darüber zu Lebzeiten und nach ihrem Tode völlig frei. Theo und Emanuel bekommen jeder (nur) ein Viertel des väterlichen Vermögens.

Fazit: Justus Plan hatte versagt. Hätte er sich richtig beraten lassen, so hätte er einen Weg gewählt, der sicherer für seine beiden Söhne und Emanuel gewesen wäre:

Zunächst hätte er betreffend sein Vermögen seine Frau Nora zur nicht befreite Vorerbin und seine beiden Söhne zu deren Nacherben einsetzen können. Dann hätte Nora die Früchte seines Vermögens (z.B. Miet- oder Zinseinnahmen) ziehen, aber die Substanz des Salomonschen Familienvermögens nicht angreifen können.

Für den Nacherbfall wären Justus mehrere Alternativen zur Auswahl gestanden. Er hätte als Nacherbfall jeden beliebigen Zeitpunkt bestimmen können, so z.B. ein bestimmtes Datum (z.B. Volljährigkeit des jüngeren Sohnes) oder aber auch ein ungewisses Ereignis wie Noras Wiederverheiratung.

Hätte er Nora, auch während ihrer Ehe mit Felix, das Vermögen gegönnt, hätte er auch ihren Tod als Nacherbfall angeben können. Noras neuer Ehepartner und ihre

Kinder aus zweiter Ehe hätten im Fall von Noras Vorversterben am Salomonschen Familienvermögen auch keinen Pflichtteilsanspruch geltend machen können, da die Vorerbschaft nicht in Noras Nachlass gefallen wäre.

Eine andere Möglichkeit wäre gewesen, dass Justus in seinem Testament bestimmt hätte: „Für den Fall, dass Nora wieder heiraten sollte, muss sie mein Vermögen den beiden Söhnen als Vermächtnis herausgeben" (sog. Vermächtnislösung).

Entscheidend für den Erfolg seines Testamentes wäre jedoch eine Klausel gewesen, die das Anfechtungsrecht beim Auftauchen vorher unbekannter oder noch nicht vorhandener Pflichtteilsberechtigter ausschließt. Erst der Verzicht auf dieses Anfechtungsrecht im Ehegattentestament von Justus und Nora hätte gewährleistet, dass Nora auch nach der Geburt der Zwillinge und nach ihrer Wiederverheiratung das Testament nicht hätte umgehen können.

Da Justus die seine Ziele sicherstellenden Wege nicht bekannt waren, hatte Nora die oben erwähnten Freiheiten, mit oder ohne Wiederverheiratung das Salomonsche Familienvermögen zu verbrauchen. Und doch war in unserem Fall Justus Versagen auch diesmal eine weise und salomonische Tat gewesen: Denn nicht zuletzt durch den Einsatz des väterlichen Vermögens wuchsen seine beiden Söhne mit einem fürsorglichen Stiefvater, einer glücklichen Mutter und zwei liebenswerten Schwestern zu sozial stabilen jungen Männern heran und erhielten durch das väterliche Vermögen eine gediegene Ausbildung an amerikanischen Universitäten. Auch Justus wäre dieses Ergebnis wahrscheinlich ausreichend salomonisch erschienen.

9 Unternehmerische Katastrophe: Die Erbengemeinschaft

Anekdote 18

Joy Labelle und Richard Reichlich waren durch glückliche Umstände früh zu viel Geld gekommen. Den Verlockungen des Jet-Set waren sie jedoch nicht gewachsen. Während Joy sich in einen knackigen Schweizer Ski-Lehrer verliebte, fiel Richards Herz an die ebenfalls knackige Witwe eines Schönheitschirurgen. Richard und Joy ließen sich scheiden, die drei gemeinsamen Kinder zogen mit der Mutter in die Schweiz.

Richards Unternehmen florierte weiter. Seine neue Frau gebar ihm weitere drei Kinder (die sich allerdings weniger attraktiv entwickelten als die erst aufgrund verschiedener Schönheitsoperationen attraktiv gewordene Mutter). Infolge der Mehrfachbeanspruchung durch sein Unternehmen, sechs Kinder, Frau und Jet-Set, kam Richard nicht zur Abfassung eines Testamentes, stattdessen aber übermüdet von der Straße ab und starb noch an der Unfallstelle.

Seiner Ex-Frau, seiner Witwe und seinen sechs Kindern stellte sich die Situation nach seinem Tod wie folgt dar:

Joy Labelle, die Ex-Ehefrau war – weil geschieden – weder erb- noch pflichtteilsberechtigt. Die neue Ehefrau und Witwe war voll erbberechtigt und hatte – da weder Testament noch Ehevertrag gemacht wurden – Anspruch auf die Hälfte des Gesamtvermögens von Richard Reichlich. Die andere Hälfte seines Vermögens mussten sich seine sechs Kinder teilen, es bekam also jedes der Kinder jeweils $1/12$ seines Vermögens. Dies war zwar zwischen den Kindern gerecht, jedoch hätte Richard Reichlich bei rechtzeitigem Nachdenken wahrscheinlich seine neue Ehefrau auf eine hohe Apanage gesetzt, sie hätte im Gegenzug auf ihren Pflichtteil verzichtet und das Vermögen wäre unter den sechs Kindern verteilt worden. Jedenfalls hätten hier mehrere Erfolg versprechende Gestaltungsvarianten offen gestanden.

Noch schwerwiegender war allerdings ein ganz anderes Problem: Durch Richard Reichlichs Tod ohne testamentarische Verfügungen bildeten jetzt die neue Ehefrau sowie die sechs Kinder eine sog. Erbengemeinschaft. In der Erbengemeinschaft gehört jeder einzelne Vermögenswert allen Miterben gemeinsam (sog. Gesamthandseigentum). So wurden nach Richards Tod alle sieben Miterben gemeinschaftliche Eigentümer von Immobilien, Konten, von jedem Auto und von jedem Möbelstück. Da sich die Miterben nicht über die Verwendung der einzelnen Vermögenswerte einigen konnten, kam es zu einer streitigen Auseinandersetzung, die in letzter Konsequenz zu gerichtlichen Zwangsversteigerungsverfahren führte.

Der Nachteil einer jeden Erbengemeinschaft, nämlich dass „keiner allein ohne die anderen irgendetwas bewirken kann", mag im Bereich des Privatvermögens noch hinnehmbar sein, **im unternehmerischen Bereich ist diese Konstellation tödlich**: Umgeben von ganzen Horden besserwissender Berater kamen die Erben, die alle Gesellschafter der Holding geworden waren, zu keinerlei unternehmerischen Entscheidungen. Als diese katastrophale Situation in den Medien bekannt wurde, blieb den Miterben nichts anderes übrig, als zur Vermeidung des totalen Zusammenbruchs die Unternehmen – weit unter Wert – notzuverkaufen.

Bei rechtzeitiger Beratung wäre Richard Reichlich zu folgenden Erkenntnissen gekommen:

1. Die Unternehmensweiterführung muss gesichert sein, d.h., dass – egal ob aus dem Familienkreis oder der Unternehmensleitung – für den Todesfall eine Person vorgesehen ist, die den operativen wie auch strategischen Teil der Unternehmensführung auf Dauer oder zumindest vorübergehend wahrnimmt. Wenn eine solche Person nicht vorhanden ist, dann muss der Unternehmer zumindest in seinem Testament einen Testamentsvollstrecker vorsehen, der das Unternehmen führt, bis das neue Management ausgewählt ist. Auf diese Weise kann auch bei der üblichen Nichteinigkeit der Erben untereinander das Unternehmen uneingeschränkt fortgeführt werden. Allerdings muss die Anweisung an den Testamentsvollstrecker und dessen Einsetzung zur Unternehmensführung im Testament so eindeutig und glasklar formuliert sein, dass seine Position nicht durch gerichtliche einstweilige Verfügungen (die in solchen Fällen beliebt sind) in Frage gestellt werden kann.

2. Auf Dauer kann das Unternehmen natürlich nur dann bestehen, wenn die Gesellschafterstruktur so geregelt ist, dass in der Gesellschafterversammlung auch unternehmerische Entscheidungen getroffen werden können. Dies erfordert in aller Regel entsprechende testamentarische Teilungsanordnungen. So

hätte Richard Reichlich die Fortführung des Familienunternehmens durch folgende Teilungsanordnung sicherstellen können:

„… verfüge ich folgende Teilungsanordnungen: Mein ältester Sohn Paul erhält 75,1 % der Firmenanteile der Reichlich-Holding. Die übrigen 24,9 % teilen sich die übrigen Erben zu gleichen Teilen. Meine Ehefrau erhält das Chalet in der Schweiz. Meine Tochter Lisa erhält das Mietshaus in Stuttgart, mein Sohn Max meine komplette Gemäldesammlung, …"

3. Auf diese Weise hätte Richard Reichlich mehrere Fliegen mit einer Klappe geschlagen: Er hätte zum einen die Kontinuität des Unternehmens gesichert, gleichzeitig hätte er aber auch sein sonstiges Vermögen so verteilt, dass sich seine Frau und seine Kinder nicht hätten darüber streiten können, wer die einzelnen Vermögensgegenstände, wie z.B. Immobilien, Bankkonten etc. zugeteilt erhalten solle.

Dieses Verteilungsmodell funktioniert allerdings auch nur so gut wie es eindeutig formuliert ist. Die Verteilung sollte keinesfalls durch einen der Miterben erfolgen, denn dieser agiert entweder nach dem Motto „Wer das Kreuz hat, der segnet sich" oder aber die anderen Miterben versuchen, seinen Verteilungsmodus gerichtlich zu attackieren. Richtig ist es, eine unbeteiligte Person als Testamentsvollstrecker mit der Auseinandersetzung des Nachlasses, d.h. auch mit der Verteilung der einzelnen Vermögensgegenstände an die einzelnen Bedachten zu beauftragen.

4. Eine weitere Möglichkeit von Richard Reichlich hätte darin bestanden, eine Erbengemeinschaft erst gar nicht zum Entstehen zu bringen. Dies hätte er dadurch erreicht, dass er eine einzige Person als Alleinerben eingesetzt und allen anderen Personen, die er bedenken wollte, lediglich Vermächtnisse zugewandt hätte. Da es sich bei sämtlichen sieben Personen (seiner neuen Ehefrau und seinen sechs Kindern) um pflichtteilsberechtigte Personen handelte, hätte er allerdings bei den Vermächtnissen darauf achten müssen, dass keines der Vermächtnisse wertmäßig geringer ausfiele als der Pflichtteil des jeweiligen Vermächtnisnehmers. Richard Reichlich hätte testieren können:

„…, verfüge ich, dass mein ältester Sohn Paul mein Alleinerbe wird. Paul soll gleichzeitig Testamentsvollstrecker sein und er soll die folgenden

Vermächtnisse an meine Ehefrau und an seine fünf Geschwister bzw. Halbgeschwister auskehren.

- Meine Ehefrau erhält das Chalet in der Schweiz.

- Meine Tochter Lisa erhält das Mietshaus in Stuttgart.

- Mein Sohn Max erhält meine komplette Gemäldesammlung.

- Meine Töchter Rosi und Beate erhalten jeweils 12,45 % der Firmenanteile der Reichlich Holding.

- …

- …

Sämtliche Personen außer meinem Sohn Paul sind lediglich Vermächtnisnehmer …"

Ganz ohne Zweifel hatte Richard Reichlich wohlmeinenden Beratern mehrfach versichert, dass er eines Tages sein Testament machen würde, „es aber noch nicht soweit sei". Dass er mit dem ihm wie uns allen gemeinen Wahn der eigenen Unsterblichkeit nicht nur sein Unternehmen, sondern auch seine Familie „in die Luft sprengte", hätte er sich nicht träumen lassen.

10 Unternehmerische Todsünde: In der Nachfolge Pattsituationen schaffen

Wie sich ein Unternehmer ein Denkmal setzte und damit seine Erben in die Insolvenz führte (Anekdote 19)

Sam Eigner hatte sich ein größeres Speditionsunternehmen aufgebaut. Auf den Rat seines Steuerberaters hin hatte er das Unternehmen im Rahmen einer Betriebsaufspaltung rechtlich aufgeteilt: Zum einen in eine Besitzgesellschaft, die die Liegenschaften hielt, auf denen sich die Speditionsfahrzeuge und die Verwaltungsgebäude befanden, und zum anderen in eine Betriebsgesellschaft, die die Spedition betrieb. Die Anteile an beiden GmbH hielt Sam Eigner zu 100 %.

Neben seinen beiden Gesellschaften hatte Sam Eigner noch eine Ehefrau und zwei Söhne. Rolf, der ältere Sohn, war gelernter Kaufmann und arbeitete schon seit längerer Zeit im Unternehmen mit. James, der jüngere Sohn, war Koch.

Als Sam Eigner einen leichten Schlaganfall bekam, drängten ihn seine Berater und seine Bank dazu, die Geschäfte in die Hand der nächsten Generation zu legen. Sam Eigner lag nichts ferner als das, er beugte sich aber letztendlich dem Druck und besprach die Frage der Nachfolge im Familienkreis.

Rolf, der die Firma in- und auswendig kannte, wollte die Firma allein weiterführen, nach seinen Vorstellungen sollte sein Bruder James in beiden Gesellschaften Minderheitsgesellschafter werden. Kundry, Sams Frau, hatte ganz andere Vorstellungen: Dass James Koch gelernt hatte, hatte ihr noch nie gepasst, da sie großen Wert auf gesellschaftliches Renommee ihrer Söhne legte. Sie wollte daher, dass James endlich mit der Kocherei aufhörte und auch Geschäftsführer würde. Außerdem hatte sie mit Rolf schon immer Schwierigkeiten und neigte von jeher dazu, den schwächeren James gegenüber Rolf zu protegieren. Diese scheinbar belanglose familienpsychologische Komponente sollte im Schicksal der Familie und der Firma Eigner eine große Rolle spielen.

Im Familienrat setzte sich nämlich am Ende die Ehefrau durch: Sam Eigner setzte seine beiden Söhne als gleichberechtigte Geschäftsführer ein, außerdem übertrug er ihnen die Anteile an der Betriebsgesellschaft zu je 50 %. Gleichzeitig behielt Sam Eigner 100 % der Anteile an der Besitzgesellschaft.

Sam Eigner wars zufrieden: Seine Ehefrau Kundry ließ ihn seither in Ruhe, er hatte keinen der beiden Söhne bevorzugt und außerdem, so sagte er sich, hatte er über die Besitzgesellschaft (an die die Betriebsgesellschaft Pacht bezahlen musste) selbst noch großen wirtschaftlichen Einfluss auf das wirtschaftliche Gesamtgeflecht.

Somit war die solide Grundlage für eine griechische Tragödie gelegt, die im Folgenden ihren Lauf nahm:

Rolf und James konnten sich nie einigen. Die Mutter Kundry unterstützte James, den sie schon immer als schwächer empfand und den sie daher glaubte unterstützen zu müssen. Durch die Entscheidungsblockade wurde das Unternehmen nicht mehr richtig geführt. Die Geschäfte gingen schlechter. Rolf, der viel vom Geschäft verstand, konnte aufgrund der Pattsituation in der Gesellschafterversammlung nicht mehr handeln bzw. seine Aktionen wurden von James konterkariert.

Der Vater fragte im Lieferanten- und Kundenkreis nach und erfuhr dort zu seiner allergrößten Genugtuung, dass die Firma auch nicht mehr das sei, was sie früher unter seiner Leitung gewesen wäre. Sam Eigner war im Innersten befriedigt, denn er hatte seinen beiden Söhnen sowieso nie zugetraut, dass sie die Firma so gut leiten könnten wie er selbst und nun hatte er ja den Beweis. Glauben Sie bloß nicht, verehrter Leser, dass die Schilderung von Sams Gefühlslage eine Ausnahme beschreibt – sie ist die Regel.

Der ersten Katastrophe folgte die zweite: Durch die schlechter gehenden Geschäfte konnte die Betriebsgesellschaft die Pachtzahlungen an die Besitzgesellschaft nicht mehr leisten. Vater Sam war nicht bereit, die Pachtzinsen auszusetzen, denn – so meinte er – wenn seine Söhne nicht in der Lage seien, sein Unternehmen erfolgreich weiterzuführen, dann sollten die Dinge eben ihren Lauf nehmen. Die nächste Generation könne es nun einmal offensichtlich nicht so gut wie er. Außerdem hatte sich Sam gerade eine Villa im Tessin gekauft und konnte auf die Pachtzahlungen nicht verzichten.

Rolf war verzweifelt. Die Gerichte halfen ihm nicht, da die gesellschaftsrechtliche Pattsituation (50:50) der gerichtlichen Prüfung standhielt. James, von Mutter Kundry aufgehetzt, gab nicht nach.

Und so begann der Lenz der Insolvenz: Die Betriebsgesellschaft musste immer höhere Kredite aufnehmen, um die Pacht an die Besitzgesellschaft zu bezahlen, schließlich waren die Verbindlichkeiten bei den Banken so hoch, dass die Betriebsgesellschaft Insolvenz anmelden musste. Rolf und James saßen auf der Straße.

Fazit: Hier hatte der Senior alles, aber wirklich auch alles falsch gemacht, was man im Fall einer sog. vorgezogenen Unternehmensnachfolge unter Lebenden falsch machen kann:

Die **erste Todsünde** war die Einsetzung beider Söhne als gleichberechtigte Geschäftsführer ohne Abgrenzung der Verantwortungsbereiche und Einzelentscheidungsbefugnisse. Folge dieser Konstellation war, dass keiner der Geschäftsführer ohne den anderen handeln konnte bzw. Gefahr lief, dass jede Entscheidung durch den anderen Geschäftsführer wieder aufgehoben würde. Solche Regelungen funktionieren in 99 % der Fälle nicht und erst recht nicht unter Geschwistern, und noch weniger, wenn außerdem noch die Eltern sowohl menschlich als auch wirtschaftlich in die Beziehung zwischen den Geschwistern hineinreden.

Die **zweite Todsünde** neben der o.g. Besetzung der Geschäftsführung war die Übertragung von jeweils 50 % der Gesellschaftsanteile an die beiden Söhne. Denn wenn einer von beiden nicht wollte, konnte kein einziger Gesellschafterbeschluss gefasst werden.

Die **dritte Todsünde** dieser Tragödie war, dass der Übergeber sich die Besitzgesellschaft vorbehalten hatte und nicht bereit war, auf Pachtzinsen zu verzichten. Sam Eigner hätte sich erinnern müssen, dass er während seiner Unternehmensführung häufig die Einnahmen aus der Besitzgesellschaft dafür verwendet hatte, um schlechte Zahlen in der Betriebsgesellschaft auszugleichen oder Investitionen für die Betriebsgesellschaft vorzunehmen. Die Besitzgesellschaft war sozusagen seine „Kornkammer" gewesen, die ihm in schlechten Zeiten die Möglichkeit zum flexiblen Handeln und Überleben der Betriebsgesellschaft gegeben hatte. Dieses Instrument hatte er seinen Söhnen verwehrt, indem er ihnen nicht gleichzeitig die Besitzgesellschaft mit übertragen hatte.

Dabei hätte der Gang zum Insolvenzgericht ohne weiteres vermieden werden können: Das Bedürfnis der Mutter Kundry nach einer sozial repräsentativen Position ihres Sohnes James als geschäftsführender Gesellschafter hätte dadurch befriedigt werden können, dass James einen bestimmten, genau abgegrenzten, Geschäftsbereich (z.B. Personal) zugewiesen bekommen hätte, der wenig Stoff für Konflikte zwischen ihm und seinem Bruder Rolf gegeben hätte. Die anderen Bereiche, insbesondere Technik und der kaufmännische Bereich, wären als Geschäftsführungsbereiche ausschließlich an Rolf gegangen, ohne dass James nach außen das Gesicht verloren hätte.

Dass jeder der Brüder in seinem Geschäftsbereich – relativ – frei schalten und walten kann, funktioniert natürlich nur dann, wenn die Gesellschafterversammlung nicht alles blockieren oder rückgängig machen kann. Daher wäre es richtig gewesen, dass Rolf 51 % der Anteile erhält und James 49 %.

Oder, alternativ: Dass Rolf Alleingesellschafter und Alleingeschäftsführer der Betriebsgesellschaft und James Alleingesellschafter und Alleingeschäftsführer der Besitzgesellschaft geworden wäre.

Wichtig ist in jedem Fall, dass die Aktivitäten der Geschäftsführung der Betriebsgesellschaft nicht durch Gesellschafterbeschlüsse der Besitzgesellschaft behindert werden können.

In großen Familiengesellschaften wird das Thema „Wie können die nicht an der Geschäftsführung beteiligten Erben zum eigenen, aber auch zum Wohle des Unternehmens mit in die zukünftigen Geschehnisse des Unternehmens einbezogen werden?" offen behandelt. Wichtig ist, dass diejenigen Familienmitglieder, die an der Geschäftsführung nicht an vorderster Front beteiligt werden sollen, sich artikulieren, welche Rolle im Unternehmen sie einnehmen wollen. Manche wollen beispielsweise ganz andere Aktivitäten ausleben und lediglich eine Rendite aus dem Unternehmen erhalten, andere wollen unbedingt ihren Namen in der Geschäftsführung sehen. Um Unklarheiten und damit zukünftige Streitigkeiten auszuschließen, müssen die Bedürfnisse der einzelnen Erben ermittelt und ihnen dann entsprechende Positionen zugewiesen werden. James Leidenschaft z.B. war schon immer das Kochen gewesen. Hätte seine Mutter Kundry ihn nicht aufgehetzt – er wäre mit einer saftigen Rendite als z.B. stiller Gesellschafter glücklicher geworden.

Schließlich noch ein Wort zum Nicht-Loslassen-Können der älteren Generation: Die Entscheidung von Sam Eigner, sich die Besitzgesellschaft vorzubehalten, war Ausdruck des Misstrauens gegenüber seinen Söhnen wie auch Ausdruck seiner Unfähigkeit loszulassen.

Letzteres ist fast normal, meist unheilbar und kann nur mit guten Beratern und attraktiven Hobbys für das Alter abgemildert werden. Hierfür zu sorgen ist allerdings Aufgabe der übergebenden Generation, wenn sie nicht die nächste Generation unglücklich machen und die Zukunft des Unternehmens gefährden will.

Allerdings: Wer seine Nachfolge so regelt, dass es nach ihm keinesfalls funktionieren kann, hat die – wenn auch fatale – Befriedigung, aus seiner Umgebung zu hören: „Als der Alte das noch gemacht hat, lief es viel besser."

Wenn der Übergeber weiß, dass die Besitzgesellschaft seine Kornkammer und seine Reserve für schlechte Zeiten war, dann darf er diese Quelle der nächsten Generation nicht verschließen.

Richtig wäre gewesen, dass Sam Eigner sich eine lebenslange Rente in einer Höhe ausbedungen hätte, die die Söhne und das Unternehmen auch in schlechten Zeiten hätten zahlen können, möglicherweise verbunden mit festgelegtem Boni für den Vater in Zeiten besonders guter Geschäftsentwicklung.

Soweit die Entscheidung von Sam Eigner darauf beruhte, dass er seinen Söhnen die erfolgreiche Weiterführung des Unternehmens nicht zutraute, so hätte er andere Personen als Geschäftsführer suchen müssen, keinesfalls aber seine Söhne ins offene Messer laufen lassen dürfen.

Und die Moral von der Geschicht …:
Die Losung „Misstrauen ist gut, Kontrolle ist noch besser" kann fatale Folgen haben. Wer sich von seinem Unternehmen nicht trennen kann und dies nur unter im Ergebnis fatalen Vorbehalten tut, sollte dies offen aussprechen. Die nächste

Generation ihrerseits sollte sich standhaft weigern, Konstruktionen mitzumachen, die die ganze Familie ins Verderben führen. Und die Mutter hat auch in dieser Geschichte eine ebenso ambivalente wie verhängnisvolle Rolle gespielt.

11 Schwarzgeld & Co.

Späte Rache: Wie Sie Ihre Kinder per Testament zu Kriminellen machen können (Anekdote 20)

Bob Scholz war erfolgreicher Dirigent. Für Geld interessierte er sich nur insoweit, als er zur Aufrechterhaltung seines aufwendigen Lebensstils viel davon brauchte. Dieser Erkenntnis entsprechend deponierte er die bei seinen Tourneen eingenommenen Schwarzgelder auf einem Nummernkonto in Salzburg. Dort zahlte er über lange Jahre hinweg keine Steuern, weder auf das von ihm eingenommene Schwarzgeld noch auf die auf dem Konto allmählich auflaufenden Zinsen.

Bob Scholz war von diesem Modell so begeistert, dass er beschloss, auch in der Schweiz ein Nummernkonto aufzumachen, auf das er – fürs Alter, wie er zu sagen pflegte – einen Teil seiner versteuerten Einnahmen (diesmal also sog. weißes Geld) bar einzahlte. Die auf diesem Konto auflaufenden Zinsen versteuerte Bob Scholz ebenfalls über lange Jahre hinweg nicht.

Bob Scholz Karriere und Leben nahmen am Tag der Tsunami-Katastrophe ein jähes Ende. In seinem Safe fanden seine Kinder Markus und Moritz zwei Testamente: Das eine war ein ganz normales Testament, das andere Blatt war mit „nur zum internen Gebrauch für Moritz und Markus bestimmt" überschrieben. In diesem Papier erklärte Bob Scholz seinen beiden Söhnen genau, wie es zu den Konten in Österreich und der Schweiz gekommen war. Es folgten die Nummern der Konten und die Adressen sowie der abschließende Satz:

„Ihr bekommt beide von allem die Hälfte. Lasst das Geld aber auf den Konten liegen und benutzt es als Reserve in schlechten Zeiten. Euer Vater."

Moritz und Markus taten wie ihnen geheißen. Natürlich gaben auch sie keines der Konten bei den Steuerbehörden an; dies schon deswegen nicht, weil sonst rückwirkend ein großer Teil des vom Vater angehäuften

Kapitals wie auch der Zinsen der Einkommen- und Kapitalertragsteuer unterfallen und damit für Moritz und Markus verloren gewesen wäre.

Als Moritz und Markus zehn Jahre später gemeinsam in neue Geschäfte investieren wollten, räumten sie die beiden Konten ab. Durch zwischenzeitlich eingetretene Gesetzesänderungen und Meldepflichten kam es allerdings dazu, dass die Geldtransfers sowohl den Österreichischen, Schweizer wie auch Deutschen Behörden (zum Teil im Weg der Amtshilfe) bekannt wurden. Die darauf folgenden Untersuchungen der Steuerbehörden wie auch der Steuerstrafbehörden führten zu hohen Steuernachzahlungen und Steuerstrafverfahren in Österreich, der Schweiz und in der Bundesrepublik Deutschland und hohen Geldstrafen für die beiden Brüder.

Möglicherweise hatten Bob Scholz Söhne dieses Desaster teilweise selbst verursacht und zwar dadurch, dass sie bei den Kontentransfers Fehler gemacht hatten. Ganz sicher ist aber, dass die Grundlagen für das Fiasko der Vater gelegt hatte: Zum einen hatte er seinen Söhnen Vermögen übertragen, das mit hohen Steuerschulden belastet war. Es hätte ihm klar sein müssen, dass seine beiden Söhne von Gesetzes wegen einen Großteil der ihnen hinterlassenen Konten nach seinem Tod zur Ausgleichung der Steuerschulden hätten benutzen müssen und sich dadurch die Guthaben massiv reduziert hätten.

Zum anderen hätte Bob Scholz wissen müssen, dass seine beiden Söhne der von ihm angeregten Versuchung (alles so liegen zu lassen, wie es ist) nicht würden widerstehen können und sich dadurch selbst strafbar machen würden.

Richtig wäre es gewesen, wenn Bob Scholz entweder die beiden Konten durch Steuernachzahlungen legalisiert und die Restguthaben auf ein anderes Konto gelegt hätte. Oder aber er hätte in seinem Testament einen anderen Aufruf formulieren müssen, etwa mit den Worten: „Sollte ich unerwartet versterben, so schiebt alle Vorwürfe auf mich, zahlt die Steuern nach und begebt euch nicht in das Visier der Steuerfahndung."

Variante des Falles:
Bob Scholz hatte die Konten mit seinem Sohn Moritz eingerichtet, der ebenfalls seine Gelder dort parkte. Markus wusste davon. Als der Vater

starb, erpresste Markus seinen Bruder Moritz mit der Drohung, die Steuerfahndung einzuschalten und erreichte damit, dass ihm ein ungleich größerer Teil des väterlichen Erbes zuteil wurde.

Weitere Variante:

Bob Scholz war mit der Pianistin Manuela Holzweg verheiratet, die seine finanziellen Transaktionen kannte. Als er der betörenden Stimme der Sängerin Sirena Sirtaki nicht widerstehen konnte und mit ihr durchbrannte, reichte Manuela Holzweg die Scheidung ein und zeigte ihren Mann bei den Österreichischen, Schweizer und Deutschen Steuerstrafbehörden wegen Steuerhinterziehung an.

Die Varianten des Falles zeigen, dass bei Mitwisserschaft Konten der beschriebenen Art nicht erst im Erbfall zum Problem werden können. **Vererbt** werden sollten sie keinesfalls, wie der Ausgangsfall zeigt. Den Erben solcher „Schätze" (in Fachkreisen auch „Zeitbomben" genannt) ist – selbst für den Fall, dass sie ein eisernes Nervenkostüm besitzen – zu raten, sich möglichst schnell von Vermögenskonstruktionen dieser Art zu distanzieren, um erst gar nicht in den Verdacht zu geraten, steuerlich fragwürdige Modelle der Vorgeneration weiterzuverfolgen.

Aufgepasst werden muss aber auch beim Vererben durchaus legaler Steuersparmodelle wie z.B. bei Beteiligungen an Abschreibungsgesellschaften, aber auch bei Betriebsaufspaltungen, Aufteilung von Betriebs- und Besitzvermögen zwischen den Ehegatten (Wiesbadener Modell) oder sog. Oasengesellschaften – diese der steuerlichen Vorteile wegen gewählten Konstruktionen führen bei Erbfällen teilweise zu ungewollten und für die Erben sehr nachteiligen Folgen. Wenn sich solche Modelle im Vermögen befinden, dann sollte bereits der Erblasser planen, was nach seinem Tod damit passieren soll, insbesondere die Mittel bereitstellen, die für die Neutralisierung der durch den Tod eintretenden steuerlichen Nachteile erforderlich sind.

Aber Achtung: Nicht alles, was die Bezeichnung „Auslandskonto" trägt ist illegal! Es gibt einige unter den Begriff „Auslandskonto" fallende Kontenmodelle, die durchaus legitim sind, dann allerdings auch Geld (d.h. Steuern) kosten. Im Einzelnen:

1. Vermögen kann auch im Ausland angelegt werden, wenn zum einen das angelegte Vermögen selbst „sauber", d.h. bereits versteuert ist; zum zweiten müssen alle Formen von Zinsen und Rendite versteuert werden. Dabei ist zu beachten, dass im EU-Ausland angelegtes Geld der EU-Quellensteuer unterworfen ist. Dies bedeutet, dass bestimmte Erträge aus Kapital innerhalb der Europäischen Union bereits an der Quelle, d.h. dort, wo die Erträge anfallen, abgeschöpft und abgeführt werden. Diese Abschöpfung geschieht allerdings in Belgien, Luxemburg und Österreich anonym, was bedeutet, dass die Einkünfte besteuert werden, ohne dass die Person des Steuerpflichtigen selbst erfasst würde. Die Quellensteuer wird von der Zahlstelle, in der Regel also der ausländischen Bank, einbehalten und abgeführt. Aktuell beträgt der Quellensteuersatz in vielen Ländern 20 % oder mehr, in der Schweiz z.B. 35 %.

    Die **Abführung der Quellensteuer** bedeutet jedoch nicht, dass der Steuerpflichtige damit seine Steuerschuld abgegolten hätte. Vielmehr ist er auch weiterhin verpflichtet, seinem Wohnsitzfinanzamt die Einkünfte aus Kapitalvermögen wie bisher anzugeben. Doppelbesteuerungsabkommen bestehen im Bereich der EU-Quellensteuer naturgemäß nicht; allerdings ist die Möglichkeit einer Anrechnung der Quellensteuer bei der Einkommensteuer in § 34c EStG vorgesehen: Die im Ausland entrichtete Steuer wird nach Wahl des Steuerpflichtigen voll auf die deutsche Einkommensteuer angerechnet oder aber mindernd von den Einkünften abgesetzt. So besteht effektiv die gleiche Besteuerung wie bei einer Anlage im Inland.

2. Darüber hinaus besteht die Möglichkeit, einen **Wohnsitz im Anlageland** zu wählen mit der Folge, dass der Anleger im Anlagestaat steuerpflichtig wird. In Österreich hat dies beispielsweise zur Folge, dass die Zinserträge oder sonstigen Renditen nur der österreichischen Kapitalertragsteuer unterworfen werden. Die EU-Quellensteuer fällt dann nicht mehr an. Die Kapitalertragsteuer ist als eine Abgeltungsteuer konzipiert, was bedeutet, dass mit der Zahlung der Abgeltungsteuer von gegenwärtig 25 % die Erträge endgültig besteuert sind. Weitere Einkommensteuern sind darauf nicht mehr zu entrichten. Auch von der Erbschaftsteuer sind diese Beträge befreit, solange die Erbschaftsteuerpflicht in Österreich besteht.

3. Die oben aufgeführten Möglichkeiten sind die einzigen Gestaltungen für ausländische Anlagen, bei denen die „Falle Steuerhinterziehung" vermieden werden kann. Diese Gefahr sollte auch nicht unterschätzt werden: Zwar

besteht in Staaten wie Österreich im Gegensatz zu Deutschland ein striktes Bankgeheimnis, welches sogar Verfassungsrang innehat. Mitteilungen österreichischer Banken an deutsche oder andere Behörden über Anlagen können daher nicht erfolgen. Dieses Bankgeheimnis gilt jedoch nicht, wenn sich deutsche Behörden beim hinreichenden Verdacht einer Straftat des Steuerpflichtigen an österreichische Behörden wenden; denn dann muss eine Auskunft erfolgen. Das deutsche Wohnsitzfinanzamt kann also schneller „Wind von der Sache" bekommen, als dem Anleger lieb sein kann!

Zusammenfassend ist zu sagen: Wer ein Auslandskonto gegenüber dem Finanzamt wie ein eigenes, im Inland befindliches Konto behandelt, fährt in der Regel richtig. Liegt ein Wohnsitz des Anlegers im Anlagestaat, kann sich der Anleger dafür entscheiden, die Erträge dort zu versteuern. Dies mag im Einzelfall günstiger sein. In allen übrigen Fällen bietet die Anlage von Vermögen im Ausland, wenn alles mit rechten Dingen zugehen soll, keine steuerlichen Vorteile.

Das sog. internationale Testament (Anekdote 21)

Lola Lieblich, deutsche Staatsbürgerin, hatte sich im Urlaub auf Mallorca in den spanischen Animateur Diego Fiesta verliebt und ihn mit Hilfe ihrer rheinischen Lebensfreude, ihrer großen Erbschaft väterlicherseits und einer für Diego überraschenden Schwangerschaft kurzfristig von einer Eheschließung überzeugt.

Als im Jahre 1996 ihr Sohn Tonio geboren wurde, machte das Ehepaar Fiesta ein gemeinsames Ehegattentestament, das sie – da der größte Teil des Vermögens sich in Deutschland befand – ausdrücklich dem deutschen Recht unterstellten und in dem Tonio von beiden Elternteilen als Alleinerbe eingesetzt wurde.

Als Diego im Jahre 2012 mit fünf Promille Sangria im Blut in einen Swimmingpool stürzte und ertrank, beschlossen Lola und Tonio, auch zukünftig in Diegos Haus auf Mallorca wohnen zu bleiben. Gleichzeitig tauchte allerdings auch Nero, ein nichtehelicher Sohn Diegos, auf, der die Hälfte des Erbes von Diego für sich beanspruchte. Im Vertrauen auf das gemeinschaftliche Testament rief Lola die Gerichte an. Leider bestätigten diese, dass der Letzte Wille des Spaniers Diegos nicht dem deutschen Recht unterfiele, sondern dem spanischen und mallorquinischen Recht. Nach diesen Rechtsordnungen sind gemeinschaftliche Testamente aber nicht zulässig. Es handelte sich hierbei um ein materiellrechtliches Verbot dieser Testamentsart. Das Testament war somit– soweit es Diegos letzten Willen betraf – nichtig und Tonio musste sich tatsächlich das Erbe mit Nero teilen. Lola Lieblich ging leer aus, da das spanische Recht kein gesetzliches Erbrecht des überlebenden Ehegatten vorsieht, wenn der Erblasser Abkömmlinge hinterlässt.

Wenn Mallorca auch oft als 17. deutsches Bundesland angesehen wird, so gehört es doch zu Spanien und unterliegt der dortigen Rechtsordnung sowie dem sog. Foralrecht der Balearen. Beide Rechtsordnungen weichen auch im Erbrecht großteils von den deutschen Regelungen ab.

Danach können Spanier ihr Vermögen grundsätzlich nur nach spanischem Recht vererben. Diego konnte also nicht schreiben: „Für den Fall meines Todes soll deutsches Erbrecht gelten."

In Spanien gibt es (außer in Aragón und Navarra) keine gemeinschaftlichen Ehegattentestamente. Dieses Verbot geht sogar so weit, dass ein Spanier selbst im Ausland kein wirksames gemeinschaftliches Testament errichten kann (siehe Art. 669, 733 Código Civil). Das Verbot bezieht sich nicht allein auf die Form (dass zwei Testamente in einer Urkunde zusammengefasst sind) sondern auch auf den Inhalt (dass sich die Verfügungen der Ehegatten aufeinander beziehen).

Unter den Rechtsgelehrten ist umstritten, wie Fälle wie unsere Anekdote zu behandeln sind, in denen das Recht eines Ehegatten gemeinschaftliche Testamente erlaubt, das Recht des anderen Ehegatten sie aber verbietet. Die einen gehen in solchen Fällen davon aus, dass das gemeinschaftliche Testament dann für beide Testierenden nichtig und wirkungslos ist. Die anderen wollen das Recht des Ehegatten, das die Errichtung solcher Testamente zulässt, darüber entscheiden lassen, inwiefern die Verfügungen dieses Ehegatten Wirkung entfalten, wenn das Testament für den anderen Ehegatten nichtig ist.

In unserem Beispiel führen aber beide Ansichten zum selben Ergebnis. Nach der zweiten Ansicht wäre nach deutschem Recht zu beurteilen, ob das Testament wenigstens für Lola gültig ist. Gemäß § 2270 Abs. 1 BGB sind wechselbezügliche Verfügungen eines Ehegatten in einem gemeinschaftlichen Testament dann nichtig, wenn die entsprechenden Verfügungen des anderen Ehegatten nichtig sind. Diegos wechselbezügliche Verfügungen (Einsetzung Tonios als Erbe) sind (ebenso wie seine einseitigen Verfügungen) nichtig, weil das spanische/mallorquinische Recht gemeinschaftliche Testamente verbietet. Also sind auch Lolas **wechselbezügliche** Verfügungen **nichtig**. Hätte Lola daneben noch weitere **einseitige** Verfügungen getroffen (z.B. ein Vermächtnis ausgesetzt), so wären diese Verfügungen **wirksam**. Sie könnten aber, da sie keiner Bindungswirkung unterliegen, jederzeit von Lola geändert werden.

Dieses Beispiel zeigt repräsentativ für sämtliche Staaten, dass beim Vererben immer zwei Grundsätze zu beachten sind:

1.   Zum einen, dass in vielen Staaten und Fällen die Staatsbürgerschaft darüber entscheidet, welches Erbrecht anzuwenden ist,

2. und zum anderen, dass das Erbrecht in anderen Staaten sehr von den uns bekannten deutschen Regelungen abweichen kann.

Außerdem gilt: In vielen Fällen, in denen Ausländer das deutsche Erbrecht zur Anwendung bringen möchten, ist es **nicht** möglich, durch eine sog. **Rechtswahl** das deutsche Erbrecht für das zu vererbende Vermögen zu wählen. Eine Rechtswahl zum deutschen Recht ist nur möglich, wenn in der Rechtsordnung, nach der sich die Erbschaft beurteilt, eine Rechtswahl ausdrücklich zugelassen ist oder für Immobilien, die in Deutschland belegen sind.

Gerade bei den immer häufiger werdenden Ehen zwischen Menschen verschiedener Nationalitäten (auch innerhalb der EU) heißt es aufzupassen: Wenn einer der beiden Ehepartner keine deutsche Staatsangehörigkeit besitzt, so ist die Wahrscheinlichkeit groß, dass er nur nach dem Recht seines Heimatstaates vererben kann.

Hinweis: 2012 ist in Brüssel eine neue EU-Verordnung („Rom III-Verordnung", Nr. 1259/2010) verabschiedet worden, die zukünftig etwas Ordnung in den Wirrwarr der teilweise widersprüchlichen Erbrechtsordnungen der europäischen Mitgliedsstaaten bringen soll. Diese Verordnung soll ab 2015 gelten und bringt folgende Änderungen mit sich:

1. Einheitlich wird innerhalb der europäischen Union der letzte Wohnsitz des Erblassers für das Erbstatut maßgeblich sein, d.h. es gilt dann das Recht dieses Wohnortstaates für die gesamte erbrechtliche Angelegenheit.

2. Per Rechtswahl kann jedoch der Erblasser das Recht entsprechend seiner Staatsangehörigkeit wählen, also z.B. ein in Spanien lebender Deutscher deutsches Recht.

Nach altem Recht bereits errichtete Testamente bleiben jedoch wirksam. Außerhalb der EU gelten weiterhin die Kollisionsgesetze der beteiligten Staaten.

Wer diese Grundsätze nicht beachtet, kann – wie Tonio nach dem Tod von Diego – große und vor allen Dingen unvorhergesehene wirtschaftliche Nachteile erleiden.

Richtigerweise hätte Diego ein Testament nach spanischem Recht errichten und auf diese Weise versuchen müssen, seinen nichtehelichen Sohn Nero soweit wie nach spanischem Recht zulässig als Erbe auszuschalten.

Nach der ab 2015 geltenden EU-Verordnung würde auch für Lola Lieblich das spanische Erbrecht gelten, wenn sie bis zu ihrem Tod in Spanien lebte. Allerdings könnte sie durch die Rechtswahl in ihrem Testament deutsches Recht wählen. Diego steht diese Möglichkeit als spanischem Staatsbürger nicht offen.

Allerdings kommt es teilweise für die Ermittlung des anwendbaren Erbrechts auch darauf an, wo das Vermögen belegen ist. Hätte der Spanier Diego z.B. Immobilien in Deutschland gehabt, so hätte er diese (und nur diese) derzeit noch gemäß Art. 25 Abs. 2 EGBGB dem deutschen Recht unterstellen können. Ab Wirksamkeit der EU-Verordnung gibt es diese Möglichkeit – für Bürger der Mitgliedstaaten der Europäischen Union – nicht mehr.

Lassen Sie uns den umgekehrten Fall betrachten: Wie wäre die rechtliche Situation gewesen, wenn Diego die deutsche Staatsbürgerschaft, gleichzeitig jedoch ein Haus auf der spanischen Insel Mallorca gehabt hätte?

In diesem Fall hätte Diegos Haus auf Mallorca mit einem deutschen Testament vererbt werden können mit der Folge, dass Diegos nichtehelicher Sohn Nero nur den Pflichtteil – $\frac{1}{8}$ – erhalten hätte.

Achtung: Bei der Vererbung von im Ausland gelegenem Vermögen sind nicht nur die erbrechtlichen Regelungen des anderen Staates zu berücksichtigen, sondern auch die in diesem Staat geltenden Formvorschriften (z.B.: Schriftform? Evtl. Hinzuziehung von Zeugen? etc.).

Inzwischen haben sich zwar viele Staaten dem Haager Übereinkommen zur Testamentsform angeschlossen und erkennen somit ein Testament nach gewissen Kriterien auch dann an, wenn es nicht in einer Form abgefasst ist, die ihrer Rechtsordnung entspricht. Allerdings gilt dieses Abkommen im Verhältnis mit mehreren Staaten der EU (z.B. in Italien, Portugal und mehreren osteuropäischen Staaten) und den USA **nicht**.

Zum Steuerrecht:
Zusätzlich hätten sich Diego und Lola rechtzeitig nach den **steuerlichen** Konsequenzen des Erbfalles nach Diego erkundigen müssen. Denn auch innerhalb der EU sind alle Staaten eifrig bemüht, sich bei der Erbschaftsteuer einen Teil vom Gesamtkuchen zu sichern. Das bedeutet, dass grundsätzlich jeder Staat für auf seinem Gebiet gelegenes Vermögen Erbschaftsteuer erhebt, auch wenn alter und/oder neuer Eigentümer ein Ausländer ist.

In vielen Fällen besteht zwar ein sog. Doppelbesteuerungsabkommen (DBA), das – entgegen seinem Namen – die Doppelbesteuerung gerade ganz oder teilweise vermeiden soll. Solch ein Abkommen besteht zwischen Deutschland und Spanien jedoch nur auf dem Gebiet der Einkommen- und Vermögensteuern. Für den Bereich der Erbschaftsteuer besteht kein DBA. Die in Spanien gezahlte Erbschaftsteuer kann nur zu einem geringen Teil auf die in Deutschland zu zahlende Erbschaftsteuer angerechnet werden (§ 21 ErbStG). Daher kann für im Ausland gelegenes Vermögen eine wesentlich höhere Steuer anfallen als dies der Fall wäre, wenn (in unserem Fall) das Haus statt auf Mallorca auf Sylt gestanden hätte.

Insbesondere wenn sich Vermögen in verschiedenen Staaten befindet und zwischen dem Heimatstaat und den anderen Staaten keine oder nur teilweise Doppelbesteuerungsabkommen bestehen, wird die Frage der (zum Teil Doppel-) Besteuerung zu einem ernsthaften und eventuell bedrohlichen Thema für die Erben.

Wichtig: Das Thema „Internationales Testament" betrifft natürlich nicht nur Ehepaare mit verschiedenen Staatsangehörigkeiten, sondern ebenso deutsche Singles wie deutsch-deutsche Ehepaare mit Auslandsvermögen.

Kompliziertes Vermögen – einfach vererbbar? (Anekdote 22)

Louis und Louisa Frank lebten teilweise in Deutschland, teilweise in der Schweiz. Das Ehepaar hatte Grundbesitz in Deutschland, Österreich, Schweiz, Italien und Spanien. Außerdem hatte Louis noch 20 % Anteile an einer in den USA gelegenen Munitionsfabrik geerbt, auf deren Areal er sich ein Ferienhaus mit daran angeschlossenem Bunker gebaut hatte. Das Ehepaar Frank, praktisch veranlagt, wollte trotz Ihres in vielen Ländern verstreuten Vermögens das Thema „Vererben" so einfach wie möglich gestalten.

Eine Möglichkeit, zu einer – relativ – einfachen erbrechtlichen Lösung nach vorzugsweise deutschem Recht zu kommen, ist folgende: Sämtliche Vermögenswerte werden in eine (in der Regel) deutsche Personengesellschaft eingebracht. Wenn dann einer der Gesellschafter stirbt, dann erben die Erben einen Anteil an der Personengesellschaft, ein erbrechtlicher Vorgang, der sich hauptsächlich nach deutschem Erbrecht richtet.

Allerdings ist auch in diesem Fall für jedes Land (in unserem Beispielsfall also für Österreich, Italien, Spanien und die USA) zu überprüfen, ob das Erbrecht jedes einzelnen dieser Staaten mit dieser Zentrierung des erbrechtlichen Vorgangs auf deutsches Recht einverstanden ist. Soweit dies nicht der Fall ist, muss für den einzelnen Vermögensgegenstand (beispielsweise die Unternehmensbeteiligung in den USA) ein Testament nach dem Recht des betreffenden amerikanischen Bundesstaates gemacht werden, um das erbrechtliche Ziel der Familie zu erreichen. Es kann also gut sein, dass die Familie trotz deutscher Personengesellschaft nicht nur ein deutsches, sondern auch und zusätzlich ein oder mehrere ausländische Testamente machen muss, wenn sie vermeiden will, dass für einzelne Vermögensgegenstände das gesetzliche Erbrecht z.B. des Staates Texas eingreift.

Erst recht gilt dies für das Steuerrecht: Es gibt viele Staaten, mit denen Deutschland kein Doppelbesteuerungsabkommen hat. Dann sind Erbfälle möglicherweise zweimal zu besteuern. Und selbst wenn es ein Doppelbesteuerungsabkommen gibt, ist nicht auszuschließen, dass zwar der Erbvorgang nicht doppelt, aber doch wesentlich höher besteuert wird als dies der Fall wäre, wenn nur und ausschließlich deutsches Erbschaftsteuerrecht anwendbar wäre.

Besonders beachten: Sämtliche Ausführungen dieses Kapitels gelten grundsätzlich nicht nur für Auslandsimmobilien, sondern auch für **alle** anderen Vermögenswerte, z.B. Unternehmensbeteiligungen, Bilder, aber auch für Konten und Wertpapierdepots!

Viele wohlhabende Menschen versuchen, der Besteuerung in Deutschland dadurch zu entgehen, dass sie ihren Wohnsitz ins Ausland verlegen. Dies ist allerdings in den seltensten Fällen vom Erfolg gekrönt, da für eine vollständige Steuerfreiheit in Deutschland viele Kriterien ganz oder teilweise erfüllt sein müssen, von denen im Folgenden einige beispielhaft aufgeführt werden:

- Häufig genügt es nicht, nur den Wohnsitz ins Ausland zu verlagern, sondern es muss auch jeglicher deutscher Wohnsitz aufgegeben werden.

- Oftmals ist es sogar nötig, nicht nur den Wohnsitz in Deutschland aufzugeben, sondern auch die deutsche Staatsbürgerschaft.

- In vielen Fällen ist es zur Vermeidung der Erbschaftsteuer nicht nur erforderlich, dass der Erblasser seinen Wohnsitz ins Ausland verlegt, **sondern dies**

muss auch der Erbe tun, da sonst trotz Aufenthalt des Erblassers im Ausland die deutsche Erbschaftsteuer beim Erben ebenso anfällt als ob der Erblasser selbst noch in Deutschland leben würde.

- Die Flucht in sog. ausländische Trusts wird von den deutschen (wie übrigens auch von den ausländischen) Steuerbehörden sehr misstrauisch überprüft, in den meisten Fällen nicht anerkannt und falls eine solche Konstruktion gelingt, versuchen die Staaten (teilweise gemeinsam), das eben gefundene Loch so schnell wie möglich wieder zu stopfen, so dass die Konstruktion bereits mit Bekanntwerden wieder gefährdet ist.

- Zum Thema der ausländischen Trusts, aber auch der liechtensteinischen und österreichischen Stiftung finden Sie im Kapitel 23 (Stiftungen) noch genauere Hinweise.

Fazit: Was bezüglich der **Einkommensteuer** (z.B. Monaco als Einkommensteuerparadies) möglicherweise funktionieren kann, muss bezüglich der **Erbschaftsteuer** noch lange nicht funktionieren.

13 Wenn die eigenen Kinder als Erben nur eingeschränkt in Frage kommen

Familienmitglieder mit Handicap

Menschen mit Handicap gibt es in jeder Familie. Das eine Kind ist nicht so gescheit wie die anderen oder wie die Eltern es gerne gehabt hätten; andere sind zwar gescheit, gelten aber als „schwarzes Schaf" wegen einer stattlichen Anzahl nichtehelicher Kinder; wieder andere können mit Geld überhaupt nicht umgehen. In diesen und vielen anderen Fällen lautet die Frage für den Erblasser: Wie bedenke ich diese Kinder, wenn ich meinen letzten Willen niederlege? Hierzu drei Beispielsfälle:

1. Lorenz und Eva haben zwei Kinder: Thomas und Johannes. Thomas hat von Geburt an eine geistige Behinderung und lebt in einer anthroposophischen Lebensgemeinschaft, in deren Rahmen er auch in einer beschützenden Werkstätte arbeitet. Johannes ist Steuerberater und hat seinerseits auch wieder zwei Kinder.

2. Frank und Conny haben zwei Kinder: Tatjana und Stefan. Tatjana ist hochintelligent, aber manisch-depressiv. Sie kann mit Geld nicht zuverlässig umgehen, da sie in den manischen Phasen alles ausgibt, was sie zur Verfügung hat. Sie hat einen Sohn, Daniel, der hochintelligent ist und von den Großeltern gefördert wird. Da noch kein Erbfall eingetreten ist und Tatjana aufgrund ihrer psychischen Instabilität keinen Job findet und das ihr von einer Tante geschenkte Vermögen bereits ausgegeben hat, leben Tatjana und ihr Sohn Daniel von der Sozialhilfe. Tatjanas Bruder Stefan hat zwei Kinder.

3. Der Industrielle Herbert Rock und seine Frau haben einen Sohn, Gustav. Gustav ist hochintelligent, leidet aber an Epilepsie. Gustav heiratete nicht und hat auch keine Kinder. Er lebt mit seinem Chauffeur und seiner Haushälterin in seiner Villa in Garmisch, wo er sich seinen beiden Leidenschaften, nämlich der Musik und dem Roulettespiel, hingibt. Das Ehepaar Rock überlegt, wie ihr großes Vermögen angesichts der Schwierigkeiten ihres Sohnes verteilt werden soll.

Allen drei Fällen ist gemeinsam, dass es in der Regel wenig sinnvoll ist, dem Familienmitglied mit Handicap im Erbfall mehr zukommen zu lassen als es verbrauchen kann. Außerdem soll in den ersten beiden Fällen, in denen Thomas bzw. Tatjana Sozialhilfeleistungen vom Staat erhalten, das durch die Erbschaft erworbene Vermögen nicht dazu führen, dass der Staat seine Sozialleistungen an Thomas bzw. Tatjana einstellt.

Allerdings muss auch der Erbe mit Handicap mindestens seinen Pflichtteil erhalten, denn das ist das ihm vom Gesetz garantierte Minimum an Nachlass.

In aller Regel ist es allerdings nicht nur aus optischen Gründen besser, ihm etwas mehr als den Pflichtteil **testamentarisch zu vererben** (man spricht in der Regel von 120 % des Pflichtteils): Zum einen deswegen, weil bei einer Erbeinsetzung auf lediglich die Pflichtteilsquote der Erbe sein Erbe ausschlagen und den Pflichtteil verlangen kann. Dies bedeutet dann, dass er das ihm Zugewendete (beispielsweise Haus) nicht annehmen muss, sondern seinen Pflichtteil als Geldforderung gegen die anderen Erben geltend machen kann. Dies ist nicht immer sinnvoll oder gewollt. Zum anderen ist die Erbeinsetzung auf einen etwas größeren Teil als den Pflichtteil in all den Fällen notwendig, in denen ein sog. behindertengerechtes bzw. sozialhilfefestes Testament gemacht werden muss (zu dieser Konstruktion siehe im Einzelnen die folgende Anekdote 22).

Allen drei vorgenannten Beispielsfällen ist weiterhin gemeinsam, dass sich die Frage stellt: Wenn den Kindern mit Handicap nur ein reduziertes Erbe zugewendet werden soll: Wer soll dann „den Löwenanteil" des Erbes erhalten?

Im Fall von Gustav, der weder Geschwister noch Kinder hat, könnten dies andere Verwandte, z.B. Nichten und Neffen sein oder aber auch eine gemeinnützige Stiftung. Typischerweise wird eine Stiftung bedacht oder gegründet, die sich mit der Behandlung von Epilepsie (oder der jeweiligen anderen Krankheit) befasst.

In den beiden anderen Fällen wird typischerweise der nichtbehinderte Bruder (Johannes bzw. Stefan) bedacht. Er erhält den Löwenanteil des Erbes mit der Auflage, im Notfall für das andere Geschwisterteil zu sorgen (hierzu im Einzelnen siehe nachfolgende Anekdote 23).

Im Fall von Tatjana können die Großeltern allerdings auch folgendes machen: Sie können einen Teil dessen, was eigentlich Tatjana zufallen sollte, gleich an deren Sohn (ihr Enkelkind) Daniel vererben. Es wird also teilweise Tatjana „übersprungen" und Vermögen an die übernächste Generation übertragen. Zu beachten ist hier allerdings, dass die Freibeträge des Enkels Daniel wesentlich geringer sind als die der Tochter Tatjana, so dass solche Übertragungen nicht ohne genaue Beachtung der erbschaftsteuerrechtlichen Folgen im Testament vorgesehen werden dürfen.

Wenn wirtschaftlich vertretbar, ist es auch möglich, dass die Großeltern Teile ihres Vermögens an den Enkel Daniel bereits zu Lebzeiten verschenken und sich den Nießbrauch an den geschenkten Vermögenswerten vorbehalten. Dies hat erbschaft- und schenkungsteuerlich den Vorteil, dass das dem Enkelsohn Daniel übertragene Vermögen rechnerisch um den Wert des Nießbrauchs gemindert und damit steuerlich günstiger behandelt wird.

„Wer soll den Anteil am Vermögen bekommen, den das Familienmitglied mit Handicap nicht bekommen soll?" lautet also die eine, soeben behandelte Frage. Mindestens genauso wichtig ist aber die Frage, was mit dem Vermögen geschehen soll, das in unseren Beispielsfällen dem behinderten und erkrankten Menschen übertragen wird. Dieses Vermögen kann im Einzelfall beträchtlich sein und sollte – wie oben bereits dargestellt – 120 % des Wertes des Pflichtteils haben.

Im Fall von Gustav Rock hat seine Erbschaft einen Wert von 12 Mio. €. Gustav kann noch nicht einmal die Erträge aufbrauchen. Die Eltern und Gustav gründen daher eine Stiftung zur Unterstützung von Epilepsiekranken. Diese Stiftung erhält $1/3$ des elterlichen Vermögens nach deren Tod. Die anderen $2/3$ erhält Gustav als Vorerbe und nach seinem Tod die Stiftung als Nacherbe. In diesem Fall bestimmen die Eltern nicht nur, wer ihr Erbe wird (nämlich Gustav), sondern sie bestimmen in ihrem Testament durch die sog. Vor- und Nacherbschaft auch gleich, wer nach dem Tod des Vorerben die Nacherbschaft antritt. Der Vorerbe (in unserem Fall Gustav) hat also keine Möglichkeit, selbst darüber zu bestimmen, wer sein Nacherbe wird, da dieser (nämlich die Stiftung) bereits im Testament der Eltern festgelegt ist.

Natürlich können es die Eltern auch – da Gustav zwar Epileptiker, aber sonst voll geschäftsfähig ist – Gustav selbst überlassen, wen er nach seinem Tod als seinen Erben einsetzen will. Sie könnten also die Stiftung ins Leben rufen, $1/3$ ihres Vermögens nach ihrem Tod für die Stiftung bestimmen und betreffend die anderen an Gustav gehenden $2/3$ bestimmt dieser als Vollerbe eigenverantwortlich, wer sein Erbe werden soll (beispielsweise wieder die Stiftung).

Anders ist die Interessenlage in den Beispielsfällen 1 und 2: Dort beziehen näm-lich die Kinder Thomas bzw. Tatjana staatliche Leistungen: Solange Thomas noch nicht geerbt hat, hat er kein eigenes Vermögen. Sein Platz in der anthroposo-phischen Einrichtung wie auch sein Arbeitsplatz in der beschützenden Werkstätte werden vom Sozialhilfeträger mit monatlich ca. 4.000 € bezahlt.

Ebenso ist es bei Tatjana: Solange sie noch nicht geerbt hat, lebt sie mangels eigenem Vermögen zusammen mit ihrem Sohn Daniel von der Sozialfürsorge, die sowohl ihre Wohnung als auch ihren sonstigen Lebensunterhalt bezahlt.

In beiden Fällen führt der Erbfall dazu, dass Thomas bzw. Tatjana jetzt über eige-nes Vermögen verfügen und dies auch dem Sozialhilfeträger gegenüber anzeigen müssen. Ihr Vermögen müssen sie (bis auf geringe Freibeträge) zunächst einset-zen und verbrauchen, bevor sie dann wieder Leistungen des Staates in Anspruch nehmen können. Da diese Konsequenz allerdings sowohl die Familien als auch ihre behinderten, kranken oder aus sonstigen Gründen von staatlichen Sozialleis-tungen lebenden Angehörigen wirtschaftlich massiv belastet, müssen in Fällen wie diesen die Eltern ein sog. behindertengerechtes bzw. sozialhilfefestes Testa-ment machen, um Nachteile zu vermeiden und die möglichen zusätzlichen Vor-teile zu erreichen. Zur Erläuterung dieses Testamentes dient die folgende Anek-dote 23.

Das sog. behindertengerechte bzw. sozialhilfefeste Testament

Wenn Menschen staatliche Leistungen in Anspruch nehmen bzw. in Anspruch nehmen wollen, stellt sich die Frage, wann der Staat leisten muss und wann er den Bürger auf die Verwertung seines eigenen Vermögens verweisen kann. Diese Frage stellt sich nicht nur bei Menschen mit Behinderung, sondern auch bei allen anderen, die aufgrund von Pflegebedürftigkeit, Langzeitarbeitslosigkeit oder aus anderen Gründen staatliche Leistungen in Anspruch nehmen.

Anekdote 23

Rudolf Rundlich hatte von seiner Tante ein großes Einfamilienhaus geerbt. Dort wohnte er mit seinen Eltern, seiner Frau Rosie und dem Sohn Christian. Die geistig behinderte Tochter Erdmute lebte in einem

Wohnheim der Lebenshilfe und arbeitete in einer beschützenden Werkstätte.

Rudolf Rundlich starb während der Fußballweltmeisterschaft 2010 im Stadion an Herzversagen.

Im landläufigen Vertrauen auf ein langes Leben hatte Rudolf Rundlich noch kein Testament gemacht. Nach seinem Tod wurde seine Tochter Erdmute gesetzliche Erbin zu $\frac{1}{4}$, was bei einem Wert des Einfamilienhauses von 600.000 € einen Wert von 150.000 € ausmachte. Der Sozialhilfeträger, der bisher für Erdmute aufgekommen war, verlangte, dass Erdmute nunmehr für ihren Lebensunterhalt (Wohnheim und beschützende Werkstätte) solange aufkommen sollte, bis ihr Erbteil aufgebraucht war. Diese Zahlungen konnten allerdings weder Rosie Rundlich noch die Großeltern leisten, so dass die Familie Rundlich das Haus (in dem immerhin drei Generationen unter einem Dach lebten) verkaufen musste.

Hätte Rudolf Rundlich zumindest ein Testament gemacht, in dem er seine Tochter Erdmute auf den Pflichtteil gesetzt hätte, dann wäre deren Erbe von 150.000 € auf den Pflichtteil von 75.000 € reduziert worden. Angesichts der leeren Kassen der Familie Rundlich hätte allerdings auch dies die Familie nicht davor bewahrt, das Haus verkaufen zu müssen.

Um Fälle wie den der Familie Rundlich zu vermeiden, wurde in den 80er Jahren das sog. behindertengerechte Testament entwickelt und in den 90er Jahren vom Bundesgerichtshof als wirksam anerkannt und abgesegnet. Danach hätte Rudolf Rundlich idealerweise das folgende Testament machen können:

Er hätte seine Tochter Erdmute zu $\frac{1}{7}$ (d.h. etwas mehr als ihren Pflichtteil von $\frac{1}{8}$, siehe das Vorkapitel) als Erbin eingesetzt. Er hätte sie gleichzeitig aber nicht als reguläre Vollerbin eingesetzt, sondern lediglich als sog. nicht befreite Vorerbin.

Der nicht befreite Vorerbe darf über den Stamm des ihm vererbten Vermögens nicht verfügen. Er darf lediglich die Früchte dessen verbrauchen, was ihm zugewendet wurde.

Da im vorliegenden Fall kein Bargeld da ist, mit dem Erdmute Rundlich ausbezahlt
werden könnte, wird folgender Weg gegangen: Erdmute erhält ihren $1/7$-Anteil in
der Form, dass sie zu $1/7$ als Miteigentümerin an dem väterlichen Haus ins Grundbuch eingetragen wird. Die Mutter muss ihr einen monatlichen Anteil an den
fiktiv ermittelten Mieteinnahmen geben. Bei einer Miete von z.B. 1.400 € sind
dies für Erdmute monatlich 200 €. Diese 200 € darf sie verbrauchen bzw. darf die
Mutter für Erdmute ausgeben. Wenn Erdmute eines Tages verstirbt, dann geht ihr
Miteigentumsanteil an dem Haus auf ihren Bruder Christian über, der im Testament als Nacherbe vorgesehen ist.

Auf diese Weise wird erreicht, dass die Familie Rundlich im Haus des verstorbenen Rudolf Rundlich weiterleben kann und die nächste Generation (nämlich
Christian und dann wiederum dessen Kinder) das Haus halten kann, ohne dass
sie Zahlungen an den Staat leisten müssen.

Der Grundgedanke dieses Testamentes, das im Detail sehr kompliziert ist, lautet:
Wenn der behinderte Mensch als Vorerbe nicht den Stamm seines Vermögens
angreifen darf, dann kann dies auch der Sozialhilfeträger nicht tun. Dadurch wird
der Sozialhilfeträger vom Zugriff auf das Vermögen des Behinderten ferngehalten
und muss – obwohl der Behinderte Vermögen hat – weiter für den Behinderten (in
unserem Fall für Erdmutes Heim- und Werkstattplatz) bezahlen.

Der Familie Rundlich ermöglicht dies, den Familiensitz beibehalten zu können.
Der Staat spart sich staatliche Unterstützung, die er bezahlen müsste, um die
Großeltern Rundlich, Frau Rundlich und Christian in verschiedenen Wohnungen
unterzubringen.

Und – das ist der große zusätzliche Vorteil für den behinderten Menschen selbst
– Erdmute Rundlich erhält zeitlebens (quasi als Zusatzrente) eine monatliche Zahlung von (in unserem Beispielsfall) 200 € und zwar ohne dass sie sich diesen

Betrag auf die für sie vom Staat bezahlten Sozialleistungen anrechen lassen muss! Dass Erdmute diese monatliche Zahlung als frei verfügbares Zusatzeinkommen behalten darf, setzt allerdings voraus, dass dies im Testament professionell formuliert festgelegt wird.

Die gleichen Grundsätze gelten auch bei anderen Personen, die in Folge von Langzeitarbeitslosigkeit oder aus anderen Gründen staatliche Leistungen beziehen. In diesen Fällen können entsprechende Testamente gemacht werden, die dann nicht als „behindertengerecht", sondern als „sozialhilfefeste Testamente" bezeichnet werden.

Vorsicht: Zur eben genannten Lösung absolut kontraproduktiv sind Schenkungen zu Lebzeiten unter Nießbrauchsvorbehalt! Lesen Sie bitte unbedingt Kapitel 18, Anekdote 29 am Ende „Variante".

Überspringen der Kinder beim Vererben und stattdessen Nießbrauch (Anekdote 24)

Als Dr. med. dent. Kurt Assmann am Morgen seines 95. Geburtstages feststellte, dass er immer noch am Leben war, entschloss er sich gemäß dem nicht ganz ungefährlichen Motto „Es ist nie zu früh und selten zu spät", die Errichtung seines Testamentes nicht länger hinauszuschieben. Dr. Kurt Assmann war verwitwet und hatte eine 70-jährige Tochter, unverheiratet und kinderlos. Als weiteren Verwandten hatte Dr. Kurt Assmann einen Großneffen, der gleichzeitig sein Steuerberater war und der mit seiner Frau und seinen vier Kindern in der gleichen Stadt lebte.

Seine Tochter lebte mit ihm zusammen in seinem Haus und führte ihm den Haushalt; sie wollte nach dem Tod des Vaters weiter in dem Haus wohnen bleiben. Um die Vermögensnachfolge so einfach wie möglich zu gestalten und auch um der Tochter „in ihrem fortgeschrittenem Alter" (wie er zu sagen pflegte) jegliche rechtlichen wie verwaltungsmäßigen Anstrengungen zu ersparen, gingen er, seine Tochter und sein Großneffe folgenden Weg: Dr. Kurt Assmann vererbte sein Haus nicht an seine Tochter, sondern gleich an seinen Großneffen. Seine Tochter erhielt das lebenslange Nießbrauchsrecht an Haus und Grundstück. Das Erbe zugunsten seines Großneffen war mit der Auflage belastet, dass dieser für die gesamte Lebenszeit der Tochter sämtliche laufenden Kosten für das Haus sowie dessen Verwaltung zu übernehmen habe.

Regelungen wie im vorstehenden Fall geschildert, erscheinen auf den ersten Blick ungewöhnlich, können aber im Einzelfall wie dem vorliegenden durchaus besonders praktisch und damit vorzugswürdig sein. Eine Generation wird übersprungen, ohne dass ihr dadurch wirtschaftliche Nachteile entstehen, vielmehr resultiert im vorliegenden Fall für die Tochter daraus eine Vereinfachung ihrer Lebensführung.

Hinweis: Auch in anderen Fällen kann „Nießbrauch statt Erben" einfacher und praktischer als Vererben sein, wenn der einzige Zweck der Begünstigung die Nutzung eines bestimmten Vermögensgegenstandes ist und die begünstigte Person eventuell sogar froh ist, von der Verwaltung von Eigentum freigestellt zu werden.

Beispiel:

„Meine Cousine, die mich seit langem in meinem Haus betreut, erhält daran das lebenslange kostenlose Nießbrauchsrecht; die Kosten trägt der Nachlass. Mein Erbe wird die Deutsche Gesellschaft zur Rettung der Europäischen Union, die des Weiteren mit der Auflage belastet ist, meiner Cousine kostenlos einen Platz in einem ihrer Seniorenwohnheime zur Verfügung zu stellen, wenn meine Cousine eines Tages nicht mehr alleine im Hause wohnen kann oder will."

Überspringen einer Generation bei der Erbfolge aus steuerlichen Gründen und stattdessen Nießbrauch

Anekdote 25

Trotz schwerer Kindheitserlebnisse (sein Urgroßvater starb früh) kam Gustav Gröblich nie vom rechten Weg ab. Vielmehr hatte er das im Nachkriegs-Bauboom groß gewordene Kieswerk nicht nur übernommen, sondern ausgebaut und insgesamt 20 Kiesgruben zu wahren Goldgruben umfunktioniert. Ganz im Geiste seines österreichischen Urgroßvaters hatte Gustav Gröblich die Hände seiner beiden Töchter zwei großen Bauunternehmern gegeben, die im Gegenzug Gustav Gröblichs Kies verbauten.

Solcherart im Besitz des Steins der Weisen bestand Gustav Gröblichs einziges ernsthaftes Problem in der Frage „Wohin mit dem durch Kies verdienten Kies?" Er, seine Ehefrau und seine beiden Töchter waren wirtschaftlich bereits derart saturiert, dass weitere Schenkungen an sie keine Steuervorteile geschweige denn echte Gefühle mehr auslösen konnten.

In dieser Situation kam Gustav Gröblich auf die Idee, seine einzige Enkeltochter zum Objekt seiner Zuwendungen zu machen: Er und seine Frau schenkten ihr ein Haus im Wert von 500.000 €, das ihm und seiner Frau hälftig gehörte.

Dadurch hatte die Enkeltochter zweimal den Kinderfreibetrag, einmal nach dem Großvater und einmal nach der Großmutter, also insgesamt 400.000 €. Die auf die restlichen 100.000 € entfallende Schenkungsteuer übernahm Gustav Gröblich selbst.

Sowohl was die Schenkungsteuer als auch was die Höhe der Freibeträge betrifft, profitierten die Großeltern wie auch die Enkeltochter von der Regelung im deutschen Schenkungs- und Erbschaftsteuerrecht, wonach Enkelkinder in der Steuerklasse I – d.h. in der gleichen Steuerklasse wie ihre Eltern – sind, auch wenn die Eltern noch leben. Die Enkel profitieren also von den niedrigeren Steuersätzen, haben allerdings einen geringeren Freibetrag (200.00 € statt 400.000 €), solange der Elternteil noch lebt, über den die Enkel mit dem Schenker oder Erblasser verwandt sind. Den Großeltern ist es also möglich, auch den Enkelkindern zu bevorzugten steuerlichen Bedingungen Schenkungen zu machen.

Die in den folgenden Jahren sich anschließenden regelmäßigen Kuraufenthalte des Ehepaares Gröblich dienten nicht zuletzt der Erhaltung der Gesundheit mit dem Ziel, diese steuergünstigen Schenkungen an die Enkeltochter alle zehn Jahre und dies nach Möglichkeit noch mehrfach durchführen zu können.

Parallel dazu setzte das Ehepaar Gröblich nicht die bereits überversorgten Töchter, sondern die Enkeltochter als ihre Alleinerbin ein. Die Enkeltochter konnte daher auch beim Erbfall zweimal (d.h. einmal nach dem Großvater und einmal nach der Großmutter) den Enkelfreibetrag in Höhe von 200.000 € in Anspruch nehmen und versteuerte die darüber hinausgehenden Werte lediglich nach den niedrigen Sätzen der Steuerklasse I.

Um dieses Ergebnis abzusichern, schlossen die Großeltern Gröblich mit ihren beiden Töchtern Pflichtteilsverzichtverträge, so dass die Enkeltochter keinerlei Pflichtteils- und Pflichtteilsergänzungsansprüche befriedigen musste.

92   **P.S.:** Menschlich interessant ist, dass die Großeltern Gröblich in späteren Jahren bei einer Wanderung am Großglockner durch eine Gerölllawine ums Leben kamen. Womit allen Unreichen der Trost zukommt, dass zu viel Kies auf einmal auch nicht glücklich macht.

„Nur wer die Form hat, kann (sich) gehen (lassen)"
(Anekdote 26)

Philomena Schumann und Clara von Schiller, beide Freundinnen seit der Schulzeit und unverheiratet, lebten seit vielen Jahren zusammen in der Eigentumswohnung von Clara von Schiller. Als nach deren Tod Claras Neffe von Philomena Schumann deren Auszug aus der Wohnung verlangte, entgegnete Philomena, dass sie die Erbin der Wohnung sei; es sei zwischen ihr und Clara immer wieder darüber gesprochen worden – und auch Freunde könnten dies bezeugen –, dass nach dem Tod von Clara die Wohnung ihr gehören solle.

Tatsächlich ist die Annahme, Dinge könnten durch einfaches mündliches Versprechen oder durch „Handschlag" vererbt werden, rein denklogisch nicht abwegig. In anderen Staaten der Erde können auch mündliche Versprechen „vor Zeugen" durchaus zu schenk- und erbrechtlichen Ansprüchen führen.

In Deutschland ist allerdings das wirksame Vererben (ganz ähnliches gilt übrigens auch für das Verschenken) an strenge Formvorschriften gebunden:

Wer wegen Gebrechlichkeit oder anderen Gründen sein Testament nicht handschriftlich errichten kann oder will, kann zum Notar gehen, dort seinen letzten Willen schriftlich niederlegen lassen und unterschreiben.

Die in der Praxis häufigste Form ist das **eigenhändig geschriebene Testament**. Der Text des Testamentes muss dabei zwingend handschriftlich vom Erblasser selbst abgefasst und selbst eigenhändig unterschrieben sein. Nicht ausreichend ist es also, wenn das Testament nur in Kopie vorliegt. Eine Kopie kann zwar als Beweis dafür dienen, dass ein Testament mit entsprechendem Inhalt existiert, nicht aber die gesetzlich zwingende Form des Originals ersetzen.

Eine Sonderform des eigenhändigen Testamentes ist das **gemeinschaftliche Ehegattentestament**. Hier ist eine Formerleichterung dergestalt gegeben, dass es ausreicht, dass einer der beiden Ehegatten den Testamentstext eigenhändig schreibt und der andere Ehegatte am Ende lediglich handschriftlich vermerkt, „dies ist auch mein letzter Wille" (oder ähnliches) und dann den vom anderen Ehegatten geschriebenen Testamentstext mit unterschreibt.

Wenn zwei Personen sich erbrechtlich binden wollen (z.B. sinngemäß):

„Ich vererbe Dir meine Hälfte unseres Hauses, weil Du mir deinerseits die andere, Dir gehörende Hälfte des Hauses vererbst"

so sind solche gegenseitig bindenden Verfügungen zwischen Ehegatten in einem gemeinschaftlichen handschriftlichen Testament möglich. Gleichgeschlechtliche Paare, die eine Lebenspartnerschaft nach dem Lebenspartnerschaftsgesetz eingegangen sind, können ebenfalls ein gemeinschaftliches handschriftliches Testament machen. Bei sonstigen Personen ist für solche bindenden gegenseitigen erbrechtlichen Verfügungen die Form des notariellen Erbvertrages erforderlich.

Hinweis: Ohne Einfluss auf die Wirksamkeit des Testamentes ist dessen Aufbewahrungsort. Um es vor Zerstörung, Beschädigung oder sonstigen Beeinträchtigungen (beispielsweise vor dem Zugriff gesetzlicher Erben, die ein Testament zu Gunsten Dritter verschwinden lassen könnten) zu schützen, empfiehlt sich die Aufbewahrung im eigenen Safe, bei einem Rechtsanwalt, Notar oder Gericht.

Worauf Sie sich aber bitte nicht verlassen sollten: In Ausnahmefällen können Sie Ihr Testament in Anwesenheit von drei Zeugen mündlich errichten, wenn Sie sich in einer extremen Notsituation befinden, zum Beispiel nach einem schweren Unfall, und kurz vor Ihrem Tod Ihren letzten Willen zum Ausdruck bringen wollen.

Die Quadratur des Kreises – Fairness im gemeinsamen Leben und beim getrennten Versterben (Anekdote 27)

Sally Schnell war Aktienhändlerin und dabei, ihr Vermögen sprunghaft zu vergrößern. Was ihr Privatleben betraf, so beobachtete sie mit Sorge, dass im gleichen Maße ihres fulminanten Aufstiegs die berufliche Dynamik ihres Ehemannes Rudi nachließ, was nach der Befürchtung von Sally auf den Beginn einer Versorgungsehe und den Einstieg in eine Versorgungsscheidung hätte schließen lassen können. Sally liebte ihren Rudi abgöttisch und wollte für den Fall, dass er ihr treu blieb, ihm zu Lebzeiten wie auch im Fall ihres Todes alles nur erdenklich Gute zukommen lassen. Andererseits wollte sie sich aber auch nicht von Rudi im Fall einer Ehescheidung „ausnehmen lassen". Sally hatte weder einen Ehevertrag geschlossen noch ein Testament gemacht. Noch während sie überlegte, welchen Anwalt sie gelegentlich konsultieren sollte, um Ehevertrag und Testament unter Dach und Fach zu bringen, stellte Rudi in weiser Voraussicht des für die Folgejahre angekündigten nächsten Börsencrashs den Scheidungsantrag und erleichterte seine Sally damit um 5 Mio. US-\$, die Sally – wie Rudi gegenüber Freunden anmerkte – aus Zeitnot ohnehin nie hätte ausgeben können.

Die ansonsten so schnelle Sally Schnell war hier etwas zu langsam gewesen. Hätte sie schneller einen Spezialisten konsultiert, so hätte sie sich 5 Mio. US-\$ sparen und diese vielleicht sogar eines Tages selbst ausgeben können. Ihr Ziel, nämlich ihren Rudi im Falle ihres Erstversterbens gut versorgt zu wissen, andererseits aber auch nicht sein Scheidungsopfer zu werden, hätte sie relativ einfach erreichen können:

Testamentarisch hätte sie – soweit noch weitere Personen als gesetzliche Miterben in Frage gekommen wären – ihren Rudi als Alleinerben eingesetzt. Damit dieser die hohen steuerlichen Vorteile des gesetzlichen Güterstandes der Zugewinngemeinschaft im Falle ihres Todes hätte genießen können, hätte sie es bei dem gesetzlichen Güterstand der Zugewinngemeinschaft belassen.

Um sich gegen die von ihr befürchtete böswillige Scheidung abzusichern, hätte sie allerdings den gesetzlichen Güterstand der Zugewinngemeinschaft durch einen notariellen Ehevertrag in eine sog. **modifizierte Zugewinngemeinschaft** abwandeln müssen. Darin wird der Zugewinnausgleich für den Fall der Scheidung ausgeschlossen oder reduziert, während es im Todesfall bei den steuerlichen Vorteilen der Zugewinngemeinschaft bleibt. Anders formuliert: Im Fall einer Scheidung hätte Sally ihrem Rudi keinerlei Zugewinnausgleich bezahlen müssen, es wäre ehegüterrechtlich zu den gleichen Folgen gekommen wie sie im Fall der Vereinbarung der Gütertrennung eingetreten wären.

Fazit: Im juristischen Bereich ist die Quadratur des Kreises möglich. Allerdings wird der Güterstand der modifizierten Zugewinngemeinschaft in aller Regel dann ungerecht, wenn Kinder geboren werden und sich ein Ehepartner – in der Regel die Frau – nicht mehr der Mehrung des eigenen Zugewinns widmen kann, eben weil er die Kinder großzieht. Gute Eheverträge sehen für diesen Fall die Aufhebung der modifizierten Gütergemeinschaft und den automatischen Eintritt des gesetzlichen Güterstandes der nicht modifizierten Zugewinngemeinschaft vor.

Praxistipp: Die enormen erbschaftsteuerlichen Vorteile, welche die Zugewinngemeinschaft dem überlebenden Ehegatten bietet, sind im Kapitel 21 in der Anekdote 35 im Einzelnen plastisch dargestellt.

Variante:
Lassen Sie uns unsere Geschichte so variieren, dass Sally und Rudi anlässlich ihrer Hochzeit eheverträglich den Güterstand der Gütertrennung vereinbart hätten. Zwischenzeitlich hätten sie aufgrund eines Erbfalles in der Familie erfahren, dass für den überlebenden Ehegatten der gesetzliche Güterstand der Zugewinngemeinschaft erbschaftsteuerrechtlich ungleich günstiger wäre. Angesichts dieser negativen Erfahrungen in der Familie fragten hätten sie sich gefragt, ob sie für ihre Ehe **nachträglich** wieder zu dem Güterstand der Zugewinngemeinschaft zurückkehren können.

Zivilrechtlich ist es möglich, den Beginn der Zugewinngemeinschaft zurückzudatieren, sogar bis zum Zeitpunkt der Eheschließung. **Erbschaftsteuerrechtlich**

jedoch wird dies entweder nicht berücksichtigt (Richtlinie 11 der Erbschaftsteuerrichtlinien), oder es kann im schlimmsten Fall sogar zu höheren Steuern führen. Wird der Zugewinn pauschal mit einem Viertel des Nachlasses angesetzt (erbrechtliche Lösung), so ist der Zeitpunkt der Vereinbarung als Beginn der Zugewinngemeinschaft anzusetzen. Wird der Zugewinn konkret berechnet, etwa weil der Ehegatte enterbt wurde oder das ihm Zugewandte ausschlägt (güterrechtliche Lösung), so geht die Finanzverwaltung sogar so weit, zu unterstellen, dass der (durch die Rückdatierung) erhöhte Zugewinnausgleichsanspruch seinerseits eine steuerpflichtige Schenkung an den überlebenden Ehegatten ist.

Sinnvoll wäre es aber auf jeden Fall, dass – um spätere Chancen nicht zu vergeben – Sally und Rudi nachträglich wieder in den gesetzlichen Güterstand der Zugewinngemeinschaft gewechselt hätten, was allerdings nur durch erneuten notariellen Ehevertrag möglich gewesen wäre. So wird zumindest der ab diesem Zeitpunkt erwirtschaftete Zugewinn steuerlich begünstigt.

17 Sozialrecht und Erbrecht

Der Einfluss des Sozialrechts auf erbschaft- und schenkungsteuerliche Entscheidungen

Verlust des Eigenheims bei Langzeitarbeitslosigkeit? (Anekdote 28)

Max Edelmann hatte im Alter von 60 Jahren das Haus seiner Eltern geerbt. Da er selbst schon lange in einem eigenen schönen Haus wohnte und außerdem eine hohe Rente bezog, sah er keine Notwendigkeit, dieses Haus zu behalten und schenkte es seinem Sohn Franz. Franz war hochspezialisierter Ingenieur in einer Motorenfabrik. Er bewohnte bereits ein Eigenheim und vermietete daher das ihm geschenkte Haus. Als die Motorenfabrik insolvent wurde, verlor Franz seinen Job und fand keinen neuen. Er wurde langzeitarbeitslos und beantragte Arbeitslosengeld II. Um das zu bekommen, musste er allerdings einen Fragebogen ausfüllen, in dem auch gefragt wurde, ob er Immobilienvermögen hat. Als Franz dies wahrheitsgemäß mit „Ja" beantwortete, erhielt er ein Schreiben des Sozialamtes, wonach er erst seine vermietete Immobilie veräußern und den Erlös aufbrauchen müsse, bevor er Arbeitslosengeld II erhalten könne. Vater Max und Sohn Franz waren entsetzt, denn der Verkauf des großväterlichen Hauses war das letzte, was sie mit dem Verschenken der Immobilie von Vater Max auf Sohn Franz bezweckt hatten.

Dieses tragische Ergebnis hätte dadurch vermieden werden können, dass Vater und Sohn in dem Schenkungsvertrag einen Rückübertragungsanspruch zugunsten des Vaters vereinbart hätten. Solche Rückübertragungsansprüche werden häufig in Schenkungsverträgen für den Fall verwendet, dass der Beschenkte insolvent wird, sich scheiden lässt oder sonst wie in wirtschaftliche Schwierigkeiten gerät und es sinnvoll erscheint, dass das Geschenkte wieder an den Schenker zurückgeht.

Im vorliegenden Fall hätte ein unbedingter Rückübertragungsanspruch eingetragen und dieser auch durch eine Vormerkung im Grundbuch gesichert werden müssen.

Ein Rückübertragungsanspruch „für den Fall, dass mein Sohn langzeitarbeitslos wird" birgt allerdings das Risiko, dass hier die Gerichte möglicherweise von einem sog. Gestaltungsmissbrauch zu Lasten der Sozialhilfeverwaltung ausgehen könnten und damit die Rückübertragung an den Vater als rechtswidrig und unwirksam angesehen würde. Solche Rückübertragungsklauseln müssen daher sehr gut überlegt formuliert werden:

Der unbedingte Rückübertragungsanspruch (d.h. dass der Vater die Rückübertragung fordern kann, wann er will) birgt für den Sohn Franz natürlich ein erhebliches Risiko. Denn damit ist er in der Frage, ob er auf Dauer Eigentümer der Immobilie bleiben kann, auf Gedeih und Verderb dem Wohlwollen des Vaters ausgeliefert.

Wenn Franz das geschenkte Haus nicht vermietet hätte, sondern selbst eingezogen wäre, hätte die Sache sehr viel besser ausgesehen: So lange der Beschenkte die Immobilie selbst bewohnt, muss er sie nur dann verkaufen, wenn die Wohnung unangemessen groß ist. Was angemessen und unangemessen ist, richtet sich nach den individuellen Verhältnissen, etwa nach der Familiengröße und dem Wohnungsmarkt. Laut Bundeswirtschaftsministerium wird bei einer vierköpfigen Familie eine Wohnungsgröße bis etwa 130 m² Wohnraum akzeptiert, die Grundstücksfläche darf dabei nur bis zu 500 m² betragen.

Wenn eine größere Immobilie verschenkt wurde, die nicht mehr „angemessen", weil zu groß, ist, dann kann einem Zwangsverkauf dadurch entgangen werden, dass der Beschenkte Zimmer vermietet und so den eigenen Wohnraum auf eine angemessene Fläche verkleinert. Allerdings werden die Mieteinnahmen dann mit dem Arbeitslosengeld II verrechnet.

Späte Erkenntnis: Hätte Max Edelmann all das, was auf ihn und seinen Sohn zukam, auch nur **geahnt**, dann hätte er sein Haus an seinen Sohn nicht verschenkt, sondern vererbt, und zwar mit einem sozialhilfefesten Testament (siehe Kapitel 13, Anekdote 23). Dort hätte er – sinngemäß – testiert:

„ … Mein Sohn erhält mein Haus in … Sollte mein Sohn bei Eintritt des Erbfalls Sozialleistungen erhalten, so wird er nur nichtbefreiter Vorerbe, seine Kinder werden seine Nacherben."

100 Auf diese Weise hätten weder der Sohn noch der Sozialhilfeträger auf das väterliche Haus zugreifen können und es wäre schließlich den Enkeln zugute gekommen.

Schenkungen unter Nießbrauchsvorbehalt und Pflichtteilsergänzungsansprüche

Anekdote 29

Ralf Seller hat zwei Kinder: Maximilian und Ernst. Aus der Tatsache, dass Ralfs Ehefrau Ute und Maximilian ein Herz und eine Seele sind und sich oft gegen ihn, Ralf, verbünden, erwächst mit der Zeit ein tiefer Hass von Ralf Seller gegenüber seinem Sohn Maximilian. Ralf schwört sich, sowohl Maximilian als auch seine Ehefrau Ute „gnaden- und restlos" (so seine Formulierung einem Freund gegenüber) zu enterben.

Sein Anwalt teilt ihm mit, dass er dieses Ziel wohl nicht erreichen könne, da sowohl ein testamentarisch enterbter Sohn als auch eine testamentarisch enterbte Ehefrau einen Pflichtteilsanspruch haben, der die Hälfte des Wertes des gesetzlichen Erbteils beträgt. Doch das ist Ralf Seller immer noch zu viel.

Deshalb entschließt er sich zum äußersten, wobei er meint, besonders raffiniert vorzugehen: Er überträgt sein gut gehendes Autohaus an seinen Sohn Ernst. Was seine beiden großen Mietshäuser betrifft, so überträgt Ralf Seller auch diese auf Ernst, behält sich aber – um nicht vollständig von den zugesagten Pensionszahlungen von Ernst abhängig zu sein – den Nießbrauch an diesen beiden Mietshäusern. Dieser sog. Nießbrauchsvorbehalt sichert ihm die Mieteinnahmen bis zu seinem Lebensende.

Als Ralf Seller zwölf Jahre später stirbt, hinterlässt er tatsächlich nichts weiter als gebrauchte Möbel und 15.000 € in bar. Vier Wochen später erhält Ernst von Maximilians und Utes Anwälten einen Brief mit einer Forderung betreffend Pflichtteilsergänzungsansprüche in Höhe von 3 Mio. € und zwar zu Recht.

Obgleich Ralf Seller seinen Sohn Maximilian und seine Ehefrau Ute in seinem Testament wirksam enterbt hat und – mangels übrig gebliebenem Vermögen – die Pflichtteilsansprüche von Ute und Maximilian so gut wie nichts wert waren, hatte Ralf Seller doch eine große Unterlassungssünde begangen. Hätte er sein Ziel nicht auf eigene Faust verfolgt, sondern sich einem Fachmann anvertraut und ihm sein Vorhaben geschildert, dann hätte er zwölf Jahre früher erfahren, dass die von ihm geplante „geniale Quadratur des Kreises" nicht funktionieren konnte:

Das Bedürfnis nach „vollständiger Enterbung" ist weit verbreitet. Die gesetzliche Regelung des deutschen Erbrechts, wonach Ehegatten, Kinder und (ggf.) Eltern Pflichtteilsansprüche haben, soll gerade dieser Tendenz entgegenwirken und den nächsten Angehörigen gewisse Mindestansprüche sichern. Dies wiederum versuchen Erblasser dadurch zu verhindern, dass sie ihr Vermögen zu Lebzeiten an die von ihnen bevorzugten Personen verschenken, so dass am Ende ihres Lebens nichts mehr übrig bleibt und somit zwar Pflichtteilsansprüche bestehen, diese aber mangels Vermögen nicht werthaltig sind.

Voraussetzung für diese „vollständige Enterbung" ist allerdings, dass zwischen dem Zeitpunkt des Verschenkens und dem Tod des Schenkers und Erblassers mindestens zehn Jahre Zeit verstrichen ist. Stirbt der Schenker und Erblasser in den ersten zehn Jahren nach der Schenkung, so haben die Pflichtteilsberechtigten den sog. Pflichtteilsergänzungsanspruch in der Höhe der Hälfte ihres gesetzlichen Erbteils. Hintergrund dieser gesetzlichen Regelung ist, dass die Pflichtteilsberechtigten davor geschützt werden sollen, dass der Erblasser in Erwartung seines baldigen Todes Vermögen zu Lebzeiten überträgt und damit kurz vor seinem Tod die vom Gesetzgeber vorgesehenen Pflichtteilsansprüche umgeht bzw. wertlos macht. Sind aber zwischen der Schenkung und dem Tod des Schenkers mindestens zehn Jahre vergangen, so vermutet das Gesetz, dass dann die Schenkung nicht mehr „im Hinblick auf den nahen Tod" des Schenkers gemacht wurde und somit entfällt dann der Pflichtteilsergänzungsanspruch der Pflichtteilsberechtigten.

Wäre in unserem Fall also Ralf Seller sieben Jahre nach dem Verschenken der beiden Mietshäuser an seinen Sohn Ernst verstorben, so hätten Maximilian und Ute einen Pflichtteilsergänzungsanspruch gehabt, der die gleiche Höhe wie der Pflichtteilsanspruch hat.

Der „Schönheitsfehler" an dieser Art von Vermögensplanung ist, dass der Erblasser sich seines gesamten Vermögens vollständig entäußern muss und dadurch in finanzielle Abhängigkeit vom Beschenkten (z.B. dessen Leibrenten-Zahlungen) geraten kann. Dieses Risiko versuchen viele Schenker und Erblasser dadurch zu vermeiden, dass sie einerseits ihr Vermögen oder einen Teil ihres Vermögens (wie im vorliegenden Fall z.B. Immobilien) verschenken, sich aber gleichzeitig den Nießbrauch am verschenkten Vermögen (im vorliegenden Fall die Mieteinnahmen) vorbehalten, man spricht vom sog. Nießbrauchsvorbehalt. Dadurch erhielt Ralf Seller weiterhin sämtliche Einnahmen aus den Mietshäusern auf Lebenszeit.

Was Ralf Seller nicht wusste und was auch heute noch viele nicht wissen ist, dass Mitte der 90er Jahre der Bundesgerichtshof entschied, dass für den Fall, dass sich der Schenker den Nießbrauch am verschenkten Vermögenswert vorbehält, die eben erwähnte Zehn-Jahres-Frist gar nicht zu laufen beginnt. Das Urteil gibt dafür folgende Begründung:

Wenn der Erblasser vor seinem Tod juristisch Eigentum überträgt, das wirtschaftliche Eigentum aber bei ihm bleibt (eben deswegen, weil er aufgrund des Nießbrauchsvorbehaltes wirtschaftlich weiterhin die Eigentümerrechte ausübt), dann liegt wirtschaftlich gar keine Eigentumsübertragung vor mit der Folge, dass auch die Zehn-Jahres-Frist nicht zu laufen beginnt.

Auf diese Weise hat der Bundesgerichtshof dem von Ralf Seller probierten Trick einen Riegel vorgeschoben.

Folge war, dass auch zwölf Jahre nach der Schenkung die Zehn-Jahres-Frist noch gar nicht zu laufen begonnen hatte und daher die Pflichtteilsergänzungsansprüche der Ehefrau und des Sohnes bestanden wie am ersten Tag. Bei einem Wert der beiden Wohnblocks von insgesamt 8 Mio. € und einem Pflichtteilsergänzungsanspruch der Ehefrau von ¼ und von Maximilian von ⅛ ergeben sich insgesamt Pflichtteilsergänzungsansprüche in Höhe von ⅜, das sind 3 Mio. €.

Hätte Ralf Seller einen Spezialisten konsultiert und zusätzlich noch sein Sicherheitsbedürfnis aufgegeben, so hätte er seinem Sohn Ernst 3 Mio. € gespart und Ehefrau Ute und Sohn Maximilian wunschgemäß bestraft.

Variante:
Die vorstehenden Überlegungen werden häufig auch von Eltern mit behinderten Kindern außer Acht gelassen: Die Eltern versuchen, Vermögen auf die nicht behinderten Kinder zu Lebzeiten zu übertragen,

behalten sich aber „sicherheitshalber" den Nießbrauch (insbesondere an Immobilien) vor. Diese Übertragungen unter Nießbrauchsvorbehalt sind vollständig kontraproduktiv: Denn das behinderte Kind erhält auf diese Weise nach dem Tod der Eltern einen Pflichtteilsergänzungsanspruch in Höhe der Hälfte seines Erbteils, der dann vom Sozialhilfeträger gepfändet und verwertet wird. Richtig ist in diesen Fällen, dass die Eltern solche Schenkungen keinesfalls machen dürfen (!), sondern vielmehr ihr gesamtes Vermögen im Rahmen der Erbfolge mit Hilfe eines sog. behindertengerechten Testamentes (siehe Kapitel 13) weitergeben.

Fazit: Der Nießbrauchsvorbehalt berücksichtigt die Sicherheitsbedürfnisse des Schenkers und die Position der Begünstigten. Gleichzeitig muss der sich den Nießbrauch vorbehaltende Schenker allerdings wissen: Wenn Pflichtteilsberechtigte vorhanden sind, so müssen die beschenkten Personen den Pflichtteilsberechtigten auch dann den Pflichtteilsergänzungsanspruch ausbezahlen, wenn zwischen dem Zeitpunkt der Schenkung und dem Tod des Schenkers und Erblassers mehr als zehn Jahre vergangen sind.

Das neue Recht der Pflichtteilsergänzungsansprüche

Die Zukunft ist auch nicht mehr das, was sie früher einmal war (Anekdote 30)

Frieder Fröhlich hatte sein Leben lang gut verdient und geerbt. Frieders Frau war früh verstorben, sein einziger Sohn Pablo hatte im Vertrauen auf das zu erwartende große Erbe eine Künstlerkarriere und erhebliche Schulden aufgenommen.

Als Frieder auf seine alten Tage bei einer Wallfahrt nach Lourdes der schönen Fatima begegnete, änderte dieses Doppelwunder sein Leben vollständig. An der Seite von Fatima verfiel er in eine zauberhafte Endzeitstimmung, in welcher er mit Fatima große Reisen unternahm und sein Leben noch einmal in vollen Zügen genoss. Im Alter von über 80 Jahren und schon deutlich geschwächt begann Frieder seiner Fatima nicht nur sein Leben, sondern auch sein Vermögen zu Füssen zu legen und ließ die entsprechenden Schenkungsurkunden vorbereiten.

Fatima pflegte ihren Frieder auch nach der Schenkung weiterhin aufopfernd in der Hoffnung, mit ihm noch viele schöne Jahre und Reisen zu erleben. Demgegenüber hoffte Frieders Sohn Pablo auf ein möglichst ebenso wie friedliches als baldiges Ende seines Vaters. Denn als gesetzlicher Alleinerbe seines Vaters hatte er einen Pflichtteilsergänzungsanspruch in der Höhe der Hälfte des Wertes des von seinem Vater an Fatima verschenkten Vermögens, dies allerdings nur für den Fall, dass sein Vater innerhalb von zehn Jahren nach der Schenkung an Fatima versterben würde. Sieben Jahre nach der Schenkung an seine Fatima verstarb Frieder Fröhlich in Fatimas Armen. Sein Sohn Pablo ging davon aus, dass er die Hälfte des Vermögens seines Vaters, nämlich der von seinem Vater an Fatima verschenkten 10 Mio. €, also 5 Mio. € von Fatima im Rahmen seines Pflichtteilsergänzungsanspruches würde geltend machen können.

Nach dem bis zur Erbschaftsrechtsreform 2009 geltenden Recht hatte Pablo mit seiner Auffassung Recht. Fatima müsste ihm von den 10 Mio. €, die sie erhalten hat, 5 Mio. € abgeben. Diesen sog. Pflichtteilsergänzungsanspruch hatte Pablo nach bisherigem Recht innerhalb der ersten zehn Jahre nach der Schenkung, wenn sein Vater im Verlauf der ersten zehn Jahre nach der Schenkung verstarb. Starb sein Vater erst nach Ablauf von zehn Jahren nach der Schenkung, so hatte Pablo keinerlei Anspruch mehr gegen die beschenkte Fatima. Nach bisherigem Recht hätte Pablo also Glück gehabt, dass sein Vater innerhalb der ersten zehn Jahre nach der Schenkung an Fatima verstarb.

Nach dem jetzt geltenden Recht sieht die Sache anders aus. Wenn sein Vater sieben Jahre nach der Schenkung an Fatima stirbt, muss sich Pablo für jedes Jahr, das sein Vater nach der Schenkung noch gelebt hat, 10 % des Schenkungsbetrages und damit 10 % des Wertes seines Pflichtteilsanspruchs abziehen lassen:

xxx??xx

Wenn sein Vater nach der Schenkung

- noch ein Jahr lebt, dann erhält Pablo seinen Pflichtteil nur noch aus 90 % des verschenkten Vermögens

• noch zwei Jahre lebt, so erhält Pablo seinen Pflichtteilsergänzungsanspruch nur noch aus 80 % des verschenkten Vermögens etc.

Da in unserem Beispielsfall zwischen dem Zeitpunkt der Schenkung und dem Tod des Vaters sieben Jahre vergangen sind, errechnet sich der Pflichtteilsergänzungsanspruch von Pablo lediglich auf der Grundlage von 30 % des verschenkten Vermögens. Dies sind im vorliegenden Fall 3 Mio. €. Hieraus stehen Pablo, der als Alleinerbe einen Pflichtteilsergänzungsanspruch von 50 % hat, 1,5 Mio. € zu. Macht im Ergebnis zum alten Recht im vorliegenden Fall einen Unterschied von 3,5 Mio. €.

Der vorliegende Fall zeigt anschaulich, dass das neue Recht den Erblasser freier macht, gleichzeitig aber auch durch die Blutsbande entstandene Rechte (bisheriger Leitspruch „Blut ist dicker als Tinte") schwächt und damit die Familien-bande lockert. Ob diese Entwicklung zu begrüßen ist, hängt vom jeweiligen Standpunkt, aber auch vom persönlichen Weltbild ab. Jedenfalls wird der bisherige Grundsatz, dass jede Generation einen großen Teil dessen, was sie ererbt und selbst erworben hat, an die nächster Generation weiterzugeben hat, ausgehöhlt.

Schenkungen unter Lebenden und Schenkungen auf den Todesfall

Vor- und Nachteile und Gefahren für die Erben (Anekdote 31)

Robert Redlich war Witwer. Da er dem anderen Geschlecht ganz außerordentlich zugetan war, hatten seine beiden Töchter immer Angst, dass er wieder heiraten würde und dann sein beträchtliches Vermögen hauptsächlich in das Eigentum seiner neuen Frau übergehen würde. Umso mehr waren sie erleichtert, als Robert Redlich ihnen in einem Erbvertrag sein gesamtes Vermögen nach seinem Tod zusagte.

In der Folgezeit verliebte sich Robert Redlich unsterblich in die rothaarige Rosa Panther, die er allerdings nicht heiratete. Den beiden Töchtern war das egal, denn sie fühlten sich durch den Erbvertrag sicher.

Als Robert Redlich Jahre später beim Fünfuhrtanztee in einem Schweizer Nobelhotel den Sekundentod starb, kam es zum bösen Erwachen für Roberts Töchter: Verliebt wie er war, hatte nämlich Robert Redlich seiner Rosa Panther bereits kurz nach dem dritten Rendezvous ein gut gefülltes Wertpapierdepot geschenkt und auf ihren Namen umschreiben lassen.

Damit nicht genug. Mit seiner Hausbank hatte er einen Vertrag geschlossen, wonach im Zeitpunkt seines Todes Rosa Panther die Spareinlage auf seinem Sparkonto zustehen sollte. Nach dem Tod von Robert Redlich informierte die Hausbank Rosa Panther hiervon und Rosa Panther hob das Guthaben von 300.000 € umgehend ab, um damit eine ausgiebige Shopping-Tour zu unternehmen.

Die beiden Töchter gingen auf die Barrikaden und zu Gericht: In dem sicheren Wahn, dass die Schenkung des Wertpapierdepots an Rosa Panther und die Vereinbarung mit der Hausbank ihre erbvertraglichen Rechte einschränkten und damit unwirksam wären, verlangten sie von Rosa Panther die Übereignung des Wertpapierdepots und Zahlung des Sparguthabens an sie, die beiden Töchter.

Die Gerichte wiesen die Klagen der beiden Töchter ab.

Dieser für Robert Redlichs Töchter traurige Ausgang soll all denen unter Ihnen, verehrte Leser, einen heilsamen Schock versetzen, die glauben, durch einen Erbvertrag das Vermögen des Erblassers bereits für alle Zeiten und unwiderruflich fest in der Hand zu haben.

Und es soll umgekehrt Ihnen, liebe Leser, die aus der Position des potenziellen Erblassers heraus Erbverträge geschlossen haben, zeigen, dass Sie sich beispielsweise gegen undankbare Erben, mit denen Sie bereits Erbverträge geschlossen haben, durchaus noch zu Lebzeiten zur Wehr setzen können.

Testamente können grundsätzlich nachträglich widerrufen und geändert werden. Eine Bindungswirkung letztwilliger Verfügungen entsteht allerdings durch sog. wechselbezügliche Verfügungen in gemeinschaftlichen Ehegattentestamenten und notariellen Erbverträgen.

Dementsprechend konnten Robert Redlichs Töchter aufgrund des Erbvertrages mit dem Vater davon ausgehen, dass sie nach dessen Tod seine sog. Vertragserben werden würden.

Jedoch – und das gilt für Testamente ebenso wie für Erbverträge! – hindert eine letztwillige Verfügung (gleichgültig ob in der Form eines Testamentes oder eines Erbvertrages) den Erblasser nicht, über sein Vermögen zu Lebzeiten anderweitig zu verfügen. Deshalb war auch die Schenkung des Robert Redlich an Rosa Panther betreffend das Wertpapierdepot wirksam. Dies war eine ganz normale Schenkung unter Lebenden, die auch unter Lebenden vollzogen wurde (das Wertpapierdepot wurde auf den Namen von Rosa Panther umgeschrieben). Der Vertrag zugunsten Rosa Panther mit der Hausbank war ebenfalls ein wirksames Rechtsgeschäft unter Lebenden unter einer Bedingung – nämlich der des Todes von Robert Redlich.

Robert Redlichs Töchter gingen allerdings nicht vollständig leer aus: Da zwischen den Rechtsgeschäften und dem Tod von Robert Redlich nur drei Jahre verstrichen waren, hatten die beiden Töchter gegen Rosa Panther unter den Voraussetzungen des § 2326 BGB den sog. Pflichtteilergänzungsanspruch, d.h. sie erhielten aus dem jeweiligen Wert die Hälfte ihres gesetzlichen Erbteils in bar ausbezahlt. Da der Vater Rosa Panther nicht geheiratet hatte, hatte jede Tochter einen Pflichtteilergänzungsanspruch von ¼ des Wertes. Da Wertpapiere und Sparguthaben rechtlich gesehen zu den „verbrauchbaren Gegenständen" gehören, kommt es bei der Berechnung des Pflichtteilergänzungsanspruches auf den Verkehrswert zum Zeitpunkt der Übertragung an. Anders zu bewerten wäre dies nur für nicht verbrauchbare Gegenstände, wie zum Beispiel Grundstücke. Letztere kommen bei der Berechnung des Pflichtteilergänzungsanspruchs mit dem Wert zum Ansatz, den sie zum Zeitpunkt des Erbfalls gehabt haben, es sei denn dass ihr Wert zum Zeitpunkt der Schenkung geringer war (sog. Niederstwertprinzip).

Das Risiko solcher das Erbe schmälernder Schenkungen versuchen die Erben (in der Regel die Kinder) dadurch zu eliminieren, dass sie sich die größeren Teile des Vermögens bereits zu Lebzeiten vom Erblasser schenken lassen. Im vorliegenden Fall hätten Robert Redlichs Töchter versuchen können, den Vater zu überreden, das Wertpapierdepot bereits zu Lebzeiten an seine Töchter zu überschreiben und sich lediglich den Nießbrauch, d.h. die Erträge durch Dividenden, Zinsen, etc., vorzubehalten. Dass andererseits für den Schenker die Gefahr besteht, auf diese Weise Dinge zu verschenken, die er später selbst noch braucht, zeigt Kapitel 21 Steuerfalle 2.

Was sein Sparguthaben betraf, so hatte Robert Redlich hier einen raffinierten Trick angewandt: Einerseits war Rosa Panther seine ganze Augenweide und er wollte ihr seinen besonderen Dank aussprechen, da sie sich stets in besonderem Maße um ihn kümmerte. Andererseits traute er aber den eigenen Augen doch nicht so hundertprozentig, als dass er Rosa Panther neben dem Wertpapierdepot auch das Sparguthaben schon zu seinen Lebzeiten übertragen hätte. Er konnte es ihr aber auch nicht vererben, denn was seine Möglichkeiten betraf, seinen letzten Willen zu äußern, so war er an seinen Erbvertrag mit seinen Töchtern gebunden.

In dieser verzwickten Situation griff Robert Redlich zu einer List, die man als Zwitterkonstruktion bezeichnen könnte: Er schloss mit seiner Hausbank bereits zu seinen Lebzeiten einen Vertrag, wonach Gläubigerin seines Auszahlungsanspruches gegen die Hausbank Rosa Panther sein sollte; die Wirkung dieses Vertrages sollte allerdings erst im Zeitpunkt seines Todes eintreten. Im Verhältnis zu Rosa Panther war das eine Schenkung. Um späteren Problemen mit den Erben vorzubeugen, hätte Robert noch zu Lebzeiten mit Rosa auch noch einen formgültigen Schenkungsvertrag über das Sparkonto schließen sollen.

Hätte Robert Redlich Angst gehabt, dass möglicherweise Rosa Panther vor ihm stirbt und hätte er ihr deswegen wie oben erzählt sein gut gefülltes Wertpapierde-pot geschenkt, aber nur unter der Voraussetzung, dass sie ihn überlebt (sog. Schenkung auf den Todesfall) dann wäre auch diese Schenkung wirksam gewesen.

Ist bei einer Schenkung auf den Todesfall die notarielle Form eingehalten, so muss der Anspruch auch von den Erben erfüllt werden. Probleme ergaben sich jedoch immer in den Fällen, in denen ohne Vorliegen eines Notarvertrags bereits erste Verfügungen für die Erfüllung des Anspruches getroffen wurden. Hier kommt es für die Wirksamkeit darauf an, inwieweit die Schenkung schon „vollzogen" ist.

Merke: Auch der redlichste Erblasser, der sich sogar in bester Absicht durch Erbvertrag festgelegt hatte, kann die Vertragserben durch Schenkungen unter Lebenden und auf den Todesfall nachträglich benachteiligen und so die erbvertraglichen Regelungen unterlaufen. Und nur der pflichtteilsberechtigte Personenkreis hat die Chance, zumindest die Hälfte des ihm gesetzlich zustehenden Erbes über den Pflichtteilsergänzungsanspruch doch noch zu erhalten.

Zu beachten ist in diesem Zusammenhang aber die Regelung des § 2287 BGB. Nach dieser Vorschrift kann ein durch Erbvertrag eingesetzter Erbe nach dem Tod des Erblassers Schenkungen, die von dem Erblasser in der Absicht vorgenommen wurden, ihn zu beeinträchtigen, von den Beschenkten herausverlangen. Mit dieser Einschränkung wollte der Gesetzgeber genau das in unserem Fall „Robert Redlich" dargestellte Problem regeln: Oft tritt der sogenannte Vertragserbe in Erwartung des vertraglich versprochenen Erbteils in erheblichen Maße, z.B. durch Einräumung eines Wohnrechts oder durch Pflegeleistungen, in Vorleistung. In diesen Konstellationen wäre es grob unbillig, wenn sich der Erblasser durch das Verschenken seines Vermögens der erbvertraglich eingegangenen Verpflichtung faktisch entziehen könnte.

Hauptproblem dieser Vorschrift ist aber, dass nach dem Gesetzeswortlaut die Schenkung in der Absicht erfolgen muss, den Vertragserben zu beeinträchtigen. Dies ist in der Praxis kaum nachweisbar. Der Bundesgerichtshof hat deshalb den Anwendungsbereich dieser Vorschrift über deren Wortlaut hinaus modifiziert. Die Beeinträchtigungsabsicht wird daher nach der Rechtsprechung schon dann vermutet, wenn der Erblasser an einer zumindest teilweise unentgeltlichen Zuwendung kein nachvollziehbares Eigeninteresse hat. Trotz dieser weiten Auslegung bleibt natürlich noch ein weiter Spielraum, den Nachlass zu Lasten des Vertragserben zu beeinträchtigen. Es wäre einem Erblasser z.B. nicht genommen, kurz vor seinem Tod ins Spielcasino zu fahren, um dort so lange alles auf schwarz zu setzen, bis der Nachlass im wahrsten Sinne des Wortes verspielt oder sogar überschuldet ist.

Fazit: Sollten tatsächlich durch den Erblasser den Vertragserben beeinträchtigende Schenkungen vorgenommen worden sein, kann der Erbe nach dem Tod des Erblassers von den Beschenkten das Erhaltene, so weit noch vorhanden, herausverlangen.

Die fehlgeschlagene vorweggenommene Erbfolge

Wann Schenkungsverträge mit Widerrufs- oder Rückforderungsklauseln versehen werden sollten

Wie wir gesehen haben und noch sehen werden, kann es durchaus sinnvoll sein – und zwar im Interesse des Schenkers wie auch im Sinne der vorab beschenkten Erben –, bereits zu Lebzeiten Vermögen bzw. Vermögensteile zu übergeben.

Je bedeutender das Vermögen ist, das im Weg der vorgezogenen Vermögensnachfolge verschenkt wird, desto stärker stellt sich die Frage: Was passiert, wenn die Schenkung zu unerwünschten Ergebnissen führt? Für solche Fälle können entsprechende Widerrufs- oder Rückforderungsklauseln in den Schenkungsvertrag eingebaut werden.

Anekdote 32

Der Medienunternehmer Viktor Fan hatte seinen Lieblingssohn Brutus zum Nachfolger seines Imperiums auserkoren. Er überließ ihm bereits frühzeitig 49 % der Anteile am Unternehmen und die alleinige Geschäftsführung der Gruppe. Während der Vater anschließend in Rio Karneval feierte, nutzte Brutus die Abwesenheit des Vaters zur Palastrevolution und versuchte, den Vater durch unternehmenspolitische Intrigen wie auch rechtliche Maßnahmen aus der Firma zu drängen.

Der Vater reagierte damit, dass er seine Schenkung der Unternehmensanteile wegen groben Undanks widerrief und die Anteile zurückforderte. Brutus widersprach. Der darauf folgende Rechtsstreit ging bis zum Bundesgerichtshof, der dem Vater Recht gab. Der insgesamt zehnjährige Rechtsstreit hatte aber im Ergebnis nur Verlierer produziert, denn der Vater verstarb kurz nach Prozessgewinn (was zur Folge hatte, dass Brutus die Unternehmensanteile wieder erbte), die Familie war zerstört und das Unternehmen durch die internen Auseinandersetzungen der Eigentümer an den Rand des Ruins gebracht.

Die juristischen Berater, die den Schenkungsvertrag ausgearbeitet hatten, hatten vergessen, in den Schenkungsvertrag ein Widerrufsrecht für den Vater aufzunehmen (man spricht auch vom sog. Widerrufsvorbehalt). Solche Widerrufsvorbehalte sollten insbesondere vereinbart werden:

- für den Fall des groben Undanks (problematisch ist es hier, eine präzise Formulierung zu finden, die auch dem Sicherheitsinteresse des Beschenkten Rechnung trägt),

- für den Fall, dass der Beschenkte eine vereinbarte Ausbildung nicht abschließt,

- für den Fall, dass der Beschenkte insolvent wird,

- für den Fall, dass bestimmte steuerliche Wirkungen eintreten oder nicht eintreten und diese Wirkungen von den Parteien des Schenkungsvertrages als unentbehrliche Grundlage des Schenkungsvertrages angesehen werden,

- für den Fall, dass der Beschenkte vor dem Schenker stirbt.

Dies sind nur einige Beispiele, die durch die individuellen Interessen im Einzelfall ersetzt oder ergänzt werden können.

Wichtig für den Familienfrieden:

Widerrufsvorbehalte können zwar sinnvoll sein, dürfen aber nicht dazu führen, dass über dem Haupt des Beschenkten bis zum Tode des Schenkers das Damoklesschwert des Widerrufs hängt. Daher ist Präzision und damit Eingrenzbarkeit der Risiken für den Beschenkten ein Muss.

Wie eine Lebensversicherung zum familiären Zankapfel wurde (Anekdote 33)

Samuel Sorge hatte zu seiner Ehefrau Elisabeth wie auch seinen drei Kindern ein ausgeglichen gutes Verhältnis. Deshalb beschloss er, dass für den Fall seines Todes alle vier Personen jeweils gleich viel bekommen sollten. Unter diesem Gesichtspunkt hatte er bereits die vier Mietwohnungen, die er zur Absicherung seines Lebensabends gekauft hatte, ungefähr im jeweils gleichen Wert von je 250.000 € gekauft. Seiner Frau und jedem seiner drei Kinder vererbte er in seinem Testament je eine Wohnung. Auch von allem anderen Nachlass im Wert von insgesamt 500.000 € sollte jeder der vier jeweils ¼ erhalten.

Als Samuel Sorge stirbt, scheint es zwischen den Erben keinen Anlass zu Streitereien zu geben. Zumindest nicht bis zu dem Tag, an dem eines der Kinder versehentlich einen an die Mutter gerichteten Brief aufmacht, in dem folgendes steht:

„Sehr geehrte Frau Sorge, aus den Versicherungsverträgen Ihres verstorbenen Mannes ergibt sich folgendes:

1. Aus der kapitalbildenden Lebensversicherung Ihres Mannes erhalten Sie als bezugsberechtigte Person 700.000 €.

2. Aus der Risikolebensversicherung Ihres Mannes erhalten Sie als bezugsberechtigte Person 800.000 €.

Mit freundlichen Grüßen ...“

Mutter Sorge ist angenehm überrascht, hatte sie doch von den beiden Versicherungsverträgen ihres Mannes keine Kenntnis gehabt. Die Kinder sind ebenfalls überrascht, allerdings unangenehm, denn sie hatten fest mit dem geschätzten Gerechtigkeitssinn ihres Vaters gerechnet, wonach dieser alle immer gleich gut (bzw. gleich schlecht) behandelt hatte.

Mutter Sorge und ihre drei Kinder gehen zum Anwalt, der ihnen erklärt, dass Samuel Sorge in beiden Versicherungsverträgen seine Ehefrau namentlich als Bezugsberechtigte eingesetzt hat und daher die Versicherungssummen nicht in den Nachlass fallen, sondern vielmehr der Mutter Sorge ausschließlich und alleine zustehen.

Mutter Sorge will das Geld behalten, die drei Kinder sind der Meinung, ihnen stünden zumindest moralisch jeweils ¼ der Versicherungssumme zu. Dynamit liegt in der Luft, der Familienfrieden ist in höchster Gefahr. Wieder einmal hat ein Gerechter es versäumt, nicht nur wirtschaftlich, sondern gleichzeitig auch erbrechtlich zu denken. Im Ergebnis erhalten die Kinder Sorglos Nachlasswerte von je 375.000 €, die Ehefrau dagegen von 1,875 Mio. €.

Herr Sorge hatte sowohl eine kapitalbildende Lebensversicherung als auch eine Risikolebensversicherung abgeschlossen. Bei einer kapitalbildenden Lebensversicherung werden sowohl im Erlebensfall als auch im Sterbensfall Versicherungsleistungen erbracht. Sie ist sozusagen ein Sparbuch mit Risikoschutz. Die Risikolebensversicherung sichert hingegen nur das Todesfallrisiko ab. Die Versicherungssumme wird hier nur dann fällig, wenn der Versicherte während der Vertragsdauer stirbt. Erlebt er das Ende der Vertragsdauer, ist die Versicherungsgesellschaft von ihrer Leistungspflicht frei.

Im vorliegenden Fall war Herr Samuel Sorge bei beiden Versicherungen Versicherungsnehmer und versicherte Person, d.h. die Kapitallebensversicherung und die Risikolebensversicherung war auf den Todesfall von Herrn Samuel Sorge abgeschlossen. Herr Samuel Sorge hatte auch die Versicherungsprämien bezahlt. Bezugsberechtigt war seine Ehefrau Elisabeth Sorge, d.h. Herr Sorge hatte bereits im Versicherungsvertrag bestimmt, dass die Versicherungssumme nach seinem Tode direkt und unmittelbar an seine Ehefrau auszuzahlen sei.

Benennt der Versicherungsnehmer, der gleichzeitig auch die versicherte Person und Prämienzahler ist, eine bestimmte Person (hier die Ehefrau) zum Bezugsberechtigten, treten unabhängig davon, ob eine kapitalbildende Lebensversicherung oder eine Risikolebensversicherung vorliegt, erbrechtlich und steuerrechtlich die gleichen Folgen ein:

Durch die Benennung einer bestimmten bezugsberechtigten Person fallen die Versicherungssummen nicht in den Nachlass. Sie werden unmittelbar und direkt an den Bezugsberechtigten ausgezahlt. Daher bleiben sie auch bei der Pflichtteilsberechnung außer Betracht. **Aber Vorsicht:** Erfolgte die Benennung des Bezugsberechtigten im Versicherungsvertrag ohne dass Letzterer hierfür eine wirtschaftliche Gegenleistung erbracht hat, ist die Versicherungsleistung wie eine unentgeltliche Zuwendung zu behandeln. Die Erben können daher gegebenenfalls Pflichtteilsergänzungsansprüche (siehe hierzu Kapitel 18) geltend machen.

Erbschaftsteuerrechtlich unterliegt die Versicherungssumme grundsätzlich den gleichen Regeln, die gelten würden, wenn der Versicherungsnehmer die Versicherungssumme ohne Nennung eines Bezugsberechtigten vererbt hätte. Zwar fällt, wie gesagt, die Versicherungssumme in diesem Fall gerade nicht in den Nachlass; allerdings wollte der Steuergesetzgeber vermeiden, dass der Erblasser die Versicherungssumme allein durch die Nennung eines Bezugsberechtigten der Erbschaftsbesteuerung entziehen kann und hat daher im Gesetz eine steuerrechtliche Gleichstellung dieser beiden Fälle vorgenommen.

Allerdings gelten für die **Besteuerung von Lebensversicherungen** folgende Vorteile:

Ist Bezugsberechtigter der überlebende Ehegatte, wird die Lebensversicherung bei Ermittlung der fiktiven Zugewinnausgleichsforderung dem Endvermögen des verstorbenen Ehegatten zugerechnet. Dies bedeutet konkret, dass 50 % der Lebensversicherungssumme begünstigt sind und damit steuerfrei bleiben.

Demnach ist es hier für Mutter Sorge zumindest steuerlich günstig gelaufen: Da sie die Ehefrau der versicherten Person war, profitiert sie von der vom Gesetzgeber vorgesehenen steuerlichen Begünstigung. Diese wird in mehreren Schritten ermittelt:

Ohne die erbschaftsteuerliche Berücksichtigung der Lebensversicherung müsste sie lediglich 375.000 €, bei Berücksichtigung der Versicherungssumme und ohne die gesetzliche Begünstigung dagegen einen Gesamtbetrag von 1,875 Mio. € versteuern.

Die Begünstigung hat folgende Auswirkung: Als Ehefrau erbt Mutter Sorge neben ihren Kindern ¼ des Nachlasses. Für die Berechnung der

Erbschaftsteuer allerdings bleibt gem. § 5 ErbStG derjenige Betrag steuerfrei, welchen die Ehefrau bei einem tatsächlichen Zugewinnausgleich erhalten hätte. Für diese Zwecke wird das Endvermögen der Ehefrau sowie dasjenige des Erblassers zum Zeitpunkt des Erbfalls vom jeweiligen Anfangsvermögen bei Eingehung der Ehe abgezogen. Dies ergibt den Zugewinn für beide Ehegatten. Die Differenz zwischen beiden Summen ist dann der ausgleichspflichtige Betrag.

Hätte nun Samuel Sorge, der seine Gemahlin noch in vermögenslosen Studentenzeiten geehelicht hatte, ein Anfangsvermögen von 0 €, aber ein Endvermögen von 1,5 Mio. €, so betrüge sein Zugewinn eben 1,5 Mio. €. Mutter Sorge hatte sich immer um die Kinder gekümmert und nur 500.000 € als Zugewinn erzielt. Der auszugleichende Betrag liegt demnach bei 1 Mio. € von welchem Mutter Sorge die Hälfte erhielte, also 500.000 €. Dieser Betrag wäre demnach nicht erbschaftsteuerpflichtig.

Für die Berechnung gem. § 5 ErbStG allerdings wird fiktiv die Lebensversicherungssumme dem Endvermögen des verstorbenen Ehegatten hinzugerechnet. Demnach gilt als Endvermögen des Samuel Sorge der Betrag von 1,5 Mio. € + 700.000 € + 800.000 € = 3 Mio. €. Der Zugewinnausgleichsanspruch von Mutter Sorge betrüge daher 2,5 Mio. € x ½, also 1,25 Mio. €. Dieser fiktive Zugewinnausgleichsanspruch ist nun gem. § 5 ErbStG nicht erbschaftsteuerbar. Demnach bliebe für Mutter Sorge noch ein zu versteuernder Betrag von 600.000 €.

Praxistipp: Hat ein Erblasser zum Ziel, seine Ehefrau durch den Abschluss einer Lebensversicherung auf Lebenszeit abzusichern, muss er dabei berücksichtigen, dass die Ehefrau gegebenenfalls mit der Versicherungssumme Pflichtteilsergänzungsansprüche der Kinder befriedigen und zusätzlich die Lebensversicherungssumme (teilweise) versteuern muss.

Zur Veranschaulichung der Folgen einer fehlenden Bezugsberechtigung soll zusätzlich folgender Fall dienen:

Ortlieb von Botmer war verwitwet und hatte zwei Kinder. Seine Tochter wohnte bei ihm im Haus und versorgte ihn schon seit Jahren. Sie sollte daher einmal das Haus erben. Seinen Sohn Hagen wollte Ortlieb aber auch nicht vernachlässigen, er hatte jedoch neben seinem Haus kein weiteres nennenswertes Vermögen außer einer kapitalbildenden Lebensversicherung, die er so aufstockte, dass für den Fall seines Todes sein Sohn Hagen eine Summe in ungefähr der Höhe des Wertes des seiner Schwester zugedachten Hauses erhalten würde.

Hätte Ortlieb von Botmer im Versicherungsvertrag weder seinen Sohn Hagen noch eine sonstige Person namentlich als Bezugsberechtigten benannt, so wäre die Versicherungssumme in den Nachlass gefallen, was bedeutet hätte, dass sie rechtlich gesehen zur Hälfte auch der Tochter zugestanden hätte. Hätte Ortlieb von Botmer dieses Ergebnis vermeiden wollen, ohne den Versicherungsvertrag abzuändern, so hätte er die Frage, wem die Versicherungssumme zustehen soll, auch in seinem Testament regeln können:

„Mein Haus erhält meine Tochter, die Lebensversicherungssumme geht zur Gänze an Hagen."

In diesem Fall wäre die Versicherungssumme Teil des Nachlasses geworden, aber gleichzeitig im Weg der Teilungsanordnung ausschließlich an Hagen übergegangen. Wenn Ortlieb dagegen seinen Sohn Hagen im Versicherungsvertrag als Bezugsberechtigten benannt hätte, wäre die Lebensversicherungssumme (vorausgesetzt natürlich, dass Ortlieb vor Ablauf des Lebensversicherungsvertrages verstirbt) an Hagen gefallen, und zwar – wie oben dargestellt – ohne in den Nachlass zu fallen. In diesem letzteren Fall wäre fraglich, ob die Ziele von Ortlieb tatsächlich erreicht werden können: Denn da Hagen nun aus dem Nachlass nichts erhält, gilt er als enterbt, auch wenn er wirtschaftlich gesehen genauso gut dasteht wie seine Schwester! **Dies bedeutet, dass Hagen zusätzlich zur erhaltenen Versicherungssumme seinen Pflichtteil gegen seine Schwester geltend machen kann.**

Natürlich bleibt die Lebensversicherung nicht ohne Berücksichtigung: Einerseits handelt es sich bei den vom Versicherungsnehmer entrichteten Versicherungsprämien um unentgeltliche Zuwendungen an die bezugsberechtigte Person. Demnach werden nach § 2325 BGB zur Pflichtteilsberechnung diese Zuwendungen aus den letzten zehn Jahren vor dem Erbfall dem Nachlass hinzugerechnet, erhöhen also zunächst den Pflichtteil. Gleichzeitig werden sie aber nach § 2327 BGB auch auf den Pflichtteilsanspruch von Hagen angerechnet. Im Ergebnis mindert sich daher der Pflichtteilsanspruch Hagens wieder. Dennoch kommt Hagen erheblich besser weg als bei erbrechtlicher Teilungsanordnung. Hätte die Schwester nun außer dem ihr vererbten Haus über kein liquides Vermögen verfügt, hätte sie womöglich das Haus verkaufen müssen, um dem Bruder seinen Pflichtteil auszuzahlen.

Dieses Ergebnis hätte man vermeiden können, indem Ortlieb und Hagen einen Erbverzichtsvertrag abschließen. Im Rahmen dieses Erbverzichtsvertrages wäre dann geregelt worden, dass Hagen im Gegenzug für den Erhalt der Versicherungssumme auf sein gesetzliches Erbrecht verzichtet hätte. Der Erbverzichtsvertrag hätte allerdings notariell beurkundet werden müssen, da der Verzicht ansonsten unwirksam gewesen wäre.

Steuerrechtlich gilt: Anders als in dem obigen Fall, in dem die Ehefrau bezugsberechtigt war, kann es Hagen gleichgültig sein, ob er die Versicherungspolice durch testamentarische Verfügung oder mittels Nennung als Bezugsberechtigten zugewiesen bekommt. Denn als Sohn stehen ihm die oben genannten steuerlichen Privilegien einer Ehefrau nicht zu. In diesem Fall wäre es daher einfacher, den Versicherungsvertrag nicht abzuändern und die Versicherungspolice mittels testamentarischer Verfügung an Hagen zu vererben.

Fazit:

- Durch die Nennung eines Bezugsberechtigten im Versicherungsvertrag können Pflichtteilsansprüche geschmälert werden.

- Handelt es sich bei dem Bezugsberechtigten um einen in einer Zugewinngemeinschaft lebenden Ehegatten des Versicherungsnehmers, bleiben 50 % der Versicherungspolice steuerfrei.

- Nicht in allen Fällen ist die Nennung eines Bezugsberechtigten im Versicherungsvertrag wirklich vorteilhaft. Im Einzelfall kann es sinnvoll sein, die Lebensversicherung mittels testamentarischer Verfügung dem Begünstigten zuzuweisen.

Praxistipp: Ein klassischer Anwendungsfall der Risikolebensversicherung ist es, größere Investitionen z.B. in Unternehmen oder privat genutzte Immobilien durch entsprechend hohe Risikolebensversicherungen abzusichern. In diesen Fällen muss derjenige, der die entsprechenden Schulden des Verstorbenen erbt, auch namentlich als Bezugsberechtigter der Risikolebensversicherung benannt werden, damit er die geerbten Verbindlichkeiten tilgen kann.

20 Erbrechtliche Vorteile bei Pflegeleistungen – Neues Medikament zur Förderung der innerfamiliären Hilfsbereitschaft: Aufwendungsersatz für den Erblasser betreuende Angehörige

Spätes Glück (Anekdote 34)

Die verwitwete Benedikta Herzegowina hatte ihren drei Töchtern zu deren Hochzeiten jeweils beträchtliches Vermögen geschenkt und ihnen auf diese Weise bereits in jungen Jahren einen komfortablen Lebensstil ermöglicht. Benedikta stammte aus einer konservativen Familie und ging dementsprechend als selbstverständlich davon aus, dass Ihre Töchter später, wenn sie alt und betreuungsbedürftig werden würde, sich fürsorglich um sie kümmern würden.

Alle drei Töchter lebten in der näheren Umgebung der Mutter, waren nicht berufstätig und hätten jede Zeit dieser Welt gehabt, sich um die Mutter zu kümmern, was sie aber nicht taten.

Der 80. Geburtstag von Benedikta am 1. Februar 2010 verdient insoweit eine besondere Beachtung, als beim festlichen Abendessen insgesamt nicht weniger als drei Reden gehalten wurden. Es begann die älteste Tochter von Benedikta, die ihre Rede mit der Bemerkung beendete, dass ja nun wohl die Zeit gekommen sei, dass sie sich täglich um ihre Mutter kümmere und diese nach besten Kräften betreue. Benedikta traute ihren Ohren nicht, denn selbige Tochter hatte sich in den letzten zehn Jahren so gut wie überhaupt nicht um sie gekümmert. Gleiches galt für ihre beiden anderen Töchter, die sich mit ihren Reden anschlossen und beide ihre jeweilige Rede mit dem Versprechen der ab sofort permanenten Pflege beendeten.

Hintergrund der neuen Begeisterung für die Pflege der Mutter war die mit dem geplanten Erbrechtsreformgesetz neu geschaffene Regelung des § 2057a BGB. Nach dieser neuen Vorschrift können gesetzliche Erben die den Erblasser während einer längeren Zeit gepflegt haben bei der Auseinandersetzung der Erbschaft eine Ausgleichung der Pflegeleistung verlangen.

Zur Feststellung des Wertes der Pflegeleistung verweist § 1057a Abs. 3 BGB pauschal auf Dauer und Umfang der Pflegeleistungen, den Wert des Nachlasses und insgesamt darauf, wie es „der Billigkeit entspricht". Im Übrigen wird auf die Regelungen zur Ausgleichspflicht verwiesen (vgl. hierzu Kapitel 4). Diese Regelung wird wegen ihrer schwammigen Formulierung etliche Streitigkeiten nach sich ziehen, bis sich in der Rechtsprechung eine gewisse Linie entwickelt hat, an der sich die Erben orientieren können.

Zu beachten ist aber, dass eine solche Ausgleichung von Pflegeleistungen nur zugunsten **des Abkömmlings** stattfindet, wenn **kein Testament** vorliegt, oder aber nur ein solches, welches entsprechend der gesetzlichen Regelungen vererben will. Macht der Erblasser vor seinem Tod ein Testament, entfällt diese Ausgleichung vollständig. Hintergrund dieser Beschränkung auf Abkömmlinge ist, dass der Gesetzgeber nicht zu weit in die Testierfreiheit des Erblassers eingreifen wollte. Der Erblasser sollte also nicht gezwungen werden, evtl. sogar gegen seinen Willen erbrachte Pflegeleistungen zu honorieren. Vielmehr beruft sich der Gesetzgeber in der Begründung zu dem neu geschaffenen § 2057a BGB auf einen mutmaßlichen Willen des Erblassers, Pflegeleistungen honorieren zu wollen. Der Gesetzgeber geht also davon aus, dass Menschen die gepflegt werden, dieses auch in einem Testament honoriert hätten. Sobald aber ein tatsächliches Testament vorliegt, kann die Vermutung, der Gepflegte wolle dieses auch honorieren, durch das Testament widerlegt werden. Etwas anderes gilt nur bei einer Einsetzung der Abkömmlinge zu gleichen Teilen, also entsprechend der gesetzlichen Erbfolge. D.h. bei Pflege durch ein Kind wird bei testamentarischer Einsetzung aller Kinder als Erben angenommen, dass die pflegerischen Dienste ausgeglichen werden sollen, damit alle im Ergebnis gleich behandelt werden.

Pflegen mehrere Abkömmlinge den Erblasser gemeinsam, so ist davon auszugehen, dass nicht jeder den vollen Ausgleichungsbetrag erhält, sondern jeder nur den Anteil des Geldes, der seinem Anteil an der Pflege entspricht. Teilen sich mehrere den Pflegeaufwand, so wird der Wert der Gesamtpflege also nicht höher. Die Pflegenden müssen sich den Betrag dementsprechend aufteilen.

Um eine lange Geschichte kurz zu machen: Benedikta erfreute sich seit diesem Tag einer intensiven Zuneigung und Betreuung durch ihre nächsten Angehörigen, was sie deswegen doppelt freute, als sie von der Existenz des neuen Gesetzes Zeit ihres Lebens nie Kenntnis erhielt.

Ebenso in Unkenntnis des Gesetzes verfasste Benedikta kurz vor ihrem Tod noch ein handschriftliches Testament, in dem sie, wie sie glaubte, rein wiederholend festlegte, dass ihre Töchter zu gleichen Teilen erben sollten und in dem ihre einzelnen Nachlassgegenstände gleichmäßig verteilt wurden.

Nach dem Tod von Benedikta Herzegowina wurde der Nachlass dem Testament entsprechend gleichmäßig verteilt. Zur Enttäuschung der Töchter gab es für die Pflegeleistungen kein Geld. Die Hoffnung der Schwestern, ihren Anteil durch Pflege zu erhöhen, konnte sich nicht erfüllen:

Zwar waren die Töchter entsprechend ihres gesetzlichen Erbteils zu gleichen Teilen eingesetzt, sodass der Anspruch nicht schon wegen eines abweichenden Testamentes entfiel. Da hier aber alle drei Töchter die Mutter gemeinsam gepflegt hatten, wird keine bevorzugt oder benachteiligt und es muss daher nichts ausgeglichen werden. Auch ohne Testament hätte jede Tochter $1/3$ des Gesamtnachlasses erhalten.

Merke: Eine Ausgleichung findet normalerweise nur statt, wenn kein Testament vorhanden ist.

Etwas anderes gilt nur, wenn die pflegende Person ein Kind des Erblassers ist, und dieser seine Kinder zu gleichen Teilen – also entsprechend des gesetzlichen Erbteils – zu seinen Erben bestimmt hat. In diesem Fall findet ein Ausgleich zwischen den Geschwistern – und nur zwischen diesen – statt.

Die Gefahr für eine pflegende verwandte Person besteht also darin, dass sie nicht sicher sein kann, ob der Erblasser vor seinem Tod noch ein Testament macht und dadurch der gesetzliche Anspruch auf Ausgleich der Pflegeleistungen entfällt.

Wird die Pflege ganz wesentlich auch im Hinblick auf eine finanzielle Ausgleichung geleistet und macht der Erblasser anschließend noch ein Testament, so ist die Regelung des § 2057a BGB der neuen Fassung für die pflegende Person wertlos. Will also die pflegende Person ganz sicher sein, später einmal „zu ihrem Geld zu kommen", so kann dies nur im Wege eines notariellen Erbvertrages sicher gestellt

werden, in dem sich der Erblasser dazu verpflichtet dem Pflegenden nach seinem
Tod einen bestimmten Betrag für die Pflege zukommen zu lassen.

Kritisch betrachtet könnte man die Vorhersage treffen, dass – wenn nicht durch
Erbverträge Klarheit geschaffen wird – die Intention des Gesetzgebers, durch die
Schaffung des § 2057a BGB neue Fassung die Bereitschaft zur Pflege von Angehörigen zu steigern und den Fiskus damit von Kosten zu entlasten, nicht erreicht
werden wird.

21 Steuerrecht und Erbrecht

„Wer in einem Testament nicht bedacht worden ist,
findet Trost in dem Gedanken, dass der Verstorbene ihm
vermutlich die Erbschaftsteuer ersparen wollte."
(Sir Peter Ustinov)

Umgekehrt formuliert kann man sagen: „Wer Erbschaftsteuer bezahlen muss, kann sich mit dem Gedanken trösten, dass er etwas mehr erhalten hat als er bezahlen muss."

Der Mensch funktioniert ebenso logisch wie widersinnig: Wir alle wollen möglichst sehr viel Geld verdienen und dafür sehr wenig Einkommensteuer bezahlen. Wir wollen möglichst viel erben, aber dafür möglichst keine Erbschaftsteuer bezahlen. Wir wollen möglichst viel geschenkt bekommen, dafür aber keine Schenkungsteuer bezahlen.

Und ein Heer von mehr oder weniger altruistischen Beratern versucht, uns bei der Erreichung dieses Ziels „viel Geld und null Steuern" behilflich zu sein.

Doch wehe den Beratenen: Ergebnis sind häufig unverkäufliche Beteiligungen oder Anteile an Unternehmenskonstruktionen, die ohne massive (auch steuerliche) Nachteile gar nicht vererblich sind. Flucht ins Ausland, Sitzverlegung, Änderung der Staatsangehörigkeit, Geldanlagen in Steueroasen – all diese Instrumente **können** im Einzelfall helfen, müssen dies aber nicht.

Diese Mahnung zur Vorsicht soll Sie natürlich nicht davon abhalten, mit erprobten Mitteln und Tricks soviel Steuern zu sparen wie nur irgendwie möglich. Jede Überlegung betreffend das Vererben muss die Überlegung beinhalten, wie das wirtschaftliche Ziel steueroptimal erreicht werden kann. Deshalb befinden sich in fast jedem der Fälle in diesem Buch Hinweise zur Erbschaftsteuer. Und auch die folgenden fünf Steuerfallen werden Sie, verehrter Leser, nach der Lektüre zu umgehen wissen.

„Bis dass der Tod uns scheidet" ist nicht in jedem Fall das richtige Rezept (Anekdote 35)

Theo Treu war eigentlich der ideale Ehegatte: Treusorgender Ehemann und Vater seiner drei Kinder, gut aussehend und ebenso verdienend. Charakterlich labil war Theo Treu lediglich beim Anblick schöner Frauen, deren Herzen er durch Einsatz seines gewinnenden Auftretens und eines roten Porsche gewann. Als er im Zustand der Midlife-Crisis die gut gebaute Architekturstudentin Tatjana kennenlernte, war es um Theo Treu geschehen. Er verließ Frau und Kinder ebenso schnell wie Tatjana ihr Architekturstudium und beide lebten fortan glücklich und zufrieden.

Als Theo Treu in seinem 69. Lebensjahr den 420 PS seines neuesten roten Porsche nicht mehr gewachsen war, führte dies zum Unfalltod in der Linkskurve einer oberbayerischen Vizinalstraße.

Tatjana, die wusste, dass Theo sie zu seiner Alleinerbin eingesetzt hatte, erhielt vier Wochen nach Theos Tod einen Brief von Frau Treu und Theos drei Kindern, in dem diese ihre Pflichtteilsansprüche nach dem Tod von Theo Treu geltend machten. Danach sollte Tatjana an die drei Kinder zusammen ¼ der Erbschaft und an die Ehefrau, mit der er weiterhin im gesetzlichen Güterstand verheiratet geblieben war, ein ⅛ der Erbschaft in Bargeld ausbezahlen. Zusätzlich machte Frau Treu ihren Anspruch auf Zugewinnausgleich geltend, der ebenfalls erheblich ausfiel, da Theo bei Eingehung der Ehe noch mittelloser Student gewesen war. Insgesamt hatte Tatjana die Hälfte des Gesamtvermögens von Theo zu liquidieren, um die Familie auszuzahlen.

Tatjana, die sich für die Finanzen nie besonders interessiert hatte, war nun gezwungen, in die Niederungen wirtschaftlichen Überlegens und Überlebens herabzusteigen. Sie stellte fest, dass Theos Vermögen nach Abzug von Verbindlichkeiten 2 Mio. € betrug. Davon musste sie 1 Mio. € an die Ehefrau und die Kinder ausbezahlen. Das war weniger leicht getan als gesagt, denn Theos Vermögen bestand fast ausschließlich aus einem

Mietshaus, das sich so schnell nicht versilbern ließ. Als Tatjana dies der Ehefrau und den Kindern mitteilte, erhielt sie als Antwort, dass bis zur Auszahlung der Pflichtteile die gesetzlichen Zinsen auflaufen würden, die Tatjana dann gleich und zusätzlich mit überweisen solle.

Wenn Tatjana das Verhalten der Familie von Theo auch nicht besonders gefiel, so tröstete sie sich doch mit dem Gedanken, dass ihr selbst doch die andere Million verbleiben würde, mit der sie sich bis zum Auftauchen eines neuen roten Sportwagens über Wasser halten wollte.

Umso mehr war Tatjana erschüttert, als ihr einige Zeit später ein Erbschaftsteuerbescheid ins Haus flatterte, wonach sie ca. 300.000 € an Erbschaftsteuer bezahlen sollte. Noch am gleichen Tag konsultierte sie einen Steuerberater. Dieser erklärte ihr, dass sie als vor dem Gesetz mit Theo nicht in verwandtschaftlicher Beziehung stehende Lebensgefährtin nur einen Freibetrag von 20.000 € hätte und der Steuersatz 30 % betrüge.

Als Tatjana am Abend des gleichen Tages allein vor dem Kamin saß, dämmerte ihr langsam, dass Theos Treue zum ehelichen Sakrament („bis dass der Tod Euch scheide") sie nach seinem Tod sehr viel ärmer gemacht hatte, als dies – so ihre späte Einsicht – eigentlich nötig gewesen wäre. Hätte Theo Treu sich scheiden lassen und Tatjana geheiratet, so wäre infolge der Scheidung Theos erste Ehefrau weder erb- noch pflichtteilsberechtigt gewesen noch hätte sie einen Anspruch auf Zugewinnausgleich gehabt. Die Pflichtteilsansprüche der drei Kinder wären bei ¼ geblieben, was zu einem Erbe für Tatjana in Höhe von 1,5 Mio. € geführt hätte.

Merke: Als Ehefrau hätte Tatjana einen Ehegattenfreibetrag von 500.000 €, sowie – da Theo nicht in die Witwenversorgung eingezahlt hatte – zusätzlich einen Versorgungsfreibetrag in Höhe von 744.000 € gehabt, hätte also lediglich 937.000 € versteuern müssen und dies zu einem begünstigten Ehegattensteuersatz von 19 %. Der an das Finanzamt zu zahlende Steuerbetrag wäre in etwa 141.360 € gewesen.

Im Ergebnis wäre ihr also fast das Doppelte dessen verblieben, was ihr als Nicht-Ehefrau verblieb.

> … und Tatjana notierte, was sie beim nächsten Mal anders machen würde …

Steuerfalle 2

Durch Schenkungen Steuern sparen und alles verlieren (Anekdote 36)

Nachdem Dr. Aribert Arglos, 1940 geborener Sohn einer Industriellenfamilie, den Krieg, ein Archäologiestudium sowie zwei gescheiterte Ehen überlebt hatte, zog er Bilanz und beschloss, sich künftig nur noch dem Wahren, Schönen und Guten (das war für ihn die Archäologie) zu widmen. Beseelt von diesem Gedanken und der Empfehlung seines Steuerberaters verschenkte er – erstmals im Jahr 1970 – einen Teil seiner Miethäuser an seine sechs Kinder zwecks Ausnutzung des Kinderfreibetrages von damals 400.000 DM pro Kind. Seine Familie hatte seit jeher – wie er meinte – viel zu viel Steuern bezahlt und er wollte jegliche auch nur irgendwie vermeidbare Steuer auch tatsächlich umgehen.

Dr. Aribert Arglos wusste, dass seine Kinder alle zehn Jahre pro Kind einen steuerlichen Freibetrag von 400.000 DM in Anspruch nehmen konnten. Bei den damals der Immobilienübertragung steuerlich zugrunde liegenden Einheitswertberechnung war es für Dr. Aribert Arglos ein leichtes, alle zehn Jahre, d.h. 1970, 1980, 1990 und 2000 (im Jahr 2000 allerdings wurden die übertragenen Immobilien steuerlich bereits mit ca. 75 % des Verkehrswertes angesetzt) zu übertragen, was dazu führte, dass jedes seiner Kinder Immobilien im Wert von 3 Mio. € übertragen bekommen hatte, ohne auch nur einen einzigen Cent Schenkungsteuer bezahlt zu haben.

Für sich selbst behielt Dr. Aribert Arglos lediglich 10 Mio. € in Form von Wertpapieren, die ihm – wie er damals meinte – auf Dauer eine gute und sichere Rendite einbringen würden.

Da sein Vermögensverwalter, wie sich herausstellte, schlecht eingekauft hatte, führte der Börsencrash nach dem 11. September 2001 zu einem Vermögensverfall bei Dr. Aribert Arglos. Mit den verbleibenden 2 Mio. €, die er jetzt nicht mehr spekulativ anlegen wollte, konnte Dr. Aribert Arglos allerdings seinen gewohnten Lebensstandard nicht aufrechterhalten. Er musste seine Reisen und archäologischen Aktivitäten aufgeben, was ihm seine ganze Lebensfreude nahm.

Dementsprechend beschloss Dr. Aribert Arglos, seine Kinder zu bitten, ihm einen Teil der überlassenen Immobilien zurückzugeben, damit er finanziell wieder beweglich würde. Nun hatten sich allerdings auch seine sechs Kinder an einen etwas großzügigeren Lebensstil gewöhnt und machten ihrem Vater daher zwar diplomatisch, aber unmissverständlich klar, dass er offensichtlich nicht mit Geld umgehen könne und daher die Konsequenzen selbst zu tragen habe. Als Dr. Aribert Arglos insistierte, bot ihm sein Sohn Bob, der bereits als Kind durch aggressives Verhalten aufgefallen war, sogar das „Sie" an.

Dr. Aribert Arglos verstand die Welt nicht mehr und verfiel in Depression. Er starb während seiner letzten Kunstreise im vorderen Orient. Sein Steuerberater, der die Konsequenzen seiner Beratung miterlebt hatte, wählte den Freitod.

Moral: Diese tragische Geschichte lehrt uns, dass Sie nie etwas verschenken dürfen, was Sie möglicherweise später noch einmal selbst benötigen könnten. Bei kleineren Vermögen gilt dies auch für die Substanz: Eine Wohnung, die Sie später einmal vielleicht verkaufen müssen, um Ihre Altersversorgung zu gewährleisten, dürfen Sie nicht verschenken. Bei größeren Vermögen gilt: Sie können zwar durchaus verschenken, müssen sich aber den Nießbrauch an z.B. Mietshäusern oder aber Unternehmen vorbehalten, um nicht später zu einem evtl. erfolglosen Bittsteller bei Ihren eigenen Kindern zu werden. Immer gilt: Die Versorgung der älteren Generation geht vor Steuerersparnis bei der jüngeren Generation.

Berliner Testament als steuerliche Tragödie (Anekdote 37)

Anton und Brigitte Einstein waren beide Mathematiklehrer am städtischen Gymnasium gewesen. Inzwischen waren beide pensioniert. Sie hatten beide eine sehr gute Beamtenpension, die beide zusammengenommen in etwa dem Doppelten entsprach, was sie monatlich ausgaben. Obgleich sie dies gar nicht nötig gehabt hätten, hatten sie zusätzlich Erträge aus ererbtem Wertpapiervermögen in Höhe von ca. 1,6 Mio. €, wobei dieses Wertpapiervermögen nur Anton gehörte. Außerdem hatten sie zwei bereits volljährige Kinder, Albert und Ernestine.

Als es um die Frage des Vererbens ging, griff Anton Einstein zur Selbsthilfe: Er verfasste ein sog. Berliner Testament, in dem er und seine Frau Folgendes regelten:

„… Der Überlebende von uns beiden erbt das gesamte Vermögen des Erstversterbenden. Nach dem Tod des Zweitversterbenden erben die Kinder zu gleichen Teilen."

Anton verstarb 2006, Brigitte 2012. Zuerst erbte Brigitte von Anton das gesamte Wertpapiervermögen, später erbten Albert und Ernestine von ihrer Mutter jeweils 1 Mio. €. Als den beiden Kindern Steuerbescheide mit Zahlungsaufforderungen von jeweils 90.000 € ins Haus flatterten, kamen ihnen Zweifel, ob ihr Vater tatsächlich rechtlich so beschlagen wie er mathematisch begabt gewesen war.

In der Tat hatte Vater Einstein in der irrigen Ansicht, dass ein deutscher Gymnasiallehrer alles können muss, übersehen, dass er durch eine andere Abfassung des Testamentes seinen Kindern den doppelten Freibetrag (nämlich 800.000 € statt 400.000 € pro Kind) und damit ganz erhebliche Erbschaftsteuervorteile hätte zukommen lassen können.

Denn im vorliegenden Fall wäre das klassische Berliner Testament gar nicht notwendig gewesen: Im klassischen Berliner Testament wird der überlebende Ehegatte als Alleinerbe eingesetzt und die Kinder erhalten ihre Erbteile erst nach dem Tod des überlebenden Ehegatten. Diese Regelung soll verhindern, dass nach dem Tod des erstversterbenden Ehegatten Vermögen an die Kinder abfließt und der überlebende Ehegatte dadurch in wirtschaftliche Schwierigkeiten gerät. Diese Regelung ist in vielen Fällen für den überlebenden Ehegatten so vital, dass die Alleinerbeneinsetzung des überlebenden Ehegatten noch durch eine sog. **Pflichtteilsstrafklausel** abgesichert wird:

> **„... Sollte eines unserer Kinder nach dem Tod des Erstversterbenden seinen Pflichtteil verlangen, so soll er auch nach dem Tod des Zweitversterbenden aus dessen Nachlass lediglich den Pflichtteil bekommen."**

Mit solchen Strafklauseln sollen die Kinder von der Geltendmachung ihres Pflichtteils nach dem Tod des erstversterbenden Ehegatten abgehalten werden.

Die Befolgung dieser Regel ist aber dann unsinnig und führt vielmehr steuerlich zu negativen Ergebnissen, wenn der überlebende Ehegatte gar nicht das gesamte Vermögen des erstversterbenden Ehegatten benötigt. Dies gilt beispielsweise dann, wenn beide Ehegatten gleichermaßen sehr vermögend sind oder aber – wie im vorliegenden Fall – dann, wenn jeder der beiden Ehegatten mit der ihm zustehenden Altersversorgung sorgenfrei leben kann.

In diesen Fällen muss das Augenmerk auf die steuerlichen Vorteile gerichtet werden, die dann entstehen, wenn die Kinder bereits nach dem Tod des erstversterbenden Ehegatten als Miterben neben dem überlebenden Ehegatten eingesetzt werden.

In unserem Fall hätten weder Anton noch Brigitte Einstein das gesamte Vermögen des erstversterbenden anderen Ehegatten benötigt. Deshalb hätten die beiden zwecks Steuerersparnis besser testiert:

> **„... Der Überlebende von uns beiden soll die Hälfte des Vermögens des Erstversterbenden erben, die andere Hälfte unsere beiden Kinder zu jeweils gleichen Teilen. Nach dem Tod des Längerlebenden sollen unsere Kinder dessen Vermögen zu gleichen Teilen erhalten."**

Auf diese Art und Weise hätte der erstversterbende Ehegatte Anton Einstein jedem seiner beiden Kinder nach seinem Tod einen Freibetrag von jeweils 400.000 € verschaffen können. Die beiden Kinder hätten jeweils 400.000 € Freibetrag gehabt und die restlichen jeweils 100.000 € mit einem Steuersatz von 11 % versteuert und damit 11.000 € Erbschaftsteuer bezahlt. Und das gleiche hätte sich nach dem Tod von Brigitte Einstein wiederholt, denn auch nach ihrem Tod konnte sie jedem ihrer Kinder einen Freibetrag von 400.000 € verschaffen, sodass beide Kinder nach dem Tod von Brigitte auch jeweils etwa 11.000 € Steuern hätten bezahlen müssen.

Demgegenüber bietet die klassische Variante des Berliner Testaments, so wie von Anton und Brigitte Einstein praktiziert, steuerlich nur Nachteile, denen keinerlei Vorteile gegenüberstehen: Nach Antons Tod erbten Albert und Ernestine nichts. Nach dem Tod der Mutter erbte jedes Kind 1 Mio. €. Den Freibetrag, den sie bei einer Erbschaft nach dem Vater gehabt hätten, konnten sie nach dem Tod der Mutter nicht mehr in Anspruch nehmen, sodass es für jedes Kind bei einem Freibetrag von 400.000 € nach der Mutter sein Bewenden hatte. Auf die restlichen 600.000 € zahlt jedes der Kinder Steuern in Höhe von 15 %, d.h. jeweils etwa 90.000 €.

Der steuerliche Differenzbetrag zum Ergebnis bei optimaler Testamentsgestaltung betrug für beide Kinder zusammen 136.000 €. **Hinzu kam**, dass die Mutter nach dem Tod des Vaters dadurch, dass sie die gesamten 2 Mio. € von Anton erbte, nach einem höheren Erbschaftsteuersatz versteuerte als wenn sie und ihre Kinder jeweils die Hälfte des Vermögens ihres Mannes geerbt hätten. Brigitte musste bei der vorstehenden testamentarischen Regelung nach Abzug der Freibeträge Erbschaftsteuer in Höhe von 236.000 € bezahlen. Hätte Sie durch eine abweichende Regelung nur die Hälfte des Vermögens Ihres Mannes geerbt, hätte sie nach Abzug der Freibeträge nur 27.000 € Steuern bezahlen müssen. Durch die falsche steuerrechtliche Wahl wurde das Familienvermögen daher um 400.000 € mehr reduziert als dies nötig gewesen wäre.

Hinweis: Was für das Berliner Testament gilt, gilt entsprechend auch für die Anordnung einer Vor- und Nacherbschaft: Auch hier muss für den Einzelfall überlegt werden, ob Kinder uneingeschränkt erst Nacherben nach dem Tod des Zweitversterbenden werden oder ob sie eventuell zu einem gewissen Teil des Vermögens bereits nach dem Tod des erstversterbenden Ehegatten als Vollerben eingesetzt werden.

Trotz richtigen Testamentes: Ohne den richtigen ehelichen Güterstand keine optimale Erbfolge (Anekdote 38)

Friedl Piccolis Vater hatte als Kunsthändler Erfolg. Dem kunstsinnigsten seiner Söhne, nämlich Friedl, überließ er Geschäft und Bilder im Wert von 1,5 Mio. €. Da Friedl nicht nur kunstsinnig war, sondern außerdem geschäftstüchtig und darüber hinaus auch den Damen besonders gefiel, verpflichtete ihn der Vater noch auf dem Totenbett, sich nur unter der Bedingung zu verehelichen, dass die zukünftige Gattin mit ihm den Güterstand der Gütertrennung notariell vereinbaren würde.

Dies, so erhoffte sich der Vater, werde seinen Sohn, dem er blendende Geschäfte zutraute, davor schützen, im Fall einer Scheidung die Hälfte des Hinzuerworbenen abgeben zu müssen.

Noch im gleichen Jahr heiratete Friedl Piccoli, nicht ohne vorher den Güterstand der Gütertrennung mit seiner zukünftigen Ehefrau notariell vereinbart zu haben. Anschließend wandte er seine ganze Aufmerksamkeit dem Kunsthandel zu. In den Folgejahren entwickelten sich die Geschäfte prächtig, ebenso seine beiden Töchter. Um Letzteren für den Fall seines vorzeitigen Todes eine gute Aussteuer zu gewährleisten, verfügte Friedl Piccoli in seinem Testament, dass für den Fall seines Erstversterbens seine beiden Töchter jeweils $\frac{1}{5}$ seines Vermögens sofort erben sollten. Die restlichen $\frac{3}{5}$ sollte seine Ehefrau als Vorerbin erhalten und diese $\frac{3}{5}$ sollten dann nach dem Tod der Ehefrau an die beiden Töchter übergehen.

Friedl Piccoli wurde 2011 während einer Auktion von dem mächtigen Rahmen eines herabfallenden Historienbildes erschlagen.

Ohne es zu wissen, hatte Friedl Piccoli durch das Vererben von jeweils $\frac{1}{5}$ seines Vermögens an seine beiden Töchter erbschaftsteuerlich das Richtige getan, denn die beiden Töchter kamen sofort nach seinem Tod in den Genuss von jeweils 400.000 € Freibetrag.

Im Übrigen war Friedl Piccolis Nachlassregelung eine Katastrophe. Allerdings nicht – wie man vermuten könnte – wegen eines desaströsen Testamentes. Vielmehr hatte Friedl Piccoli im Gottvertrauen auf die unendliche Weisheit seines Vaters den in dem notariellen Ehevertrag vereinbarten **Güterstand der Gütertrennung** nie in Frage gestellt, eine Unterlassungssünde, die jetzt seine Witwe (und damit später auch seine beiden Töchter) etwa 800.000 € Erbschaftsteuer kosten sollte. Zu dieser rauen Erkenntnis verhalf Frau Piccoli ein übereifriger Steuerberater, der mit seinen Ausführungen Frau Piccoli ihren Seelenfrieden nahm, ohne dass sie dadurch von ihrer fast 1 Mio. €-Steuerpflicht auch nur einen Cent heruntergekommen wäre. Immerhin, für die bei dem Gespräch anwesenden Töchter mag es eine wichtige Aufklärung gewesen sein:

Angesichts des zwischen den Ehegatten Piccoli vereinbarten Güterstandes der Gütertrennung errechnete sich die Erbschaftsteuerbelastung wie folgt:

Friedl Piccoli hinterließ ein Vermögen von	10.000.000 €
Hiervon erhielten die beiden Töchter jeweils 2 Mio. €, das sind zusammen	./. 4.000.000 €
Damit verblieben für die überlebende Ehefrau	6.000.000 €
Hiervon ist für die Berechnung der Erbschaftsteuer der persönliche Ehegattenfreibetrag in der Steuerklasse 1 abzuziehen	./. 500.000 €
sowie der in unserem Fall bestehende Versorgungsfreibetrag in Höhe von	./. 256.000 €
Damit verblieb ein zu versteuernder Betrag in Höhe von	5.244.000 €
Laut Tabelle ist dieser Betrag mit 19 % zu versteuern, das sind	996.360 €

Gemäß der Vergleichsrechnung des § 19 Abs. 3 EStG ergibt keine Verringerung.

Hätten Friedl Piccoli und seine Frau von Anfang an im gesetzlichen Güterstand der Zugewinngemeinschaft gelebt, so hätte die Rechnung anders ausgesehen:

Wert des Nachlasses von Friedl Piccoli	10.000.000 €
Anfangsvermögen von Friedl Piccoli zum Beginn der Ehe	./. 1.500.000 €
Ergibt einen Zugewinn in Höhe von	8.500.000 €

Im Rahmen des Zugewinnausgleichs hätte also Frau Piccoli,
wenn sie keinen eigenen Zugewinn in der Ehe erwirtschaftet hat,
hiervon die Hälfte, also einen Betrag von $\qquad$ 4.250.000 €
erhalten.

Damit ergibt sich eine ganz andere erbschaftsteuerrechtliche Betrachtung:

Nachlass von Friedl Piccoli	10.000.000 €
abzüglich 2 x ⅕ an die beiden Töchter	./. 4.000.000 €
abzüglich persönlicher Freibetrag	
sowie Versorgungsfreibetrag der Ehefrau	./. 756.000 €
ergäbe einen zu versteuernden Betrag in Höhe von	5.244.000 €

Des Weiteren muss nicht versteuert werden, was im Rahmen
des tatsächlich erwirtschafteten Zugewinns als
Zugewinnausgleich an den Ehegatten zu bezahlen wäre,
das sind im vorliegenden Fall $\qquad$ 4.250.000 €

Damit ergibt sich ein erbschaftsteuerpflichtiger Erwerb
in Höhe von $\qquad$ 994.000 €

Hieraus 19 % gemäß der Steuerklasse 1 $\qquad$ **188.860 €**
(Auch in diesem Falle ergibt sich keine Verringerung gemäß
§ 19 Abs. 3 ErbStG)

Hätte das Ehepaar Piccoli im gesetzlichen Güterstand der Zugewinngemeinschaft
gelebt, hätte es gut 800.000 € an Steuern gespart.

Hinweis: Die Möglichkeit, den Zugewinnausgleich in Höhe von 4,25 Mio. € abzuziehen und damit die Erbschaftsteuer drastisch zu verringern, besteht
sowohl für den Fall, dass der Zugewinn konkret berechnet wird (etwa,
weil Frau Piccoli nicht als Erbin oder Vermächtnisnehmerin eingesetzt
wird oder das ihr Zugewandte ausschlägt), **als auch** für den Fall, dass
der Zugewinn gemäß § 1371 Abs. 1 BGB pauschal mit einem Viertel des

Nachlasses angesetzt wird. Auch in diesem zweiten Fall bleibt der konkrete Zugewinn steuerfrei, nicht die Pauschale von ¼ des Nachlasses. Der Zugewinn wird gemäß den §§ 1373 ff. BGB ohne Berücksichtigung etwaiger abweichender Vereinbarungen zwischen den Ehegatten berechnet und als fiktiver Zugewinn wie ein Freibetrag vom Nachlass abgezogen. Dadurch verringert sich der steuerpflichtige Erwerb und damit auch die Erbschaftsteuer.

Dabei hätte es sogar eine Möglichkeit gegeben, durch Ehevertrag einerseits die Bedenken des Herrn Piccoli senior auszuräumen, andererseits aber Frau Piccoli die Möglichkeit zu erhalten, nach dem Tode ihres Ehemannes in der oben gezeigten Weise Erbschaftsteuer zu sparen. Durch Ehevertrag kann eine sog. „modifizierte Zugewinngemeinschaft" begründet werden, bei der der Zugewinnausgleich nur beim Tode eines Ehegatten, nicht aber bei einer Scheidung zu zahlen ist. Zu Lebzeiten und im Falle der Scheidung sind die Ehegatten dann so gestellt, als lebten sie im Güterstand der Gütertrennung. Wird die Ehe aber durch den Tod eines Ehegatten aufgelöst, so kann der überlebende Ehegatte den Zugewinnausgleich verlangen und somit auch erbschaftsteuerlich geltend machen (siehe hierzu auch Kapitel 16).

Steuerfalle 5

Die größte Steuerchance ist den meisten unbekannt (Anekdote 39)

Der Apotheker Jakob Hart hatte sich durch erfolgreiche Arbeit und Erbschaften ein ansehnliches Vermögen (ca. 7 Mio. €) erworben. Außer diesem hatte er eine Ehefrau und fünf Kinder.

Jakob Hart hatte mit seiner Frau in einem großen Haus auf einem Grundstück direkt am See gelebt; dieses Anwesen war sein ganzer Stolz. Aus gesundheitlichen Gründen (Gicht) zog das Ehepaar später nach Italien (Abbano) und vermietete das Haus.

Jakob Harts Achillesferse war sein Misstrauen gegenüber Frauen. Seine Mutter war mit der Hälfte des väterlichen Vermögens und dem Gärtner

durchgebrannt und so etwas sollte sich in seiner Familie nicht noch einmal ereignen. Jakob Hart hielt daher sein gesamtes Vermögen streng für
sich und lebte im Güterstand der Gütertrennung. So fühlte er sich vor
Vermögensverlusten sicher.

Eben diese folgten nach seinem Tod: In seinem Testament hatte Jakob
Hart seinen Kindern jeweils eine Eigentumswohnung als Vermächtnis
zugewandt, Alleinerbin von ca. 5 Mio. € Vermögen war seine Ehefrau,
die er bestens versorgt wissen wollte. So erfreut diese über die – zugegebenermaßen späte – Großzügigkeit ihres Ehegatten war, so entsetzt war
sie über den Steuerbescheid, der sie zur Zahlung von über 800.000 €
Erbschaftsteuer aufforderte. Hatte ihr Jakob da etwas übersehen?

In der Tat hätte Jakob Hart diese Zahlung großteils vermeiden können. Er hätte
nämlich von § 13 Abs. 1 Nr. 4a ErbStG Gebrauch machen können, indem er im
Güterstand der Gütertrennung oder der Zugewinngemeinschaft seiner Ehefrau zu
Lebzeiten und vor dem Umzug in den Süden das Haus, in dem sie lebten, zumindest zu 50 % überschrieben hätte. Dieses hatte damals einen Wert von 3,5 Mio. €,
was zusammen mit der übrigen Erbschaft dazu führte, dass die Erbschaftsteuer in
der angegebenen Höhe anfiel.

Hätte sich Jakob Hart mit der Frage der Übertragung von Vermögen zu Lebzeiten
befasst, so hätte er bei guter Beratung festgestellt, dass gemäß dem oben zitierten
§ 13 ErbStG lebzeitige Zuwendungen, mit denen ein Ehegatte dem anderen Ehegatten Eigentum oder Miteigentum an einer eigengenutzten Immobilie verschafft,
von der Schenkungsteuer befreit sind. Hätte Jakob Hart seiner Ehefrau später zu
seinen Lebzeiten zumindest die Hälfte der selbst genutzten Immobilie geschenkt,
so hätte seine Ehefrau nur noch die Hälfte des Wertes des Hauses am See versteuern müssen und statt 800.000 € nur ca. 500.000 € an Steuern bezahlt. Weitere
Voraussetzung für diesen Steuervorteil wäre allerdings gewesen, dass Jakob Hart
und seine Frau das Haus am See selbst bewohnt hätten, statt es zu vermieten.

Hätte Jakob Hart zu Lebzeiten das Haus zur Gänze an seine Frau übertragen, so
hätte sie nur noch ca. 140.000 € Erbschaftsteuer bezahlt, also ca. 660.000 € gespart.

Jakob Harts grundsätzliches Misstrauen gegen Vermögensverfügungen unter Ehegatten hatte ihn in eine Falle tappen lassen, die die Familie mehr als eine halbe Mio. € kostete.

Seinem Sicherheitsbedürfnis gegenüber seiner Ehefrau hätte Jakob Hart dadurch Genüge tun können, dass er in den Schenkungsvertrag eine entsprechende Rückfallklausel für die Fälle der Scheidung, der Veräußerung der Villa durch die Ehefrau und ähnliche Situationen hätte aufnehmen lassen.

Fazit: Bei eigengenutzten Immobilien kann die Übertragung auf den anderen Ehepartner zu hohen schenkungs- und erbschaftsteuerlichen Vorteilen führen.

> Frau Hart ließ sich von einem Steuerberater beraten und erfuhr, dass für das geerbte Haus am See keine Erbschaftsteuer angefallen wäre, hätte sie mit ihrem Mann dort noch bis zu seinem Tod gelebt und wäre sie nach seinem Tod noch weitere zehn Jahre nach seinem Tod in dem Haus geblieben.

Diese Ausnahmeregelung, die durch die Reform des Erbschaftsteuerrechts zum 01.01.2009 eingeführt wurde, gilt jedoch nur für die Immobilien, die der Erblasser selbst bis zu seinem Tode als Wohnung genutzt hat und die der überlebende Ehegatte oder die Kinder nach dem Tod des Erblassers selbst zu Wohnzwecken nutzt bzw. nutzen.

Ausnahmen von diese Bedingung gelten nur da, wo der Erblasser vor seinem Tod oder die Erben vor Ablauf der Zehn-Jahres-Frist „aus zwingenden Gründen an der Selbstnutzung gehindert" sind, z.B. weil sie schwer pflegebedürftig werden und in ein Pflegeheim ziehen müssen.

Wenn die Erben die geerbte Immobilie selbst nutzen, fällt hierfür keine Erbschaftsteuer an, ohne dass davon die persönlichen Freibeträge berührt werden (hierzu noch ausführlich in dem folgenden Kapitel „Steuerklassen, Steuersätze, Freibeträge"). Für die Kinder des Erblassers gilt dies jedoch nur für Immobilien bis zu 200 m² Wohnfläche.

Steuervorteile für gleichgeschlechtliche Partner
(Anekdote 40)

Günther Gleich hatte nie geheiratet, sondern lebte schon seit vielen Jahren mit seinem gleichgeschlechtlichen Lebensgefährten Adam Armstark zusammen. Adam Armstark war Jurist und wusste, dass seit dem 1. Januar 2009 Hinterbliebene aus einer eingetragenen Lebenspartnerschaft gleichgeschlechtlicher Partner (Lebenspartnerschaftsgesetz vom 16.02.2001, zuletzt geändert mit Gesetz vom 07.07.2009) wesentlich weniger Steuern zahlen würden als bei Todesfällen bis zum 31. Dezember 2008. Als Günther Gleich im Herbst 2008 schwer krank wurde, schlossen die beiden einen Partnerschaftsvertrag und ließen sich in das Partnerschaftsregister eintragen.

Günther Gleich starb am 20. Januar 2009 und hinterließ ein Vermögen von 500.000 €, das er testamentarisch zur Hälfte an Adam Armstark und zur anderen Hälfte an seine Schwester Helga Gleich vererbte. Als Helga Gleich und Adam Armstark gemeinsam den Steuerberater von Günther Gleich aufsuchten, um sich nach der Höhe der zu zahlenden Erbschaftsteuer zu erkundigen, erfuhren Sie Folgendes:

Was die Schwester Helga Gleich betrifft, so hätte diese vor der zum 1. Januar 2009 gültigen Reform auf ein Erbe von 250.000 € und bei einem Freibetrag von 10.300 € 17 % Steuern auf 239.700 €, d.h. 40.749 € an Erbschaftsteuer bezahlt. Da ihr Bruder aber nach dem 1. Januar 2009 gestorben war, hatte Helga Gleich einen Freibetrag von 20.000 €, so dass sie auf die Summe von 230.000 € nach dem neuen Recht 30 % Steuern, also 69.000 €, bezahlen musste.

Adam Armstark hat nach dem seit dem 1.1.2009 geltenden Recht einen Freibetrag von 500.000 € (!), sodass er auf die von ihm ererbten 250.000 € überhaupt keine Steuern bezahlt.

Die Delikatesse dieses Falles liegt darin, dass das Ergebnis konservativen Wertvorstellungen nicht entspricht: Nach konservativer Sicht – und daher ist diese Regelung politisch umstritten – sollen die nächsten Verwandten bevorzugt werden („Blutsbande"), nicht verwandte Dritte hingegen nicht.

Durch das seit dem 01.01.2009 geltende geänderte Erbschaftsteuergesetz wird – was den Freibetrag betrifft, der gleichgeschlechtliche Lebenspartner dem traditionellen Ehepartner gleichgestellt, so dass er bis zu einer Erbschaft in Höhe von 500.000 € überhaupt keine Erbschaftsteuer bezahlt (für den übersteigenden Betrag bezahlt er allerdings wesentlich mehr Steuern als der Ehepartner, nämlich für jeden über 500.000 € hinausgehenden Euro 30 %). Nach konservativen Wertvorstellungen wird durch diese Regelung die traditionelle Familie (hier: die Schwester) unangemessen benachteiligt.

Wichtig: Der gleichgeschlechtliche Lebenspartner hat – ebenso wie der Ehegatte – das Recht, die selbst genutzte Immobilie kostenlos zu übernehmen (unter den Voraussetzungen, die auch für die Ehepartner gelten, siehe im folgenden Kapitel 21). und er hat auch die gleichen Vorteile bei der Übernahme eines Unternehmens (auch hier ist er dem Ehepartner gleichgestellt).

Steuerklassen, Steuersätze, Freibeträge

Das Erbschaft- und Schenkungsteuergesetz regelt die Steuern, die beim Erwerb durch Schenkungen oder von Todes wegen anfallen. Alle folgenden Ausführungen zur Erbschaftsteuer gelten daher gleichermaßen für die Schenkungsteuer (mit der Ausnahme, dass die steuerfreie Schenkung von Immobilien nur bei Schenkung von selbst genutzten Immobilien unter Ehegatten möglich ist (siehe Anekdote 37).

Im Einzelnen: Die Höhe der Erbschaftsteuer hängt einerseits vom Grad der Verwandtschaft des Erwerbenden zum Erblasser, andererseits von der Höhe des Erwerbs ab.

Besteuert wird jede Art des Erwerbs von Todes wegen, sei es als Erbe, als Vermächtnisnehmer oder in sonstiger Weise aus Anlass des Todes einer Person. Der Erwerb als Nacherbe wird steuerrechtlich als Erwerb vom Vorerben, nicht vom Erblasser, gewertet. Auf Antrag kann aber das Verhältnis zum Erblasser für die Versteuerung zugrunde gelegt werden.

Sie sollten folgende vier Begriffe kennen:

1. Steuerklassen,

2. Persönliche Freibeträge,

3. Besondere Versorgungsfreibeträge,

4. Steuersätze.

> Diese Begriffe sollen anhand des folgenden **Beispiels** veranschaulicht werden: Stefan (45 Jahre alt) erbt von seiner Mutter Marion 480.000 € und deren selbst genutzte 120 qm-Eigentumswohnung.

Zu 1.: Steuerklassen

Das Erbschaftsteuerrecht unterscheidet drei Steuerklassen, gestaffelt nach Verwandtschaftsgrad zum Erblasser. Die Personen der Steuerklasse I zahlen am wenigsten, die Personen der Steuerklasse III am meisten Steuern.

Steuerklasse I

1. der Ehegatte/Lebenspartner nach dem Lebenspartnergesetz,

2. die Kinder und Stiefkinder oder Kind(er) eines verstorbenen (Stief-)kindes,

3. die Abkömmlinge der in Nummer 2 genannten Kinder und Stiefkinder,

4. die Eltern und Voreltern bei Erwerben von Todes wegen.

Steuerklasse II

1. die Eltern und Voreltern, soweit sie nicht zur Steuerklasse I gehören,

2. die Geschwister,

3. die Abkömmlinge ersten Grades von Geschwistern,

4. die Stiefeltern,

5.   die Schwiegerkinder,

6.   die Schwiegereltern,

7.   der geschiedene Ehegatte.

Steuerklasse III
Alle übrigen Erwerber (auch der Lebenspartner) und die Zweckzuwendungen.

Insbesondere:
Die Steuerklassen I und II Nr. 1 bis 3 gelten auch dann, wenn die Verwandtschaft durch Annahme als Kind bürgerlich-rechtlich erloschen ist.

> **In unserem Beispiel:**
> Stefan fällt als Marions Sohn in Steuerklasse I.

Zu 2.: Persönliche Freibeträge
Der Steuerpflichtige muss nicht alles, was er erbt und vermacht oder geschenkt bekommt, versteuern. Von dem erhaltenen Wert darf er die Freibeträge abziehen und muss „nur" den Rest versteuern.

Von dem erworbenen Vermögen ist also zunächst jeweils der persönliche Freibetrag und eventuell auch noch ein besonderer Versorgungsfreibetrag abzuziehen.

Die persönlichen Freibeträge und eventuelle Versorgungsfreibeträge sind abhängig vom Verwandtschaftsgrad des Erben bzw. Beschenkten zu dem Erblasser bzw. Schenkenden:

Steuerklasse I:

1.   Ehegatte/Lebenspartner   500.000 €

2.   Kind oder Kind eines verstorbenen Kindes   400.000 €

3.   die Abkömmlinge der in Nummer 2 genannten Kinder
     und Stiefkinder   200.000 €

4.   die Eltern und Voreltern bei Erwerben von Todes wegen   100.000 €

Steuerklasse II:
Alle Erwerber, also

1.   die Eltern und Voreltern, soweit sie nicht zur Steuerklasse I gehören,

2.   die Geschwister,

3.   die Abkömmlinge ersten Grades von Geschwistern,

4.   die Stiefeltern,

5.   die Schwiegerkinder,

6.   die Schwiegereltern,

7.   der geschiedene Ehegatte/Lebenspartner jeweils   20.000 €

Steuerklasse III:
Alle übrigen Erwerber   20.000 €

Im Dezember 2008 hat die Berliner Koalition eine wahrhafte Sensation zustande gebracht: Zusätzlich (!) zu den deutlich gestiegenen vorgenannten Freibeträgen können die Witwe/der Witwer des Erblassers/der Erblasserin sowie dessen/deren Kinder die selbst genutzte Immobilie des Erblassers/der Erblasserin steuerfrei übernehmen, wenn sie die folgenden Bedingungen erfüllen:

Für Ehegatten und Lebenspartner i.S.d. Lebenspartnerschaftsgesetzes bleibt der Erwerb von Todes wegen steuerfrei, wenn das Familienheim weiterhin selbst genutzt wird. Die Steuerbefreiung entfällt rückwirkend, wenn das Familienwohnheim innerhalb von zehn Jahren nach dem Bewertungsstichtag verkauft bzw. vermietet wird (es sei denn, dass der Erwerber stirbt oder wegen Einstufung in die Pflegestufe III das Familienheim verlassen und in ein Pflegeheim ziehen muss).

Das Erben des Familienheims durch Kinder bzw. durch Kinder Verstorbener Kinder (= Enkel, deren Elternteil bereits vorverstorben ist), ist steuerfrei, wenn dieses selbst genutzt wird und soweit das übergangene Familienwohnheim nicht mehr als 200 m² Wohnfläche hat. Auch hier entfällt die Steuerbefreiung rückwirkend, wenn das Familienwohnheim innerhalb von zehn Jahren nach dem Bewertungsstichtag verkauft bzw. vermietet wird.

Diese Änderung ist aus zwei Gründen eine Sensation: Zum einen wurde sie buchstäblich in letzter Minute in die Gesetzesverhandlungen eingebracht und durchgesetzt. Zum anderen, weil sie Deutschland erbschaftsteuerrechtlich wieder in die Jahre vor 1996 zurückkatapultiert: Bis 31.12.1995 (sie werden sich möglicherweise erinnern) wurden Immobilien zum Einheitswert vererbt. Dies bedeutete in fast 100 % der Fälle, dass der Immobilienerwerb durch Witwer und Kinder erbschaftsteuerfrei war, denn der Einheitswert betrug nur ein Bruchteil des Verkehrswertes. Seit 1996 wurde der kostenlose Erwerb von Immobilienvermögen dadurch versteuert, dass die Immobilie mit ca. 75 % ihres Verkehrswertes angesetzt wurde. Das führte häufig zu hohen Steuerbelastungen für die Witwer, für die Kinder und zwang nicht selten zum Verkauf der Immobilie, um die Erbschaftsteuer bezahlen zu können. Seit dem 01.01.2009 wird zum Zweck der Besteuerung der Wert der Immobilie sogar mit 100 % des Verkehrswertes angesetzt. Das hätte zu noch mehr Notverkäufen geführt, wenn Witwer oder Kinder eine Immobilie geerbt hätten, die darauf entfallende Erbschaftsteuer jedoch nicht hätten bezahlen können. Hier hat der Gesetzgeber – sehr zu recht und Gott sei Dank – in letzter Minute kalte Füße bekommen und das selbst genutzte Familienwohnheim als Grundlage der familiären Existenz vollständig aus der Besteuerung herausgenommen. Im Ergebnis herrscht jetzt wieder der Zustand wie er bereits bis Ende des Jahres 1995 bestand. Herzlich Willkommen in der Vergangenheit und Glückwunsch zu einer weisen Entscheidung!

In unserem Beispiel:
Stefan steht als Sohn der Erblasserin ein Freibetrag in Höhe von 400.000 € zu. Es verbleibt nach Abzug des Freibetrages ein zu versteuernder Erwerb in Höhe von 80.000 €. Wenn er selbst in die Wohnung der Mutter zieht und diese über zehn Jahre lang bewohnt, zahlt er auf den Erwerb dieser Wohnung überhaupt keine Steuer.

Zu 3.: Besondere Versorgungsfreibeträge

Der Ehegatte hat einen zusätzlichen Versorgungsfreibetrag bis zu einer Höhe von 256.000 €. Dieser Versorgungsbeitrag von 256.000 € steht auch dem überlebenden Lebenspartner zu.

Die Kinder haben Anspruch auf einen Versorgungsfreibetrag je nach deren Alter. Diese sind wie folgt gestaffelt:

Erwerber (Kinder bei einem Lebensalter)	Freibetrag
bis zu 5 Jahren	52.000 €
von 6 bis 10 Jahren	41.000 €
von 11 bis 15 Jahren	30.700 €
von 16 bis 20 Jahren	20.500 €
vom 21. bis zur Vollendung des 27. Lebensjahres	10.300 €

In unserem Beispiel:

Stefan kann, da er bereits über 27 Jahre alt ist, keinen Versorgungsfreibetrag mehr geltend machen. Es bleibt daher bei einem zu versteuernden Erwerb in Höhe von 80.000 €.

Zu 4.: Steuersätze

Diese Tabelle zeigt – getrennt nach Steuerklassen – an, welche Steuersätze bei welchem Nachlassumfang anfallen. Diese Tabelle gilt für die Schenkungsteuer ebenso wie für die Erbschaftsteuer.

Wert des steuerpflichtigen Erwerbs bis einschließlich	Sätze nach Steuerklassen in %		
€	I	II	III
75.000	7	15	30
300.000	11	20	30
600.000	15	25	30
6.000.000	19	30	30
13.000.000	23	35	50
26.000.000	27	40	50
über 26.000.000	30	43	50

Dabei ist grundsätzlich der gesamte steuerpflichtige Erwerb nach dem höheren Steuersatz zu versteuern, sobald eine höhere Steuerstufe erreicht wird. Das würde zu Ungerechtigkeiten führen, insbesondere wenn eine Steuerstufe nur knapp über-schritten wird, z.B. wenn 75.001 € zu versteuern wären. Um diese Ungerechtigkeit abzumildern, wird die folgende Vergleichsrechnung durchgeführt (§ 19 Abs. 3 ErbStG). Sie ist zwar ziemlich kompliziert, führt aber zu gerechteren Ergebnissen.

Zuerst wird berechnet, wie hoch die Steuer wäre, wenn der gesamte steuerpflich-tige Erwerb nach dem niedrigeren Steuersatz zu versteuern wäre. Dann wird die Differenz zur Steuer nach dem tatsächlich einschlägigen Steuersatz berechnet.

Diese Differenz ist nur insoweit als Erbschaftsteuer abzuführen, als sie

- bei einem Steuersatz unter 30 %: bis zur Hälfte der Differenz des steuerpflich-tigen Erwerbs zur nächst niedrigeren Steuerstufe,

- bei einem Steuersatz über 30 %: bis zu ¾ der Differenz des steuerpflichtigen Erwerbs zur nächst niedrigeren Steuerstufe

beträgt.

Die zu zahlende Erbschaftsteuer bemisst sich dann nach dem Betrag, der nach dem niedrigeren Steuerbetrag errechnet wurde, zuzüglich der anteilig zu zah-lenden Differenz.

Bei Beträgen, die nur knapp über einer Steuerstufe liegen, ergibt sich hierdurch eine Steuerersparnis. Sobald die Vergleichsrechnung zu keinem niedrigeren Betrag führt, also die Differenz ganz ausgeschöpft oder sogar überschritten würde, so bleibt es bei dem Erbschaftsteuerbetrag nach dem höheren (also eigentlich ein-schlägigen) Steuersatz. Die Erbschaftsteuer erhöht sich durch die Vergleichsrech-nung also nicht noch weiter.

In unserem Beispiel:
Laut Steuertabelle ist der Betrag von 80.000 € in Steuerklasse I mit 11 % zu versteuern. Dies ergäbe eine Steuer in Höhe von 8.800 €. Dies ist der höchste Betrag, den Stefan zahlen müsste.

Weiter ist aber zu untersuchen, um wie viel sich die Steuer dadurch erhöht, dass die nächsthöhere Steuerstufe erreicht wurde. Bei einem Erwerb bis zu 75.000 € beträgt der Steuersatz nur 7 %. Wären die

75.000 € nur mit 7 % zu versteuern, betrüge die Erbschaftsteuer nur 5.250 €. Die Differenz beträgt 3.550 €.

Da der Steuersatz (11 %) unter 30 % liegt, ist nur die Hälfte der Differenz zwischen dem steuerpflichtigen Erwerb (55.000 €) und der nächst niedrigeren Steuerstufe (52.000 €) als Erbschaftsteuer abzuführen.

Stefan muss also zusätzlich zu den 3.550 € bei der Zugrundelegung des niedrigeren Steuersatzes weitere [(80.000 € ./. 70.000 €) : 2 =] 2.500 € zahlen, insgesamt also (5.250 € + 2.500 € =) 7.550 €. Dadurch spart er 700 € gegenüber dem höheren Steuersatz.

Hätte Stefan aber 600.000 € geerbt, so bliebe nach Abzug des persönlichen Freibetrages ein zu versteuernder Erwerb in Höhe von (600.000 € ./. 400.000 € =) 200.000 €. Dieser Betrag wäre in Steuerklasse I ebenfalls mit 11 % zu versteuern. Die daraus errechnete Erbschaftsteuer betrüge 22.000 €.

Wäre der Betrag von 200.000 € nur mit 7 % zu versteuern, dann betrüge die Erbschaftsteuer nur 14.000 €. Die Differenz zwischen diesen Beträgen ist (22.000 € ./. 14.000 € =) 8.000 €.

Die Differenz zwischen dem steuerpflichtigen Erwerb und der nächst niedrigeren Steuerstufe beträgt (200.000 € ./. 75.000 € =) 125.000 €. Die Hälfte hiervon beträgt 62.500 €.

Der Betrag von 62.500 € ist aber wesentlich höher als die Differenz zwischen den Steuern nach den beiden verschiedenen Steuersätzen. Somit bleibt es bei der Erbschaftsteuer in Höhe von 22.000 €.

*„Die 10 Gebote (des alten Testaments) sind deshalb so klar,
kurz und verständlich, weil sie ohne Mitwirkung einer
Sachverständigenkommission entstanden sind"
(Charles de Gaulle)*

Frei nach Moses:
Die zehn Gebote des Erbschaft- und Schenkungsteuerrechts

1. Nicht alles, was steuerlich günstig ist, ist wirtschaftlich sinnvoll. Steuerliche Vorteile können eine Falle darstellen, aus der Sie wirtschaftlich nicht mehr herauskommen.

2. Beim sog. Berliner Testament werden häufig ohne Notwendigkeit steuerliche Freibeträge verschenkt. Im Einzelnen ist zu prüfen, ob dies wirklich notwendig ist.

3. Bei der Vor- und Nacherbschaft fällt die Steuer einmal beim Vor- und einmal beim Nacherben an. Hier ist in jedem Einzelfall zu prüfen, ob eventuell Teile des Vermögens aus der Vor- und Nacherbschaftsregelung herausgenommen und gleich auf die Nacherben vererbt werden können.

4. „Wenn sonst noch genug da ist" kann es sinnvoll sein, dass der Erblasser bereits zu Lebzeiten soviel an die Erben verschenkt, dass diese die alle zehn Jahre neu zur Verfügung stehenden Freibeträge ausschöpfen können. Dies führt zu einer „scheibchenweisen" steuerfreien Übertragung desjenigen Teils des Vermögens, das der Erblasser nicht für die eigene Versorgung benötigt. Aber: vorrangig ist das folgende Gebot Nr. 5:

5. Schenkungen zu Lebzeiten dürfen nur dann und soweit erfolgen, als dem Erblasser auch nach der Schenkung noch genügend zum Leben verbleibt. Die Regel lautet: Versorgung der Erblassergeneration geht vor Steuerersparnis der Erbengeneration.

6. Die steuerlichen Vorteile bei dem Vererben von Immobilien gegenüber anderen Vermögenswerten schwinden zwar, bleiben aber in gewissem Umfang

auch zukünftig bestehen. Die Entscheidung, ob Vermögen in Form von Immobilien vererbt werden soll, wird aber schwieriger und kann nicht mehr pauschal bejaht werden.

7. Die für die Übertragung von Immobilienvermögen bestehenden steuerlichen Vorteile können auch dann genutzt werden, wenn statt einer Immobilie Geld für den Kauf einer ganz bestimmten und zum Zeitpunkt der Geldschenkung individualisierbaren Immobilie geschenkt wird.

8. Die Ehe ohne Trauschein führt im Todesfall möglicherweise zu hohen Vermögensverlusten aufgrund höherer Erbschaftsteuersätze und des Entfallens von Freibeträgen.

9. Der Güterstand bei Ehegatten kann entscheidende erbrechtliche Konsequenzen haben. Der eheliche Güterstand ist in die testamentarischen Überlegungen immer mit einzubeziehen. Möglicherweise ist es für eine optimale Nachfolge nötig, den Güterstand zu ändern.

10. Wenn Unternehmer Vermögen auf die nächste Generation übertragen, dann müssen sie genau überlegen, welche Vermögensteile in Form von Privatvermögen und welche Vermögensteile in Form von Betriebsvermögen übertragen werden sollen. Häufig ist es steuerlich günstiger, vor der Übertragung auf die nächste Generation Vermögensumschichtungen auf das Betriebsvermögen vorzunehmen.

Warum ein Testament nicht genügt

Anekdote 40/I

Rudolf Jäger, von Beruf erfolgreicher Headhunter, hatte mit Hilfe anwaltlicher Beratung ein perfektes Testament gemacht. Als er bei einem Jagdausflug in den USA von einem anderen Jagdgast mit einer Wildsau verwechselt wurde, durchschlug das Projektil seinen Kopf und machte ihn zum debilen Wrack. In weniger vornehmen Kreisen hätte ein herabfallender Dachziegel das gleiche Ergebnis gezeitigt.

Rudolf Jäger erlangte nie wieder das volle Bewusstsein. Er konnte weder sprechen noch sich sonst irgendwie artikulieren; auch war nicht sicher, ob er andere Personen auch nur teilweise verstehen konnte. Er lebte fortan, angeschlossen an eine Reihe von Maschinen, auf der Intensivstation eines Krankenhauses.

Seine Frau Jaqueline, ein früheres Fotomodell, war ihrem Rudolf bei dessen früherer Personalaquisetätigkeit immer erfolgreich zur Hand gegangen. Geschäftlich war sie unerfahren und mit der jetzt eingetretenen Situation vollständig überfordert. Ein eilig zusammengetrommeltes Gespräch zwischen ihr, Rudolfs Rechtsanwalt, seinem Steuerberater und seinem Banker ergab, dass Rudolf Jäger zwar ein perfektes Testament gemacht hatte, dies aber jetzt nichts nützte, weil er nicht tot war. Alles andere, was seine Frau in der jetzigen Situation gebraucht hätte, hatte Rudolf Jäger komplett vergessen.

Die Bankvollmacht

In vielen „traditionellen" Ehen ist es heute noch so, dass der allein verdienende Ehemann der Ehefrau monatlich Bargeld für die Haushalts- und Lebensführung übergibt, ansonsten aber er alleiniger Kontoinhaber ist und die Ehefrau in der

Regel auch keine Vollmacht über dieses Konto hat. Diese hätte Rudolf Jäger seiner Ehefrau übergeben, zumindest aber bei der Bank hinterlegen müssen mit dem Hinweis, dass für den Fall „dass mir was passiert" seine Frau über seine Konten verfügen darf. Das Resultat dieser Unterlassungssünde war, dass die Bank sich – korrekterweise – weigerte, Frau Jäger auch nur einen einzigen Euro auszubezahlen, was Frau Jäger in peinliche Geldnöte brachte.

Richtigerweise hätte Rudolf Jäger seiner Frau sogar eine sog. **Vollmacht über den Tod hinaus** geben müssen: Denn im Fall seines von ihm mit Testament gut vorbereiteten Todes wäre ohne eine solche **Vollmacht über den Tod hinaus** seine Frau wiederum ohne Bargeld dagestanden. Sie hätte erst warten müssen, bis sie einen Erbschein bekommen hätte, eine Prozedur, die sich auch in einfach gelagerten Fällen über Wochen hinziehen kann. Die Vollmacht über den Tod hinaus gibt dem Bevollmächtigten die Möglichkeit, über das Konto auch nach dem Tod des Erblassers zu verfügen, ohne dass die bevollmächtigte Person einen Erbschein vorlegen muss.

Fazit: Die eben erwähnte Bankvollmacht ist das **absolute Minimum**, das für den Fall der Fälle bereitliegen muss.

Die Vorsorgevollmacht

Die sog. Vorsorgevollmacht ist eigentlich eine Generalvollmacht, die für den Fall erteilt wird, dass der Vollmachtgeber infolge unvorhergesehener Umstände, z.B. eines Gehirnschlags oder eines Unfalls in einen Zustand gerät, in dem er nicht mehr geschäftsfähig ist.

In allen erforderlichen Details formuliert benötigt eine solche Vorsorgevollmacht einen Umfang von ca. 1½ Schreibmaschinenseiten. Für den Fall, dass der Vollmachtgeber dem Bevollmächtigten nicht 100%-ig traut, kann er bestimmen, dass der Bevollmächtigte erst dann von der Vollmacht Gebrauch machen darf, wenn der Hausarzt des Vollmachtgebers die Geschäftsunfähigkeit schriftlich attestiert hat.

Hätte Rudolf Jäger in unserem Fall seiner Ehefrau eine solche Vorsorgevollmacht erteilt, so hätte Frau Jäger mit dieser Vorsorgevollmacht auch die Bankgeschäfte ihres Mannes tätigen können, da diese Generalvollmacht auch die Erledigung von Bankgeschäften umfasst.

Eine kleine Variante unseres Falles:

> **Variante:**
> Rudolf Jäger hatte eine sehr konservative Schwester, die ihre Schwägerin als „Model und Schickse und als den Untergang des Abendlandes im Allgemeinen sowie ihres Bruders im Speziellen" bezeichnete. In der festen Überzeugung, dass „dieses blonde Gift" jetzt das beträchtliche Vermögen ihres todkranken Bruders in kürzester Zeit verprassen würde, lief Rudolf Jägers Schwester zum Vormundschaftsgericht und beantragte, dass der Vormundschaftsrichter eine amtliche Betreuung für ihren Bruder einrichten sollte und dass nicht dessen Ehefrau, sondern sie als seine Schwester als Betreuerin ihres Bruders eingesetzt würde.

Mit diesem Schachzug hoffte Rudolf Jägers Schwester, die Vorsorge- und Generalvollmacht ihrer Schwägerin zu unterlaufen. Dies hätte sie möglicherweise dann mit Erfolg tun können, wenn sie hätte nachweisen können, dass ihre Schwägerin tatsächlich zur Ausübung der Generalvollmacht unfähig oder beispielsweise mehrfach wegen (finanzieller) Untreue vorbestraft war.

Weil Querschüsse solcher wohlmeinender Verwandter nie auszuschließen sind, hätte ein guter Berater Rudolf Jäger geraten, neben der sog. Vorsorgevollmacht auch eine sog. **Betreuungsverfügung** zugunsten seiner Ehefrau zu unterzeichnen. In einer solchen Betreuungsverfügung steht – sinngemäß kurz zusammengefasst – folgendes: „Für den Fall, dass ein Betreuungsgericht für mich einen Betreuer einsetzen sollte, soll dieser Betreuer die gleiche Person sein wie diejenige, die ich meiner Vorsorgevollmacht bevollmächtigt habe".

Dies wäre im vorliegenden Fall seine Ehefrau gewesen. Damit hätte Rudolf Jäger gleichzeitig den unredlichen Bemühungen seiner Schwester einen Riegel vorgeschoben, die schon in Jugendzeiten dem System seiner Auswahl von Frauen nach Haarfarbe misstrauisch gegenübergestanden und keine seiner Freundinnen akzeptiert hatte.

Warum denn – so lautet die berechtigte Frage des Laien – soll ich eine Betreuungsverfügung unterzeichnen, wenn ich doch bereits eine Vorsorgevollmacht (Generalvollmacht für den Fall meiner Geschäftsunfähigkeit) gegeben habe? Richtig ist, dass in aller Regel der Bevollmächtigte, dem der Vollmachtgeber vertraut, nach Möglichkeit nicht vom Betreuungsgericht zum Betreuer bestellt werden, sondern – außerhalb des betreuungsgerichtlichen Betreuungsverfahrens – ohne jegliche Aufsicht für den Vollmachtgeber tätig werden soll. Denn die gerichtliche Einsetzung als Betreuer hat den Nachteil, dass Rudolf Jägers Ehefrau unter **betreuungsgerichtlicher Aufsicht** gestanden hätte und dem Betreuungsgericht gegenüber **rechenschaftspflichtig** geworden wäre. Diese Überwachung, die insbesondere dem langjährigen Ehepartner gegenüber ein latenter Misstrauensbeweis und damit eine persönliche Erniedrigung darstellt, kostet ihn im Übrigen auch nur überflüssig Zeit für rechtfertigende Berichte, die in aller Regel nicht nötig sind.

Hätte Rudolf Jäger aber tatsächlich Misstrauen in die verwalterischen Fähigkeiten seiner Ehefrau gehabt, so hätte er gar keine Vorsorgevollmacht, sondern ausschließlich eine Betreuungsverfügung für seine Frau unterzeichnen können: Dann wäre seine Frau seine Betreuerin (d.h. zuständig sowohl für seine finanziellen als auch für seine persönlichen Angelegenheiten) geworden, allerdings hätte sie gleichzeitig unter der Aufsicht des Betreuungsgerichts gestanden.

In jedem Fall hätte Rudolf Jäger durch eine Betreuungsverfügung zugunsten seiner Ehefrau die Attacke seiner Schwester neutralisieren können.

Die Patientenverfügung

Sie wurde früher oft fälschlich als auch „Patiententestament" bezeichnet, was aber irreführend war, da sie mit einem normalen Testament nichts zu tun hat. Vielmehr ist die **Patientenverfügung** eine Art von Vollmacht, in Fällen wie dem vorliegenden Entscheidungen über die Behandlung und das Leben des die Patientenverfügung Unterzeichnenden zu treffen. Ganz kurz formuliert lautet das Herzstück einer solchen Patientenverfügung sinngemäß: „Für den Fall, dass ich so krank sein sollte, dass ich keine Entscheidungen mehr fällen kann und dann auf Dauer so krank bleiben sollte, dass eine Rückkehr in einen bewussten Zustand nicht mehr vorhersehbar ist, so ermächtige ich die folgenden Personen X, Y und Z, darüber zu entscheiden, ob lebensverlängernde Maßnahmen weitergeführt oder abgebrochen werden sollen."

Auch hier ist der Text einer solchen Verfügung wesentlich länger (ca. zwei Schreibmaschinenseiten), sodass die vorstehenden vier Zeilen nur den Grundgedanken einer solchen Verfügung zusammenfassen, diese aber nicht ersetzen können.

In der Praxis wird die Entscheidung über Leben und Tod des Verfügungsgebers von mehreren Personen getroffen: Der in der Patientenverfügung Bevollmächtigte wird eine Entscheidung nicht ohne den ärztlichen Rat fällen. Der Arzt wiederum will nicht wegen Tötung im Gefängnis landen und sich daher der Zustimmung des Betreuungsgerichts versichern und das Betreuungsgericht wird möglicherweise ein zusätzliches ärztliches Fachgutachten einholen. Diese etwas umständliche Prozedur hat den Vorteil, dass sie vorschnelle Entscheidungen verhindert.

Seit 2009 ist dieses Standardprozedere auch in den §§ 1901a und b BGB gesetzlich vorgeschrieben. Das Betreuungsgericht muss nicht zwangsläufig angerufen werden, da angestrebt ist, dass sich Betreuer und Ärzte zum Besten des Patienten einigen. Nur wenn diese keine Einigkeit erzielen können – was wegen der weiter bestehenden Vorsicht und Zurückhaltung vieler Ärzte beim Behandlungsabbruch häufig der Fall sein wird – kann das Betreuungsgericht für eine Entscheidung angerufen werden. Das verbessert in erfreulicher Weise die Rechtssicherheit für den potenziellen Patienten, der vorsorgen möchte, ebenso wie für Angehörige und Ärzte, die sich nun endlich an diesen verbindlichen Vorgaben orientieren können.

Rudolf Jäger hatte eine solche Patientenverfügung nicht gemacht. Dies hätte ihm und seiner Ehefrau viele Jahre persönlicher Tragik erspart, denn obwohl mehrere fachärztliche Gutachten bestätigten, dass mit an Sicherheit grenzender Wahrscheinlichkeit Rudolf Jäger niemals wieder ins Wachbewusstsein zurückkehren würde, gab es keine Grundlage, ihn von den ihn künstlich am Leben haltenden Maschinen abzunehmen. So war es erst im sechsten Jahr des Leidens der Familie Jäger einem betrunkenen Krankenpfleger vorbehalten, versehentlich über das Hauptkabel zu stolpern, dieses aus der Wand zu reißen und somit Rudolf Jäger endgültig zu erlösen.

Fazit: Die Papiere Vorsorgevollmacht, Betreuungsverfügung und Patientenverfügung sollte jede voll geschäftsfähige Person unterzeichnen. Die Angehörigen sollten wissen, wo sich diese Papiere befinden. Wer diese Vollmachten individuell auf seine persönlichen Bedürfnisse abstimmen will, sollte sich beraten lassen.

23 Stiftungen

Deutsche Stiftungen – Gemeinnützig oder für den Stifter ungemein nützlich oder beides? (Anekdote 41)

Als Ralf Kurz an jenem Morgen das auf Stiftungen spezialisierte Anwaltsbüro betrat, war er wie immer gut vorbereitet. Sein persönlicher Referent hatte ihm einen Fragenkatalog vorbereitet, den Ralf Kurz innerhalb der 90 für diesen Termin vorgesehenen Minuten abarbeitete. Ralfs erste Frage war: „Ich will 20 Mio. € in eine Stiftung stecken, die meinen Namen tragen soll. Können Sie mir dabei helfen und wie gehen wir vor?"

88 Minuten später war Ralf Kurz bei seiner letzten Frage angelangt: „Wie ist das Verfahren, wenn ich – sagen wir einmal in fünf Jahren – das Geld wieder brauchen sollte und zurückrufe?"

Als die Antwort lautete, dass bei der von ihm beabsichtigten gemeinnützigen und von der Steuer befreiten Stiftung ein Rückruf des Stiftungskapitals ausgeschlossen sei, reagierte Ralf Kurz überrascht: Es könne doch nicht sein, dass er sein Geld, mit dem er ausschließlich Gutes tun wolle, nicht wieder zurückerhalten könne, wenn er es benötigen würde. Mit dieser Meinung lag er allerdings daneben.

Im Ergebnis entschloss sich Ralf Kurz daher zur Errichtung der mit 5 Mio. € ausgestatteten „Ralf Kurz Stiftung zugunsten behinderter Menschen". Die weiteren 15 Mio. € sollten erst nach seinem Tod in die Stiftung fließen.

Diese kleine Geschichte stößt trotz ihrer Kürze die wesentlichen Punkte an, die potenzielle Stifter interessieren:

1. Stifter wollen in der Regel helfen. Herr Kurz wollte diejenigen unterstützen, die sich nicht selbst helfen können, nämlich behinderte Menschen.

2. Potenzielle Stifter haben häufig den Wunsch, dass die Stiftung auch in der Öffentlichkeit mit ihrem Namen verbunden ist. So wollte auch Ralf Kurz der

Stiftung seinen Namen und damit seinem Unternehmen, der Ralf Kurz Unternehmensgruppe, einen positiven PR-Impuls verschaffen.

3. In der Regel gefällt dem Stifter der Gedanke, dass er und das Ergebnis seines Schaffens auch lange Zeit nach seinem Tod in positiver Erinnerung bleibt. Dieser Gedanke ist nicht nur menschlich verständlich, sondern kann durchaus für die gute Sache von großem Vorteil sein, weil bekannte Namen auch nach dem Tod des Stifters die Anziehungskraft der Stiftung erhöhen und damit den Wirkungsgrad und auch den Spendenerfolg (z.B. infolge von sog. Zustiftungen) verstärken.

4. Stifter haben in der Regel bewiesen, dass sie gut mit Geld umgehen können. Sie überlegen daher – und insofern hat auch Ralf Kurz völlig richtig gefragt – ob sie eingesetztes Kapital auch wieder zurückrufen können. Dies ist in Deutschland bei den gemeinnützig agierenden Stiftungen nicht möglich. Das eingesetzte Kapital wird durch den Stiftungsakt verselbstständigt. Die Stiftung erhält eine eigene Rechtspersönlichkeit. Die gemeinnützige Stiftung übernimmt – wie der Name sagt – gemeinnützige Aufgaben wie z.B. die Unterstützung behinderter Menschen und wird im Gegenzug von der Steuerpflicht befreit. Letzteres führt dazu, dass manche Stiftungen bei gutem Stiftungsmanagement im Laufe der Zeit reicher werden als sie es zu Beginn waren. Angesichts dieser Vergünstigungen soll es aber auch niemandem möglich sein, sein Geld in steuerfreien Stiftungen zu „parken", um es zu einem späteren Zeitpunkt wieder zurückzurufen.

5. Dementsprechend ist es fast die Regel, dass Stiftungsprojekte vom Stifter mit einer großen Summe begonnen werden, die Realisierung sich dann aber zunächst auf einen geringeren Betrag beschränkt, weil Gelder, die eventuell für z.B. die Unternehmensführung später wieder benötigt werden, vorsichtshalber nicht in die Stiftung eingebracht werden. Dieses Verhalten ist wirtschaftlich vernünftig. Möglich ist – und das wird häufig praktiziert – dass der Stifter in seinem Testament verfügt, dass sein nach bei seinem Tod verbliebenes Vermögen zusätzlich in die Stiftung fließen soll.

6. Um nicht durch die eigene Stiftung selbst in wirtschaftliche Schwierigkeiten zu kommen, errichten manche Stifter ihre Stiftung auch erst „von Todes wegen", d.h. dass sie im Testament verfügen, dass die Stiftung nach ihrem Tod errichtet werden und wie sie aussehen soll. Konkret bedeutet das, dass

sich in dem Testament die Stiftungssatzung einschließlich Stiftungszweck etc. befindet. Im Ergebnis ist diese Art der Stiftungserrichtung ebenso wirksam und positiv wie die Errichtung einer Stiftung zu Lebzeiten, hat allerdings zwei Nachteile: Der erste Nachteil ist, dass der Stifter sich nicht mehr zu Lebzeiten an der Errichtung und Arbeit seiner Stiftung erfreuen kann. Der zweite Nachteil ist der, dass der Stifter auf die Arbeit der Stiftung keinen Einfluss mehr nehmen kann und sich und der Stiftung dadurch die Möglichkeit nimmt, dass die Stiftung ihre Arbeit ganz in seinem Sinne aufnimmt. Wegen eben dieser Nachteile rufen die meisten Stifter ihre Stiftung bereits zu ihren Lebzeiten mit einem Teilbetrag ins Leben und statten sie dann per Testament mit ihrem restlichen Vermögen aus.

7. Gemeinnützige Stiftungen profitieren steuerlich von besonderen Vergünstigungen. Sie sind von den Steuern auf die Erträge des eigenen Vermögens befreit; wirtschaftliche Geschäftsbetriebe der Stiftungen profitieren von den Vergünstigungen nur soweit, als die Erträge unter dem Grenzwert (aktuell 35.000 €) bleiben. Ist der wirtschaftliche Geschäftsbetrieb dagegen zur Verwirklichung der gemeinnützigen Zwecke der Stiftung notwendig und tritt nicht in Konkurrenz zu anderen nicht begünstigten Geschäftsbetrieben (sog. Zweckbetrieb), so profitiert auch dieser Betrieb voll von den Steuervergünstigungen.

   Ziel: Es soll nicht der gemeinnützige Stiftungszweck durch Abschöpfungen des Fiskus gefährdet werden.

8. Die klassische deutsche gemeinnützige Stiftung hat nichts mit ähnlich klingenden Einrichtungen anderer Staaten zu tun: so ist beispielsweise die Liechtensteinische Stiftung ein Instrument des privaten Vermögensmanagements und der angloamerikanische Trust wird zwar manchmal für gemeinnützige Aktivitäten, häufig aber auch rein privatwirtschaftlich (so wie etwa eine Aktiengesellschaft) benutzt. Gleiches gilt für ausländische Begriffe wie die französische Fondation oder die englische Foundation. Wer also sein Vermögen beispielsweise von Todes wegen einer ausländischen „Stiftung" zukommen lassen will, weil ihm deren Ziele zusagen, der muss sich vorher unbedingt die Satzung dieser „Stiftung" und deren gesetzliche Grundlagen genauestens ansehen.

9. Auch das deutsche Recht kennt Stiftungen, die nicht oder nicht nur wohltätige Zwecke verfolgen. Als gemeinnützig werden auch solche Stiftungen

angesehen, die (bis zu) ⅓ ihrer Erträge an Familienmitglieder des Stifters (die sog. Destinatäre) ausschütten. Außerdem gibt es Familienstiftungen, die ausschließlich der Versorgung der Familie dienen und dementsprechend auch nicht steuerbegünstigt sind. Diese Familienstiftungen stehen in Konkurrenz zu Stiftungen und Trusts nach liechtensteinischem, österreichischem (etc.) Recht (dazu weiter unten).

Im Einzelnen stehen potenziellen Stiftern – je nach Interessenlage – die folgenden Varianten deutscher Stiftungen zur Verfügung:

a) Die selbständige Stiftung

Die selbständige Stiftung ist ein verselbständigtes Vermögen in der Rechtsform „rechtsfähige Stiftung des bürgerlichen Rechts" (die daneben bestehenden öffentlich-rechtlichen Stiftungen bleiben hier unberücksichtigt, da sie für Privatpersonen in der Regel im Hinblick auf die Vermögensplanung ohne Interesse sind). Diese Form der Stiftung ist in der Praxis die bei weitem Häufigste; in Deutschland existieren zurzeit etwa 14.000 solcher rechtsfähigen Stiftungen bürgerlichen Rechts.

Die klassische gemeinnützige deutsche Stiftung muss ein Stiftungskapital von mindestens 50.000 € aufweisen. Die Erträgnisse aus einem Betrag in dieser Größenordnung lassen naturgemäß Aktivitäten in größerem Umfang nicht zu. In den Fällen, in denen das zu stiftende Vermögen nicht wesentlich größer ist, hat sich das System der Zustiftungen bewährt, wonach sich der Stiftungswillige eine Stiftung aussucht, deren Zweck seinem Ziel entspricht. Dieser Stiftung fügt er dann – zu Lebzeiten oder von Todes wegen – sein Vermögen hinzu. Solche sog. Zustiftungen sind nicht zuletzt deswegen wertvoll, weil durch sie kein zusätzlicher Verwaltungsaufwand und damit keine zusätzlichen Kosten entstehen, sondern sie bereits gut funktionierenden Stiftungen zusätzliches Kapital zur Verfügung stellen.

Große Stiftungen verfolgen zum Teil unterschiedliche Ziele an verschiedenen Orten. Zustifter oder Spender wollen aber häufig nicht die Stiftung als solche, sondern ganz bestimmte Aktivitäten der Stiftung (z.B. „die Betreuung behinderter Kinder an meinem Wohnort") unterstützen. Deshalb haben alle professionellen größeren Stiftungen Systeme entwickelt, die es erlauben, dass Zustiftungen oder Spenden/Zuwendungen ganz genau und ausschließlich an die Stelle gelangen, für die sie bestimmt sind. Diese Möglichkeit fördert die Spendenbereitschaft bzw. die Bereitschaft zur Zustiftung.

Durch die laufende staatliche Aufsicht ist gewährleistet, dass der Wille des Stifters verwirklicht wird. Zur Sicherstellung dieses Zieles ist die Satzung der Stiftung nach der Genehmigung grundsätzlich nicht mehr abänderbar. Demnach können auch die Organe der Stiftung nicht den Stiftungszweck nachträglich abändern oder gar die Stiftung auflösen. Daraus ergibt sich ein hohes Maß an Verlässlichkeit und Zuverlässigkeit, weshalb diese Stiftungsform auch größtes Vertrauen in der Öffentlichkeit genießt. Dies erleichtert u.a. die Einwerbung weiterer Mittel in Form von Spenden oder Zustiftungen.

Gleichzeitig greifen die steuerrechtlichen Privilegien für Körperschaften, die steuerbegünstigte Zwecke verfolgen, ein, so dass gewährleistet ist, dass der Stiftungszweck erfüllt werden kann, ohne dass das Stiftungsvermögen durch Steuerbelastung geschmälert wird. Der Vermögensstamm darf nicht angetastet, d.h. lediglich dessen Erträge (z.B. Zinsen) sowie Spenden und sonstige Einnahmen dürfen für den Stiftungszweck eingesetzt werden.

Fazit: Die rechtsfähige Stiftung bürgerlichen Rechts ist ein geeignetes und zuverlässiges Instrument, um den Stiftungszweck zu erreichen. Allerdings kann die staatliche Aufsicht die Arbeit der Stiftungsorgane nicht unerheblich erschweren. Eine Rückforderung des Stiftungsvermögens ist, wie oben festgestellt, nicht möglich.

b) Die unselbständige Stiftung, sog. Treuhandstiftung

Anekdote 42

Ralf Kurz, dessen Ehefrau vor Jahrzehnten erblindet und vor kurzem verstorben war, wollte vor allem sicherstellen, dass sein umfangreiches Vermögen und dessen Erträgnisse den Sehbehinderten seiner Heimatstadt zugute kämen. Dabei widerstrebte ihm allerdings der Gedanke, eine Stiftung mit umfangreichem Personal und hohem Verwaltungsaufwand zu gründen, die, wie er sagte, ohnehin nur „der Befriedigung der Eitelkeit von egoistischen Heuchlern" diene; Es ging ihm auch nicht darum, seinen „guten Namen" weiterleben zu lassen, als vielmehr darum, nachhaltig soziale Zwecke zu fördern. Zudem wollte er sein Vermögen aus Prinzip nicht der Aufsicht des Staates unterstellen; Noch zu gut erinnerte er sich daran, wie im Dritten Reich die von seinem Großvater ins Leben gerufene Stiftung von Seiten des Staates gegängelt und behindert wurde.

Ralf entschloss sich daher, sein Vermögen dem Deutschen Stifterverband zur Verwaltung zu übertragen, und traf mit diesem eine Vereinbarung darüber, zu welchem Zweck das Vermögen einzusetzen sei.

Anders als bei der zuvor genannten rechtsfähigen Stiftung bürgerlichen Rechts ist eine unselbstständige Stiftung nicht mit eigener Rechtspersönlichkeit ausgestattet; vielmehr überträgt der Stifter das „Stiftungs-"vermögen auf eine Trägerorganisation in Gestalt z.B. einer öffentlich-rechtlichen oder privatrechtlichen Körperschaft, von welcher es treuhänderisch verwaltet wird. Das Vermögen ist von diesem Träger abhängig. Bei der deswegen sog. Treuhandstiftung gibt es kein behördliches Genehmigungsverfahren. Zudem kann eine Treuhandstiftung bereits mit einem geringen Betrag (ab ca. 10.000 €) gegründet werden. Sie untersteht nicht der staatlichen Stiftungsaufsicht und ist hinsichtlich der Organisationsstrukturen wesentlich weniger starr als die selbständige Stiftung.

Ein weiterer organisatorischer Vorteil dieser Stiftungsform ist die Möglichkeit der Nutzung von bereits vorhandenen Organisations- und Verwaltungsstrukturen des Treuhänders. Hierdurch können die Verwaltungskosten erheblich reduziert werden, für den eigentlichen Stiftungszweck steht daher mehr Geld zur Verfügung. Der Stifter kann auch die gesamte Verwaltung der Stiftung dem Treuhänder übertragen.

Trotz dieser Unterschiede zur rechtsfähigen Stiftung bürgerlichen Rechts greifen auch bei der gemeinnützigen Treuhandstiftung die steuerrechtlichen Privilegien für Stiftungen ein; es ist also gewährleistet, dass nicht infolge Abschöpfung durch den Fiskus die Realisierung des Stiftungszwecks gefährdet wird.

Allerdings weist diese Form der Stiftung auch einige Nachteile auf: Die Treuhandstiftung selbst besitzt keine Rechtspersönlichkeit. Dies bedeutet, dass sie nicht selbst Träger von Rechten und Pflichten sein kann. Demnach kann sie auch keine Verträge oder ähnliches schließen, also auch beispielsweise kein eigenes Personal einstellen. Das Stiftungsvermögen bleibt Eigentum des Trägers. Zudem besteht die Gefahr, dass die Stiftung bei Insolvenz des Treuhänders in ihrer Existenz bedroht wird.

Soll eine solche unselbständige Stiftung errichtet werden, sind die Voraussetzungen und Formalien weniger strikt als bei einer selbständigen Stiftung. Es ist darauf zu achten, dass aufgrund des Fehlens einer staatlichen Aufsichtsbehörde die Errichtung eines privaten Kontrollorgans in der Stiftungssatzung festgelegt wird.

Auch bei der Treuhandstiftung ist eine Gründung zu Lebzeiten des Stifters wie auch eine Gründung von Todes wegen möglich und auch hier kann es wieder sinnvoll sein, den Testamentsvollstrecker und Vorsitzenden der Stiftung in einer Person zu vereinen.

Fazit: Das Instrumentarium der Treuhandstiftung kann dann zu empfehlen sein, wenn der Stifter sein Vermögen dauerhaft einem bestimmten Zweck widmen will, ohne dem starren Instrumentarium und der staatlichen Aufsicht zu unterliegen, wie dies bei der selbständigen Stiftung der Fall ist. Allerdings eignet sich die Treuhandstiftung nicht, wenn der Stifter die Ziele der Stiftung nicht nur mit Geld- oder Sachmitteln fördern möchte, sondern die Stiftung selbst operativ tätig werden soll. Denn aufgrund der fehlenden Rechtsfähigkeit ist die Treuhandstiftung zu Aktivitäten im eigenen Namen nicht in der Lage.

c) Stiftungs-GmbH, Stiftungs-GmbH & Co. KG, Stiftungs-AG etc.

Anekdote 43

Ralf Kurz hatte Zeit seines Lebens einen Großteil des Gewinns, den er als Alleingesellschafter der Kurz GmbH erzielte, sozialen Zwecken zukommen lassen. Er wollte sicherstellen, dass dies auch nach seinem Ableben so bliebe, wollte aber das Unternehmen in der Form der GmbH bestehen lassen, d.h. keine klassische Stiftung errichten, damit „der Staat nicht in die unternehmerischen Entscheidungen hineinpfuscht".

Viele im Rampenlicht der Öffentlichkeit stehende „Stiftungen" sind im rechtlichen Sinne solche gerade nicht. So ist beispielsweise die Robert-Bosch-Stiftung im Rechtssinne eine GmbH. Die Rechtsformen der GmbH, der GmbH & Co. KG, der Aktiengesellschaft etc. sind aus dem Gesellschaftsrecht bekannt. Es handelt sich dabei um Kapital- oder Personengesellschaften, deren Grundlage der Gesellschaftsvertrag ist. Diesen Gesellschaftsvertrag kann der bzw. können die Gesellschafter ändern und festlegen, dass mit den Erträgen des Unternehmens z.B. karitative Ziele verfolgt werden sollen. Allerdings kann der Gesellschaftsvertrag durch Gesellschafterbeschluss bzw. Beschluss der Hauptversammlung – insbesondere nach dem Ableben des „Stifters" – erneut geändert werden; die Gesellschafter können sogar die Aufhebung der Gesellschaft beschließen. Dies bedeutet einerseits eine hohe Flexibilität, andererseits aber auch die Gefahr, dass der Charakter der z.B. Stiftungs-GmbH oder Stiftungs-AG als stiftungsähnliche Organisation aufgehoben wird.

Die **staatliche Aufsicht für Stiftungen** greift bei den genannten Stiftungs-GmbHs, Stiftungs-AGs etc. nicht ein. Verfolgen diese Stiftungs-GmbHs usw. zudem einen wirtschaftlichen Zweck und liegt kein sog. Zweckbetrieb (dazu oben unter Aufzählungspunkt 7. dieses Kapitels), unterliegen sie der üblichen Besteuerung wie z.B. der Körperschaftsteuer.

Typisches **Beispiel einer Stiftungs-GmbH** ist die Robert Bosch Stiftung GmbH, die zu dem Zweck gegründet wurde, mit den Erträgnissen der unabhängig agierenden, aber zu 92 % von der Stiftung GmbH gehaltenen Robert Bosch GmbH soziale und humanitäre Zwecke zu verfolgen und entsprechende Projekte auf den Weg zu bringen, zu organisieren und zu fördern. Kuratoriumsmitglieder und Gesellschafter der Stiftung GmbH sind dabei Mitglieder der Familie Bosch, die über die Mittelverwendung entscheiden und so sicherstellen, dass die angestrebten Ziele tatsächlich auch verfolgt werden. Die Robert Bosch GmbH unterliegt dabei als unternehmerisch tätige Kapitalgesellschaft der vollen üblichen Besteuerung; die Robert Bosch Stiftung GmbH profitiert von der steuerlichen Begünstigungen für Körperschaften, welche gemeinnützige Zwecke verfolgen.

Fazit: Da diese Konstruktionen aufgrund der fehlenden staatlichen Aufsicht keine Gewähr dafür bieten, dass der Stiftungszweck tatsächlich dauerhaft erfüllt wird und sie zudem auch nicht in den Genuss der Stiftungs-Privilegien im Steuerrecht kommen, sind sie nur bedingt geeignet, den Anforderungen der Stiftungsidee gerecht zu werden. Vielmehr eignen sie sich insbesondere für operative Tätigkeiten insbesondere zu Lebzeiten des Stifters oder aber dann, wenn durch Vertrauenspersonen als Mehrheitsgesellschafter gewährleistet ist, dass der Stiftungszweck nachhaltig verfolgt werden kann.

d) Stiftungs-Verein

Insbesondere viele der sog. **politischen „Stiftungen"**, so z.B. die Friedrich-Ebert-Stiftung, die Konrad-Adenauer-Stiftung oder die Heinrich-Böll-Stiftung sind keine Stiftungen im rechtlichen Sinne, sondern vielmehr eingetragene Vereine.

Der Vorteil hierbei ist vor allem, dass ein Mindestkapital nicht erforderlich ist. Freilich relativiert sich der Vorteil, wenn man bedenkt, dass zur Verfolgung des Stiftungszwecks eine – oftmals erhebliche – Kapitalausstattung unabdingbar ist.

Auch der Stiftungs-Verein unterliegt keiner staatlichen Stiftungsaufsicht. Strebt der Verein allerdings die Anerkennung als gemeinnützig an, so wird er und seine Tätigkeit durch das Finanzamt überwacht.

Von den **steuerrechtlichen Privilegien für Stiftungen** profitiert ein Verein, wenn er als gemeinnützig anerkannt ist; erforderlich ist, dass der Vereinszweck sich sowohl nach der Satzung als auch in tatsächlicher Hinsicht als gemeinnützig im Sinne von §§ 52 ff. AO darstellt. Zwingend erforderlich ist die sog. Vermögensbindung: In der Satzung ist genau zu benennen, welchen bestimmten juristischen Personen des öffentlichen Rechts oder anderen steuerbegünstigten Körperschaften das Vermögen bei Auflösung des Vereins oder bei Wegfall seines steuerbegünstigten Zwecks zufließen soll (oder alternativ zu welchem bestimmten begünstigten Zweck das Vermögen in diesem Falle verwendet werden soll).

Nach der gesetzlichen Regelung ist ein Verein darauf ausgelegt, dass der Mitgliederbestand stets fluktuiert. Mitglieder können jederzeit beitreten, allerdings auch austreten. Hieraus ergibt sich freilich ein Problem, wenn eine gewisse Kontinuität gewünscht ist. Diese ist nur dann möglich, wenn die Vereinsmitglieder dem Stifter selbst als persönlich zuverlässig bekannt sind; das Recht bietet keine Möglichkeit, die Mitglieder gegen ihren Willen an den Verein zu binden.

Fazit: Auch beim Stiftungs-Verein besteht die Gefahr, dass der Stifter den vorgegebenen Zweck nicht dauerhaft verwirklichen kann. In der Regel wird daher für einen privaten Stifter der Stiftungs-Verein trotz der recht großen Flexibilität und des weiten Spielraums bei der Satzungsgestaltung eher nicht in Betracht kommen.

e) Familienstiftungen

Unter Familienstiftungen versteht man Stiftungen, bei denen die Begünstigten (man spricht von Destinatären) in einem familiären Verhältnis zum Stifter stehen.

Anekdote 44

Ralf Kurz wollte, dass seine Kinder Irene und Ferdinand nach seinem Tode wirtschaftlich abgesichert sein sollten. Allerdings hatte er kein großes Vertrauen in ihr finanzielles Geschick und ihre Zuverlässigkeit, waren doch beide bereits als notorische Spieler bzw. geldvergessene Pferdenarren in Erscheinung getreten. Zudem wollte er verhindern, dass das erfolgreiche Familienunternehmen nach seinem Tode unter den Erben aufgeteilt und dadurch zersplittert würde.

Bei dieser Zielsetzung ist Herrn Kurz zu empfehlen, eine Familienstiftung einzurichten. Hierbei besteht hinsichtlich der Begünstigung ein gewisser Gestaltungsspielraum: Zum einen besteht die Möglichkeit, allen Destinatären die Begünstigung nach einer bestimmten Quote und ohne weitere Voraussetzungen zu gewähren (sog. Unterhaltsstiftung). Zum Zweiten können aber auch die Begünstigungen auf bestimmte Destinatäre begrenzt werden bzw. weitere Voraussetzungen an den Bezug der Begünstigung geknüpft werden. So wäre denkbar, dass Ralf Kurz eine Unterhaltsstiftung einrichtet, bei der beide Kinder zu gleichen Teilen vierteljährlich einen bestimmten Geldbetrag erhalten. Alternativ könnte Ralf Kurz auch bestimmen, dass eine Unterstützung an eines der Kinder nur dann gezahlt wird, wenn dieses unverschuldet in finanzielle Nöte gerät. Es wäre aber auch möglich, festzulegen, dass seine Kinder und deren Abkömmlinge jeweils während ihrer Ausbildung unterstützt werden sollen.

Unterfälle der Familienstiftung sind die sog. **Unternehmensträger-Stiftung** sowie die **Beteiligungsträger-Stiftung**, bei welchen als Destinatäre Familienmitglieder des Stifters eingesetzt werden können. Im ersten Fall wird die Stiftung selbst Unternehmensträgerin, sie betreibt also selbst ein Wirtschaftsunternehmen. Im zweiten Fall hält die Holding-Stiftung an mehreren Unternehmen (meist Mehrheits-) Beteiligungen. Das „gehaltene" Unternehmen existiert rechtlich und tatsächlich unabhängig in eigener Rechtsform unter Führung eines eigenen Managements. In diesem Fall hat sich in der Praxis durchgesetzt, neben den beiden getrennten Führungsebenen des Unternehmens und der Stiftung noch eine dritte Institution einzusetzen, welche beratend und vermittelnd an den Entscheidungen mitwirkt (dieses Gremium wird meist als Beirat oder auch als Stiftungsrat bezeichnet). Holding-Konstruktionen sind auch bei gemeinnützigen Stiftungen, wie am Beispiel der Robert Bosch Stiftung GmbH gesehen, recht gebräuchlich.

Außerdem besteht die Möglichkeit, ein bisher als GmbH geführtes Unternehmen als KG zu führen: Es wird eine Stiftung gegründet und diese Stiftung wird alleiniger persönlich haftender Gesellschafter der KG. Somit entsteht eine „Stiftung & Co. KG". Alternativ ist auch denkbar, anstatt dieser Konstruktion eine Aktiengesellschaft oder eine KG auf Aktien zu gründen.

Zu beachten ist, dass die spezifische Steuerbegünstigung für Stiftungen nur dann auch für Familienstiftungen gilt, wenn diese einen steuerbegünstigten Stiftungszweck erfüllen. Dabei ist es erforderlich, über die Begünstigung der Destinatäre hinaus einen gemeinnützigen Zweck zu bestimmen, welchem die Stiftung primär zu dienen verpflichtet ist. Eine reine Familienstiftung weist dagegen keine besonderen steuerlichen Vorteile auf. Um in den Genuss der Begünstigung zu kommen, darf die Begünstigung der Destinatäre maximal $\frac{1}{3}$ der Erträge der Stiftung (bis zur Enkelgeneration) ausmachen; mindestens $\frac{2}{3}$ der Erträge müssen für gemeinnützige Zwecke verwendet werden.

Ist kein Steuerbefreiungstatbestand einschlägig, so unterliegt die Familienstiftung der Erbersatzsteuer gemäß § 1 Abs. 1 Nr. 4 ErbStG, „sofern sie wesentlich im Interesse einer Familie oder bestimmter Familien errichtet ist". Dies bedeutet, dass das Vermögen der Stiftung alle dreißig Jahre einer Besteuerung nach den Tarifsätzen der Steuerklasse I des Erbschaftsteuergesetzes unterworfen wird; hierbei werden fiktiv zwei Kinder als Erben angenommen und somit zwei Kinderfreibeträge abgezogen. Bei der Unternehmensträger- oder Beteiligungsträger-Stiftung kommt die erbschaftsteuerliche Begünstigung des Betriebsvermögens auch der Familienstiftung zugute.

Fazit: Die Familien-Stiftung stellt eine interessante Möglichkeit zur gezielten Vermögensnachfolge dar. Insbesondere bietet sie eine Alternative zur Dauertestamentsvollstreckung, welche auf 30 Jahre begrenzt ist. Wird neben der Versorgung der Familie auch noch ein sozialer Zweck angestrebt, so bietet die Familienstiftung durch die Möglichkeit, als gemeinnützige Stiftung geführt zu werden, eine attraktive und steuerbegünstigte Gestaltungsform.

f) Gemeinschafts-Stiftungen

Anekdote 45

Nach dem Unfalltod seines Sohnes wollte Ralf Kurz eine Stiftung zur Förderung der Rehabilitation von Verkehrsunfallopfern fördern. Franz Lang, ein Freund von Ralf Kurz und Vater der ehemaligen Freundin von Ralfs verstorbenem Sohn, welche seit dem gleichen Verkehrsunfalls querschnittsgelähmt war, wollte dieses Vorhaben unterstützen. Beide waren der Auffassung, dass sie mit ihrem gemeinsamen Vermögen in einer Stiftung wesentlich mehr Gutes tun könnten als jeder für sich alleine.

Anders als Stiftungen, welche aus einem einzigen Vermögen errichtet werden, werden bei Gemeinschaftsstiftungen mehrere Stifter mit mehreren Vermögen zusammen tätig, um gemeinnützige Projekte (meist in einer bestimmten Region) zu unterstützen. Auf diese Art können auch nicht so umfangreiche Vermögen zusammengeführt und in eine Stiftung eingebracht werden, wodurch sich das Stiftungsvermögen insgesamt zu einer bedeutenderen Größe steigert. Auch kleinere Zuwendungen und Erbschaften können so eine größere Wirkung entfalten. Bringen neue Stifter ihr Vermögen in bereits bestehende Stiftungen ein, spricht man von „Zustiftungen".

Das amerikanische Modell der sog. Community Foundations hat in den letzten Jahren auch in Deutschland verstärkt Anhänger gefunden. In Deutschland wurden in jüngster Zeit verschiedene Bürger- oder Stadtstiftungen gegründet. Diese unterstützen bestimmte Projekte in einer jeweiligen Region; Stifter sind meist (aktuelle oder ehemalige) Einwohner dieser Region. Erste Erfahrungen zeigen, dass dieses Modell äußerst erfolgreich sein könnte. Insbesondere in den Kommunen ist angesichts der angespannten Haushaltslage oft nicht genügend Geld vorhanden, um bestimmte Projekte hinreichend zu fördern oder durchzuführen. Hier greifen diese Stiftungen ein.

Ebenso aus den USA kommt die Idee der Finanzierung durch sog. **Matching Funds**: Hier verpflichtet sich ein Spender, einen Förderbetrag zu entrichten, sofern andere Personen in mindestens gleicher Höhe diesen Betrag entrichten. Anders gesagt: Man versucht, die Spendenbereitschaft zur Aufbringung eines Startkapitals für Stiftungen oder die Bereitschaft zu Zustiftungen dadurch zu erhöhen, dass jeder Spender weiß, dass der von ihm gespendete Betrag quasi doppelt an die Stiftung fließt.

Natürlich profitieren diese Gemeinschaftsstiftungen auch von den sonstigen Privilegien für Stiftungen (siehe oben a)). Ebenso wie bei den „Einzelstiftungen" sind sämtliche oben genannten Rechtsformen denkbar.

Fazit: Reicht das Vermögen eines Stifters voraussichtlich nicht aus, den Stiftungszweck dauerhaft zu sichern, oder soll durch eine höhere Kapitalausstattung eine Stiftung in die Lage versetzt werden, auch größere Projekte in Angriff zu nehmen, bietet sich die Gemeinschaftsstiftung als Alternative zur Einzelstiftung an.

Oft missbraucht, aber nicht verboten: Private Stiftungen in Liechtenstein, Österreich, auf den Bahamas etc.

Anekdote 46

Ralf Kurz wollte seine Nachkommen finanziell absichern, ohne dass diese einen Zugriff auf den Vermögensstamm haben sollten; sein Unternehmen sollte nach Möglichkeit ungeteilt fortbestehen. Zudem war er auch daran interessiert, die Vermögensnachfolge möglichst steuergünstig zu gestalten. Das deutsche Recht schien ihm in dieser Hinsicht keine attraktiven Möglichkeiten zu bieten. Er fragte daher, welche Möglichkeiten es im Ausland gäbe, welche seinen Wünschen besser entsprechen würden.

Insbesondere die Stiftung Liechtensteinischen Rechts genießt hohe Popularität. Dies liegt an ihrer höheren Flexibilität und an ihrem geringeren Startkapital: So ist das Gründungskapital einer liechtensteinischen Stiftung mit 30.000 CHF gegenüber den 50.000 €, welche Voraussetzung der Gründung einer Stiftung nach deutschem Recht sind, erheblich leichter aufzubringen. Zudem kann dieses Kapital in jeder Form aufgebracht werden, so auch beispielsweise in Devisen oder in Sachwerten. Der Gründungsakt ist relativ unkompliziert. Darüber hinaus wird bei der liechtensteinischen Stiftung die Stiftungssatzung nicht veröffentlicht. Es gibt auch keine Beschränkungen hinsichtlich der Begünstigten.

Gemäß Art. 552 Abs. 1 Satz 2 des Liechtensteinischen Personen- und Gesellschaftsrechts können Stiftungen kirchliche, familien- und gemeinnützige Zwecke anstreben. Der Stiftungszweck darf allerdings weder widerrechtlich noch unsittlich sein; ansonsten sind der Stiftung keine Beschränkungen hinsichtlich des Zwecks auferlegt. Die Stiftung darf auch gewerblich tätig sein (Unternehmensstiftung), soweit diese Tätigkeit der Erreichung eines nichtwirtschaftlichen Zwecks (des Stiftungszwecks) dient oder die Art und der Umfang des Stiftungsvermögens eine solche Tätigkeit erfordern. Dabei ist wichtig, dass auch beispielsweise die Versorgung der Destinatäre einer Familienstiftung als nichtwirtschaftlicher Zweck gilt; „wirtschaftlich" wäre ein Zweck nur, wenn gerade die unternehmerische Tätigkeit als solche bezweckt wird, also die Gewinnerzielungsabsicht im Vordergrund steht. Gemeinnützigkeit wird – anders als im deutschen Steuerrecht – nicht vorausgesetzt.

Grundsätzlich entsteht die Stiftung Liechtensteinischen Rechts mit Eintragung im sog. Öffentlichkeitsregister, dem liechtensteinischen Handelsregister. Diese Eintragung ist jedoch entbehrlich, wenn mit der Stiftung allein kirchliche oder Familienzwecke verfolgt werden oder wenn die Genussberechtigten der Stiftung bestimmt oder bestimmbar sind. In diesem Fall reicht die Hinterlegung der Stiftungsstatuten.

Besagte Familienstiftungen und Stiftungen mit bestimmten oder bestimmbaren Genussberechtigten wie auch Stiftungen, welche nur Vermögen verwalten oder Erträgnisse daraus verteilen, unterliegen nicht der staatlichen Aufsicht.

Besonders wichtig ist, dass der Stifter sich bei allen Stiftungsformen in den Statuten den Widerruf oder die Abänderung der Statuten, also sämtliche Rechte eines obersten Stiftungsorgans, vorbehalten kann; eine Abtretung dieser sog. Stifterrechte ist allerdings nach einem neueren Urteil des Fürstlichen Obersten Gerichtshofes nicht mehr möglich.

Am interessantesten sicherlich ist für die Stifter, dass nach liechtensteinischem Recht für eine Stiftung keine Erbschaftsteuer anfällt. Die Stiftungen unterliegen lediglich der Kapitalsteuer in Höhe von jährlich 1 ‰ vom einbezahlten Kapital bzw. investierten Vermögen, mindestens jedoch 1.000 CHF. Für steuerbares Kapital über 2 Mio. CHF ermäßigt sich der Steuersatz auf 0,75 ‰, für Kapital über 10 Mio. CHF auf 0,5 ‰. Gemeinnützige Stiftungen sind in der Regel ganz von der Steuer befreit.

Anekdote 47

Ralf Kurz war von diesen Möglichkeiten, die die liechtensteinische Stiftung ihm bietet, derart beeindruckt, dass er sofort in sein Auto stieg und erst in Vaduz die Autobahn wieder verließ. Bei einem liechtensteinischen Rechtsanwalt ließ er eine Gründungsurkunde für eine Stiftung erstellen und übergab diese zur Verwaltung dem scheinbar kompetenten Rechtsanwalt als Treuhänder. Mit der Stiftung, welche seine Familienangehörigen als Destinatäre vorsah, glaubte er seine Liebsten – insbesondere auch für den Fall eines Konkurses seines Unternehmens – bestens abgesichert.

Befriedigt darüber, einen Weg gefunden zu haben, dem deutschen Fiskus ein Schnippchen zu schlagen, fuhr er nach Deutschland zurück. Umso erschrockener war er einige Monate später, als ihn ein Steuerbescheid seines deutschen Wohnsitzfinanzamts erreichte: Mit dem Steuerbescheid wurde er zur Zahlung einer erheblichen Schenkungsteuer aufgefordert. Die Einlage in die liechtensteinische Familienstiftung war vom deutschen Finanzamt als Schenkung behandelt worden. Als Schenker war Ralf Kurz gemäß § 20 Abs. 1 Satz 1 des Erbschaftsteuer- und Schenkungsteuergesetzes Steuerschuldner.

Eine solche böse Überraschung kann Stiftern tatsächlich drohen. Da die Vermögenswidmung an eine liechtensteinische Stiftung gemäß § 15 Abs. 1, 3. Alternative ErbStG der Steuerklasse III unterfällt, ist die Belastung zudem häufig erheblich: Sie liegt gegenwärtig zwischen 30 % und 50 %. Die Privilegierung für deutsche Stiftungen mit teilweiser Familienbegünstigung gilt für liechtensteinische Stiftungen nicht.

Zwar erfolgt keine Mitteilung über die Errichtung einer Stiftung durch liechtensteinische Behörden an das deutsche Finanzamt. Den deutschen Steuerpflichtigen trifft jedoch die erhöhte Mitwirkungspflicht bei Auslandssachverhalten gemäß § 90 Abs. 2 der Abgabenordnung; bei Sachverhalten mit Auslandsbezug hat er sogar über seine Geschäfte mit nahe stehenden Personen Aufzeichnungen zu erstellen und auf Verlangen dem Finanzamt vorzulegen. Bei Nichtbeachtung drohen Sanktionsmaßnahmen in Form von Strafzuschlägen; im äußersten Fall winkt sogar ein Strafverfahren wegen versuchter oder vollendeter Steuerhinterziehung. Oftmals erfahren die deutschen Finanzbehörden auch aus anderen Quellen oder ganz zufällig von der Anlage von Vermögen im Ausland. So ist zum Beispiel eine Auskunft über Vermögensanlagen in Österreich oder Liechtenstein im Zuge von Rechtshilfeersuchen bei laufenden Ermittlungsverfahren der deutschen Staatsanwaltschaft unter bestimmten Umständen verpflichtend vorgesehen.

In unserem Fall hatte Ralf Kurz verdrängt, dass er seine Ehefrau Raffaela seinem besten Freund, Frank Lang, ausgespannt hatte. Frank seinerseits hatte die Vorgänge von einst nie vergessen und sah nun die Chance gekommen, die Rechnung mit Ralf zu begleichen: Als er von Raffaela im vertraulichen Gespräch von „dieser tollen Geschichte in Liechtenstein" erfuhr, wandte er sich als pflichtentreuer Staatsbürger an das örtliche Finanzamt und machte diesem Meldung über Ralfs Aktivitäten im Alpenstaat.

Wiederum einige Monate später – Ralf Kurz hatte sich kaum von dem Schock des Schenkungsteuerbescheides erholt – flatterte ihm erneut Post vom deutschen Finanzamt ins Haus. Diesmal sollte Ralf Kurz erhebliche Einkommensteuer nachzahlen, weil die von ihm errichtete Stiftung in Liechtenstein im abgelaufenen Jahr erhebliche Einkünfte erzielt hatte. Ralf Kurz war außer sich.

Auch hier hat Ralf wieder zu kurz gedacht. Gemäß § 15 des deutschen Außensteuergesetzes wird das Stiftungsvermögen einer liechtensteinischen Stiftung so behandelt, als ob es nach wie vor Vermögen des Stifters selbst wäre. Von der Stiftung erzielte Einkünfte werden also vom Finanzamt wie eigene Einkünfte des Stifters behandelt!

Variante:

Ralf Kurz war kurz nach dem Eintreffen des Schenkungsteuerbescheides infolge eines Herzinfarktes verstorben. Im darauf folgenden Jahr erhielten seine begünstigten Familienmitglieder zum ersten Mal eine Zuwendung von der liechtensteinischen Stiftung. Kurz darauf flatterten auch ihnen Einkommensteuerbescheide vom Finanzamt ins Haus: Die angeblich erzielten Vermögenserträge der liechtensteinischen Stiftung seien als Einkommen zu versteuern. Zudem sollten die Familienmitglieder – wie sich später herausstellen sollte zu Unrecht – Einkommensteuer für die ihnen als Destinatären gemäß dem Stiftungszweck zugeflossenen Zahlungen der liechtensteinischen Stiftung zahlen.

Auch hier greift der § 15 des Außensteuergesetzes (AStG): Die Destinatäre werden bisher ebenfalls – trotz europarechtlicher Bedenken – von der Zurechnungsbesteuerung des AStG betroffen.

Angesichts dieser Gefahren erheblicher Steuerbelastung ist es ganz wesentlich, die zu errichtende Stiftung korrekt zu strukturieren. Hier bietet sich die Errichtung der liechtensteinischen Familienstiftung als sog. „Ermessensstiftung" an. Diese besitzt lediglich sog. Zufallsdestinatäre als Bezugsberechtigte: Der Stiftungsrat trifft aus diesen Destinatären die Auswahl der Begünstigten autonom und legt die Höhe sowie den Zeitpunkt der Ausschüttung fest. Freilich ist er dabei an die statutarischen Kriterien des Stifters gebunden. Bei einer solchen Struktur tritt keine Zurechnungsbesteuerung zu Lasten der Destinatäre ein, da diese bloße **potenzielle** Bezugsberechtigung kein ausreichender Anknüpfungspunkt für einen Steuertatbestand ist.

Die vom Finanzamt so „großzügig" mit Steuerbescheiden bedachten Familienmitglieder von Ralf Kurz suchten einen Anwalt auf. Sie waren ebenso wütend wie fest entschlossen, sich diese Schikane durch den Fiskus nicht bieten zu lassen. Der Rechtsanwalt untersuchte die Steuerbescheide und stellte fest: Auch das Finanzamt hat einen Fehler gemacht. Er legte noch am gleichen Tage Einspruch gegen die Steuerfestsetzung ein.

Der Fehler des Finanzamts lag vorliegend darin, dass es sowohl eine Besteuerung der Ausschüttungen als Einkommen als auch eine Zurechnungsbesteuerung nach dem Außensteuergesetz vorgenommen hatte. Beide Steuergesetze sind aber nebeneinander nicht anwendbar. Dies bedeutet, dass bei einer Zurechnung des Stiftungsvermögens keine nochmalige Besteuerung der Ausschüttungen als Einkünfte erfolgen darf. Das Außensteuergesetz geht den allgemeinen Steuervorschriften als Spezialgesetz vor.

Nach dem erfolgreichen Einspruch durch den Rechtsanwalt wähnten sich die Familienmitglieder von Ralf Kurz erst einmal auf der Siegerseite, zumal sich nun auch noch herausstellte, dass Ralf tatsächlich seine Stiftung als Ermessensstiftung konzipiert hatte: Eine Zurechnungsbesteuerung nach dem Außensteuergesetz konnte also nicht erfolgen. Die Familie jubilierte: Ein Sieg auf ganzer Linie gegen den „Räuberstaat"!

Doch schon nach wenigen Wochen drohte neuer Ärger. Es war wieder Post vom Finanzamt im Briefkasten! Diesmal handelte es sich um Schenkungsteuerbescheide. Die Empfänger der Zahlungen durch die Ermessensstiftung gemäß dem Stiftungszweck sollten wegen der Unentgeltlichkeit der Zuwendung Schenkungsteuer zahlen. Die Familie von Ralf Kurz suchte sofort wieder ihren Anwalt auf.

Leider war hier das Finanzamt im Recht. Bei einer Zuwendung durch eine Ermessensstiftung liegt eine freigebige Zuwendung im Sinne von § 7 Abs. 1 des Erbschaftsteuer- und Schenkungsteuergesetzes vor. Eine solche Schenkung aber stellt einen steuerbaren Vorgang dar.

Um der unbeschränkten Einkommensteuerpflicht zu entgehen, muss der Wohnsitz ins Ausland verlegt werden. Freilich dürfte dies nur für die wenigsten eine praktikable Lösung sein. Daher ist schon bei Errichtung einer solchen ausländischen Familienstiftung kundiger Rat einzuholen; am besten überlässt man das Gründungsgeschäft ganz einem auf solche Vorgänge spezialisierten Rechtsanwalt oder Steuerberater. Dieser kann dann auch eventuelle Steuerschlupflöcher ausfindig machen und nutzen, ohne dass der Stifter bereits mit einem Bein im Gefängnis steht.

Fazit: Wer eine solche Stiftung nicht im Geheimen errichten, sondern alles ganz offiziell ablaufen lassen möchte, der muss im Zweifel alle Vorgänge dem deutschen Finanzamt bekannt machen. Die ausländische Familienstiftung (die liechtensteinische ebenso wie die schweizerische oder die österreichische) ist dann nur in den wenigsten Fällen ein geeignetes Instrument, um steuergünstig eine vernünftige Vermögensnachfolge zu sichern. Die Errichtung einer solchen Stiftung bedarf jedenfalls der sorgfältigen Planung und Beratung durch auf diesem Bereich erfahrene Steuerberater und Rechtsanwälte.

Tatsächlich werden solche ausländischen Stiftungen teilweise ohne Offenlegung gegenüber den deutschen Behörden als „eiserne Reserve" für die Familie vorgehalten für den Fall, dass es in Deutschland zur Insolvenz kommen sollte.

Andere ausländische Stiftungen

Natürlich stellt die liechtensteinische (ähnlich: die österreichische und schweizerische) Stiftung nur einen kleinen Ausschnitt aller ausländischen „Steuersparmodelle" dar. Es soll hier noch kurz ein weiteres Modell vorgestellt werden, welches immer wieder als Schlagwort auftaucht, wenn es darum geht, eigenes Vermögen (vermeintlich) dem Zugriff durch den deutschen Fiskus zu entziehen: der sog. **Trust**.

Trusts sind Rechtsinstitute überwiegend in Staaten, welche dem angloamerikanischen **Common-Law-Prinzip** folgen. Sie stellen selbständige Vermögensmassen ohne eigene Rechtspersönlichkeit dar, welche von einem **Trustee** verwaltet werden. Dies bedeutet, dass das in einen Trust vom sog. **Settlor**, dem Trust-Gründer, eingebrachte Vermögen in der Regel nicht mehr dem Zugriff des **Settlors** unterliegt. Anders als bei der Stiftung setzt der Trustee häufig auch das übertragene Vermögen selbst (also nicht nur dessen Erträge) für die Erreichung des Zweckes ein.

Die Zielrichtung bei der Errichtung eines Trusts ist in der Regel die gleiche wie bei einer (ausländischen) Familienstiftung: Bestimmte Begünstigte sollen finanziell abgesichert werden, ohne dass die Begünstigten auf das Vermögen selbst Zugriff nehmen können. Gleichzeitig sollen in Deutschland gegebenenfalls erhebliche Steuern eingespart werden. Populär sind Trusts wegen dieses meist beherrschenden Motivs der Steuerersparnis insbesondere in Steueroasen wie z.B. den Bahamas oder auch den britischen Kanalinseln, welche steuerrechtlich autonom sind und auch nur eingeschränkt dem Regelsystem der Europäischen Union unterliegen. Allerdings gestaltet sich auch hier die **Umgehung der deutschen Steuerpflicht** schwierig: Nach einem Urteil des Bundesfinanzhofs aus dem Jahre 1992 kann ein Trust mit Sitz und Geschäftsleitung im Ausland wie eine ausländische Stiftung in Deutschland körperschaftsteuerpflichtig sein. Jeder Zwischenerwerb (so z.B. die Ausschüttung von Vermögen oder von Erträgen aus dem Trust) ist dabei einkommensteuerpflichtig. Ebenfalls sind nach § 7 Abs. 1 Nr. 8 ErbStG Vermögensübertragungen auf den Trust und die konkreten Ausschüttungen der Erbschaft- bzw. Schenkungsteuer unterworfen. Wird also dem Finanzamt die Errichtung eines Trust bekannt, wird dieser ähnlich behandelt wie die ausländische Stiftung (siehe oben). Nur mit fachkundiger Einzelfallberatung ist es gegebenenfalls möglich, diese Steuerpflicht legal zu umgehen. Trusts sind, gerade weil ihnen von der Rechtsordnung des Errichtungsortes ein sehr liberaler rechtlicher Rahmen geboten wird, hochflexible Instrumente, um die gezielte Vermögensnachfolge sicherzustellen. Aufgrund dieser Flexibilität kann auch oft auf die deutschen gesetzgeberischen Versuche, eine umfassende Besteuerung dieser Institute zu erreichen, reagiert werden.

Eben diese Flexibilität bildet jedoch auch die größte Gefahr solcher Gestaltungen: Trusts unterliegen keiner staatlichen Aufsicht, es gibt keinen unantastbaren rechtlichen Rahmen wie die Stiftungssatzung, und da ein Trust nicht selbständig auftreten kann und keine Rechtsfähigkeit besitzt, besteht stets eine Abhängigkeit vom Verwalter, dem Trustee. Vertragliche Vereinbarungen mit diesem Trustee können nur bedingt Abhilfe schaffen, da sie kein vergleichbares Maß an Rechtssicherheit wie eine staatliche Aufsicht bieten. Es besteht allerdings die Möglichkeit, dass der Settlor sich selbst auch als Trustee einsetzt – nur Begünstigte des Trusts müssen zumindest auch Dritte sein!

Anders als Stiftungen müssen Trusts auf eine bestimmte zeitliche Dauer errichtet sein. Häufig wird der Trust daher auf die Lebenszeit des letztversterbenden Begünstigten abgeschlossen; für die anschließende Abwicklung darf der Trust dann noch höchstens 21 weitere Jahre bestehen (in den einzelnen Staaten und Territorien gibt es dazu aber auch andere Regelungen).

Fazit: Auch bei Trusts gilt: Die richtige Struktur und Organisation sind Grundvoraussetzungen für den Erfolg. Anders als bei Stiftungen (auch des ausländischen Rechts) kann auf nachträgliche Änderungen flexibler reagier werden. Bei der Auswahl des Trustees ist besondere Vorsicht und Voraussicht geboten. Steuerlich bietet der Trust nur bei richtiger Gestaltung – und auch dann nicht immer – Vorteile.

24 Unternehmensnachfolge ganz oder teilweise zu Lebzeiten?

Dass die Nachfolge in ein Unternehmen

a) sowohl von Todes wegen

- siehe Kapitel 2, Anekdote 4,

- siehe Kapitel 5, Anekdote 9,

- siehe Kapitel 5, Anekdote 11,

- siehe Kapitel 7, Anekdote 13,

- siehe Kapitel 9, Anekdote 18,

- siehe Kapitel 16, Anekdote 27,

b) als auch unter Lebenden

- siehe Kapitel 10, Anekdote 19,

- siehe Kapitel 18, Anekdote 31,

- siehe Kapitel 18, Anekdote 32

mit Risiken behaftet ist, wurde in den eben zitierten Kapiteln deutlich. Wer ein Unternehmen oder Anteile daran besitzt und ggf. auch die Geschäfte führt, braucht in jedem Fall ein perfektes Testament (siehe dazu insbesondere Kapitel 5, Anekdote 11 sowie Kapitel 7, Anekdote 13), denn auch wenn eine Unternehmensnachfolge zu Lebzeiten geplant ist, so kann der überraschende Tod auf der Überholspur sämtliche Planungen betreffend die Übertragung zu Lebzeiten zunichte machen, wenn es keine sorgfältig ausgearbeitete Alternative für den Todesfall gibt.

Sowohl die Übertragung von Unternehmen von Todes wegen als auch die zu Lebzeiten hat ihre Tücken, ihre speziellen Vor- und Nachteile. Dementsprechend ist das Thema „Unternehmensnachfolge" eines der beliebtesten Themen von Workshops, Berater- und Bankengesprächen und nicht zuletzt auch von Gesprächen im Familien- und Freundeskreis. Das vorliegende Buch enthält nur die **zehn Grund-**

regeln der Unternehmensnachfolge, die der Unternehmer beachten muss, wenn er seine Nachwelt nicht in das Fegefeuer der Konsequenzen seiner falschen Entscheidungen schicken will.

Vor diesen **zehn Regeln** aber ein kurzer Blick auf die **wichtigsten Änderungen**:

- Das geänderte Recht gilt **rechtsformunabhängig**, also sowohl für Personen- als auch für Kapitalgesellschaften. Allerdings greifen die Verschonungsregelungen für Betriebsvermögen nicht, wenn der Erblasser oder Schenker zu 25 % oder weniger an einer Kapitalgesellschaft beteiligt ist und auch kein Poolvertrag mit anderen Gesellschaftern vereinbart wurde. Damit werden die Übernehmer solcher Anteile an Kapitalgesellschaften deutlich schlechter gestellt als die Erben von Anteilen an Personengesellschaften.

- Um die gesetzlichen Vergünstigungen für unternehmerisch genutztes Vermögen zu bekommen, müssen der Erbe und der Erblasser (bzw. der Übergeber und Übernehmer) nicht verwandt sein.

- Unternehmen werden mit dem Verkehrswert angesetzt. Um diese Bewertung zu erleichtern, sieht der Gesetzgeber ein vereinfachtes Bewertungsverfahren vor (siehe Kapitel 3 „Die Bewertung des zu übertragenden Vermögens ist wesentlicher Teil der Nachfolgeplanung – insbesondere die Unternehmens- und Immobilienbewertung").

- Das geänderte Erbschaftsteuer- und Bewertungsgesetz sieht zwei Möglichkeiten der Steuerersparnis vor:

> **Variante I:**
> Bleibt der Betrieb nach der Übernahme (unter Lebenden oder von Todes wegen) mindestens fünf Jahre erhalten, so ist die Erbschaftsteuer lediglich auf 15 % des Unternehmensvermögens zu bezahlen, 85 % bleiben steuerfrei. Die Lohnsummen der fünf Einzeljahre dürfen aber addiert nicht unter 400 % der Ausgangssumme liegen, das Verwaltungsvermögen darf bis zu 50 % des gesamten Vermögens ausmachen.

> **Variante 2:**
> Das gesamte Vermögen bleibt steuerfrei, wenn der Betrieb sieben Jahre fortgeführt wird. Die Lohnsumme muss mindestens 700 % des Ausgangswertes betragen. Das Verwaltungsvermögen darf höchstens 10 % des Gesamtwertes ausmachen.

- Als **Verwaltungsvermögen** gelten zum Beispiel fremd vermietete Immobilien, auch gewerblich genutzte; Wertpapiere, auch wenn sie zur Finanzierung von Pensionsansprüchen als Liquiditätsvorsorgen im Unternehmen gehalten werden; Anteile an Kapitalgesellschaften von 25 % und weniger.

- Die **Lohnsumme** errechnet sich wie folgt: Sie umfasst alle Vergütungen (Löhne, Gehälter und andere Bezüge und Vorteile), die in einem Wirtschaftsjahr an die auf den Lohn- und Gehaltslisten erfassten Beschäftigten gezahlt werden. Nicht berücksichtigt werden Vergütungen an solche Arbeitnehmer, die nicht ausschließlich oder überwiegend in dem Betrieb tätig sind. Als sogenannte Ausgangslohnsumme gilt die durchschnittliche Lohnsumme der fünf Wirtschaftsjahre, die vor dem Zeitpunkt der Entstehung der Steuer endeten. Wenn die Lohnsummenregel nach fünf Jahren 400 % fordert, so ist damit die Summe aller Lohnsummen der einzelnen Jahren gemeint – also beispielsweise 105 % im ersten Jahr + 95 % im zweiten Jahr etc.

- Die Lohnsummenregel gilt ab 20 Beschäftigten. Für Betriebe mit weniger Mitarbeitern wird die Lohnsummenregel nicht angewendet.

- Bei der **Lohnsummenklausel** wird die Betrachtung im Nachhinein durchgeführt: Wird z.B. bei Wahl der Fünf-Jahres-Regel nach dem Ablauf der sieben Jahre festgestellt, dass die Lohnsumme von zusammen 400 % nicht erreicht wird, dann wird eine Nachversteuerung fällig – aber nur insoweit wie die Grenze unterschritten wird. Hierzu folgendes Beispiel: Lag die Lohnsumme in den fünf Jahren vor dem Erbfall bei durchschnittlich 100.000 €, dann wäre der geforderte Wert nach fünf Jahren 400.000 €. Beträgt die Summe nur 300.000 €, so unterschreitet sie den geforderten Wert um 100.000 € oder 25 %, damit entfallen 25 % des ursprünglich gewerteten Verschonungsabschlags von 85 % und führen zu einer Nachversteuerung.

- Wenn ein Erbe die Variante „Fünf-Jahre" wählt, das Unternehmen aber im dritten Jahr verkauft, dann muss er mit folgendem rechnen.

> **Beispiel:** Der Unternehmenswert wurde beim Erbfall mit rund 830.000 € ermittelt. 15 % sind immer zu versteuern, somit bleiben 700.000 €. Dann sind – weil nur zwei der fünf Jahre ordnungsgemäß erfüllt wurden – ³/₇ des Betrages nachzuversteuern. In diesem Fall also 30.000 €.

Soweit die wichtigsten Kernpunkte der Änderungen für die Unternehmensnachfolge.

Die zehn Grundregeln der Unternehmensnachfolge

Regel 1:

Rein steuerlich gesehen ist es gleichgültig, ob der Unternehmensübergang unter Lebenden oder von Todes wegen stattfindet.

Nach bisherigem Recht war die Unternehmensnachfolge zu Lebzeiten des Übergebers steuerlich vorteilhafter als das Vererben und somit in manchen Fällen die einzige Möglichkeit, um den Fortbestand des Unternehmens zu sichern. Seit dem 01.01.2009 ist das „Gesetz zur Reform des Erbschaftsteuer- und Bewertungsrechts (Erbschaftsteuerreformgesetz – ErbStRG) in Kraft getreten. Auch dieses Gesetz unterscheidet nicht zwischen Übertragung von Unternehmen zu Lebzeiten des Übergebers und von Todes wegen. Seitdem wurde durch das Jahressteuergesetz 2010 und das Wachstumsbeschleunigungsgesetz die Unternehmensnachfolge noch weiter erleichtert.

Fazit: Bei der Wahl, ob das Unternehmen zu Lebzeiten oder von Todes wegen übergeben werden soll, sind der Übergeber und Übernehmer **steuerlich** frei.

Regel 2:

Die Übergabe des Unternehmens an die nächste Generation bereits zu Lebzeiten des Erblassers kann (muss aber nicht) dazu führen, dass der Übergang auf die nächste Generation reibungsloser verläuft als dies im Todesfall möglich wäre.

Auch dann, wenn die Übergabe des Unternehmens zu Lebzeiten des Erblassers erfolgen soll, muss ein perfektes Unternehmertestament gemacht werden, denn

- oft wird von einer Unternehmensübergabe zu Lebzeiten über viele Jahre hinweg immer wieder gesprochen, aber nichts in die Tat umgesetzt. In der Zwischenzeit muss die Nachfolge für den Fall eines unvorhergesehenen Todes testamentarisch geregelt sein.

- Auch wenn bereits mit der Unternehmensnachfolge zu Lebzeiten des Übergebers begonnen wird: Unternehmensnachfolgen werden heute häufig über viele Jahre hinweg vorbereitet und durchgeführt, so dass Planungsphase und Ausführungsphase durchaus bis zu zehn Jahren dauern können. **Ergebnis:** Auch hier muss für die Zwischenzeit eine Risikovorsorge durch entsprechende letztwillige Verfügungen getroffen werden. In diesem Testament müssen die wichtigsten Positionen personell besetzt, Schiedsgerichtsklauseln zum Zweck der Vermeidung gerichtlicher Auseinandersetzungen der Erben eingebaut werden etc.

Steht der Übernehmer des Unternehmens bereits fest (z.B. der Sohn), ist er aber noch zu jung, so muss das Testament auch den Fall regeln, dass der Junior das Unternehmen eventuell erst z.B. in zehn oder mehr Jahren übernehmen kann. In solchen Fällen kann das Instrument der Vor- und Nacherbfolge helfen: Hierbei hat der sog. Vorerbe – z.B. ein externer Geschäftsführer – eine Art von Verwalterfunktion, die er nur solange wahrnimmt, bis der Junior ein bestimmtes Alter erreicht hat, in dem er dann die Nacherbschaft antreten und das Unternehmen führen kann.

Regel 4:

Sein Unternehmen zu Lebzeiten zu übergeben sollte nur derjenige Unternehmer, der auch wirklich zum Abgeben innerlich bereit ist, sonst kommt es zu Situationen wie in Kapitel 10, Anekdote 19, wo Sam Eigner durch Schaffung einer Patt-Situation etc. eine für die nächste Generation katastrophale wirtschaftliche Situation herbeiführte.

Regel 5:

Aus dem unter Regel 4 genannten Grund muss die jüngere, das Unternehmen übernehmende Generation darauf achten, nicht Opfer des „Nichtloslassenkönnens" der Übergebergeneration zu werden. Die übernehmende Generation muss erreichen, dass sie das Unternehmen in den wichtigsten Fragen nach ihren Vorstellungen führen kann und zwar ohne dass die übergebende Generation wichtige Entscheidungen blockieren kann. Ist das nicht durchsetzbar, muss sich der Übernehmer fragen, ob er unter diesen Bedingungen „seinen Kopf hinhalten will".

Regel 6:

Der Übernehmer muss vor der Übernahme prüfen, ob er im richtigen, d.h. dem den zukünftigen Zwecken angemessenen ehelichen Güterstand lebt: Zugewinngemeinschaft? Modifizierte Zugewinngemeinschaft? Gütertrennung? Hier können steuerrechtliche, aber auch haftungsrechtliche Faktoren zu einer Änderung des bisherigen Güterstandes zwingen. Je nach Güterstand sind der gesetzliche Erbteil und damit auch der gesetzliche Pflichtteil verschieden groß. Die Frage der richtigen Güterstandswahl ist außerdem abhängig von der jeweiligen Rechtsform des Unternehmens, das übernommen werden soll. Hier kann nichts „über einen Leisten geschlagen" werden. Manchmal fordert die übergebende Generation vom Übernehmer, dass er mit seinem Ehepartner die Gütertrennung vereinbart, damit im Fall einer Scheidung das Firmenvermögen unangreifbar ist. Ähnliche Regelungen können auch für den Erbfall getroffen werden.

Fazit: Keine Unternehmensnachfolge ohne genaue Überprüfung der familien- und erbrechtlichen Konsequenzen und der Frage der Notwendigkeit eines entsprechenden Ehevertrages.

Regel 7:

Im Rahmen jeder Übernahme muss geprüft werden, ob die Übernahme nicht von einer Änderung der Rechtsform des Unternehmens begleitet werden soll. Besonders deutlich wird dies bei der Übergabe von Einzelunternehmen: Hier stellt sich die Frage, ob steuerliche oder haftungs oder sonstige Vorteile die Formumwand-

sinnvoll erscheinen lassen. Kriterien für die Entscheidung dieser Frage sind u.a.:

- Soll eine Haftungsbegrenzung erreicht werden?

- Können eventuell die „weichenden Erben" durch Minderheitsbeteiligungen abgefunden werden?

- Erleichtert die Umwandlung in eine Gesellschaft möglicherweise für den Übergeber die Teilung seines Vermögens in Betriebs- und Privatvermögen?

- Soll durch Errichtung einer Kapitalgesellschaft die Möglichkeit der Abzugsfähigkeit von Geschäftsführervergütungen und die Bildung von Pensionsrückstellungen ermöglicht werden?

- Nach dem geänderten Gesetz ist es möglich, aber eventuell auch nötig, durch eine Umwandlung einer Kapitalgesellschaft in eine Personengesellschaft eine Übertragung von Todes wegen als begünstigtes Vermögen zu ermöglichen. Nach § 13b Abs. 1 Nr. 3 des geänderten Gesetzes werden Beteiligungen an Kapitalgesellschaften nur begünstigt, wenn der Erblasser an der Gesellschaft zu mehr als 25 % unmittelbar beteiligt war. Hintergrund dieser Regelung ist, dass der Gesetzgeber nur den Übergang von Betriebsteilen von aktiven Mitgesellschaftern und nicht einfachen Aktienbesitz als Kapitalanlage begünstigen wollte. Dies führt aber dazu, dass wenn z.B. fünf Geschwister eine GmbH führen, an der sie zu jeweils 20 % beteiligt sind, diese nicht steuerlich begünstigt als begünstigtes Vermögen vererben können. Hier könnte es unter bestimmten Umständen sinnvoll sein, die GmbH in eine Personengesellschaft umzuwandeln. Bei der Personengesellschaft wird lediglich geprüft, ob eine echte faktische Mitgesellschafterstellung vorliegt. Eine Mindestbeteiligung gibt es für Personengesellschaften nicht.

- Soll aus z.B. steuer- oder haftungsrechtlichen Gründen eine Aufteilung des Einzelunternehmens in eine Besitz- und eine Betriebsgesellschaft vorgenommen werden? Hier allerdings muss darauf geachtet werden, dass sich nicht der übergebende Teil die Besitzgesellschaft vorbehält und damit die Aktivitäten der Betriebsgesellschaft blockiert (siehe Kapitel 10 „Unternehmerische Todsünde").

Regel 8:

Häufig ist für die erfolgreiche Fortführung des Unternehmens entscheidend, dass das Unternehmen nicht durch Zahlungen an die übergebende Generation stranguliert wird. Andererseits muss vitalen Bedürfnissen, insbesondere auch den Sicherungsbedürfnissen der älteren Generation Rechnung getragen werden. Um hier den gerechten Ausgleich zu schaffen, sind im Einzelfall die verschiedenen zur Verfügung stehenden Grundtypen der Leistungen an die ältere Generation zu prüfen und gegebenenfalls miteinander zu kombinieren:

- Einmalzahlung,

- Ratenzahlungen,

- Versorgungsleistungen (Rentencharakter),

- Ausgleichsleistungen an Dritte (z.B. an weichende Erben),

- Übernahme von Verbindlichkeiten,

- Monatliche Rentenzahlungen in Verbindung mit Zusatzzahlungen in Zeiten besonders positiver Geschäftsentwicklung.

Sämtliche Fragen, insbesondere die der Rechtsform, der Übertragung sowie die Gegenleistung können immer nur unter gleichzeitiger Berücksichtigung der steuerlichen Fragen entschieden werden. So macht es wenig Sinn, wenn der Übergeber 10 Mio. € verlangt, hiervon die Hälfte aber an den Fiskus abliefern muss. **Mit anderen Worten: Zahlenspiele ohne gleichzeitigen Steuercheck sind nutzlos.**

Regel 9:

Meistens peinlich vermieden wird in den Gesprächen zwischen der übergebenden und der übernehmenden Generation die Frage, was passieren soll, wenn die Unternehmensübergabe zu Lebzeiten aus irgendwelchen Gründen schief geht, z.B.:

- Der Sohn wird krank und kann die Firma nicht mehr fortführen.

- Der Sohn kommt mit dem Vater nicht zurecht und will die Firma nicht mehr fortführen.

- Der Sohn wird von den Mitarbeitern des Unternehmens abgelehnt und es entsteht ein Führungsvakuum.

Die Reihe solcher denkbaren Möglichkeiten ist lang. Wichtig ist die offene Diskussion über Alternativen in solchen Fällen. In Kapitel 18, Anekdote 32 wurde dargestellt, dass Widerrufsvorbehalte das mit der vorgezogenen Unternehmensübergabe verbundene Risiko in gewissem Umfang mindern können. Aber auch Verträge, in denen sich die übernehmende Generation dazu bereit erklärt, für bestimmte Fälle eine Fremdgeschäftsführung zu akzeptieren und sich dann auf die Inhaberstellung zurückzuziehen (oder ähnliches) sind denkbar. Jeder Unternehmer sollte die Schwachstellen in der Firmen- und Psychostruktur der Familie kennen und die entsprechenden schriftlichen Vorbehalte und Alternativen mitregeln, die nie zu einer Blockade der unternehmerischen Entfaltung der übernehmenden Generation führen dürfen. So würde beispielsweise die Klausel in einem Übergabevertrag

„Der Übergeber kann die Übertragung jederzeit widerrufen und das Übertragene zurückzufordern"

dem Übernehmenden jegliche Motivation nehmen. Dagegen würde die Formulierung

„Für den Fall, dass es dem Übernehmer nicht gelingt, innerhalb von fünf Jahren …, so ist der Übergeber berechtigt, das übertragene Unternehmen zurückzufordern"

dem Übernehmer u.U. einen wichtigen Impuls und eventuell positiven Druck geben, ohne das er Angst haben muss, dass der Übergeber nach Belieben das bereits Übertragene wieder zurückverlangen kann.

Wenn man auch mit solchen Vorbehalten und Regelungen für den Fall des Nichtgelingens den Teufel an die Wand zu malen scheint, so ist dies doch immer noch besser, als wenn in Fällen, in denen dieses delikate Thema nicht geregelt ist, es zu jahrelangen Streitigkeiten um die Frage „Darf der Vater vom Sohn das Unternehmen zurückverlangen?" und damit meistens zum Untergang des Unternehmens kommt (s. Kapitel 18, Anekdote 32). Wie in vielen klugen Veröffentlichungen gefordert, sollte ein Unternehmensübergang zu Lebzeiten mit einer mehrjährigen Planungsphase beginnen, dann der Nachfolger das Unternehmen übernehmen und dieser dann in einer ebenfalls mehrjährigen Übergangsphase vom Übergeber begleitet werden und erst dann der Übergeber vollständig aus der Firma ausscheiden. Die emotionalen Bedingungen insbesondere in Familienunternehmen machen solche „weiche Übergaben" häufig unpraktikabel. Nichtsdestoweniger gilt: Je besser die Planung – und vor allen Dingen: je deutlicher vorher alles besprochen und geregelt wurde – desto besser das Ergebnis. In jedem Fall – ob eine Unternehmensübergabe von der Idee bis zum Abschluss nun drei, fünf oder zehn Jahre dauert – gilt: Die Transaktion muss von Anfang an durch ein Unternehmertestament abgesichert sein, in dem für den unvorhergesehenen Todesfall die wichtigsten Eckpunkte der Unternehmensnachfolge ausführlich und glasklar geregelt sein müssen. Wer das nicht tut, versündigt sich nicht nur an seinem Nachkommen („adieu Familienfriede"), sondern auch am Unternehmen.

Regel 10:

Wer sein Unternehmen zu Lebzeiten verschenkt, muss wissen, dass er Schenkungsteuerschuldner ist, nach den gesetzlichen Regelungen im alten und auch im neuen Erbschaftsteuerrecht haftet der Schenker neben dem Beschenkten gesamtschuldnerisch für die entstandene Schenkungsteuer. Das gilt auch für Nachversteuerungen! Dies kann für den Schenker innerhalb der Behaltensfristen von fünf oder sieben Jahren sehr unangenehme Folgen haben: Wird beispielsweise das geschenkte Unternehmen und mit ihm der beschenkte Insolvent, so liegt nach der bisherigen Rechtsprechung eine für die Behaltensfristen schädliche Betriebsaufgabe vor. Kommt es dann innerhalb der Behaltensfristen zu einer Nachversteuerung, so kann sich das Finanzamt am Schenker schadlos halten.

Auswanderung als Lösung?

Heim ins Reich (Anekdote 48)

Adolf Amberger hatte sich einen gut gehenden Automobilzuliefererbetrieb in Aschaffenburg aufgebaut. Seine drei Kinder, allesamt Skifanatiker, schickte er – ihrem Wunsch entsprechend – zum Studium nach Innsbruck. Als Adolf Amberger am 11. März 2011 nach den Spätnachrichten in seinen Porsche stieg, um seine Kinder am nächsten Morgen zum Frühstück mit seiner Anwesenheit in Innsbruck zu überraschen, kam er niemals in Innsbruck an.

Seine drei Kinder hofften, dass sie nach österreichischem Recht erben könnten, was für sie steuerlich sehr viel günstiger gewesen wäre. Schließlich, so meinten sie, hätten sie ja schon zwei bzw. drei bzw. vier Jahre lang in Österreich gelebt.

Entgegen der Hoffnung der drei Kinder kommt für das Aschaffenburger Unternehmen das deutsche Erbschaftsteuerrecht zur Anwendung. Um nach österreichischem Recht eventuell steuerfrei zu ver/erben, müssen sowohl Erblasser als auch Erben zum Zeitpunkt des Erbfalls mindestens fünf Jahre in Österreich gelebt haben und selbst dann unterliegt das sogenannte Inlandsvermögen weiterhin der deutschen Steuer. Hierzu gehören beispielsweise Anteile des Erblassers an inländischen Personengesellschaften und an inländischen Kapitalgesellschaften von mindestens 10 % sowie inländisches Grundvermögen. Nach entsprechender Auskunft des Steuerberaters entschlossen sich die drei Kinder spontan das Unternehmen ihres Vaters zu verkaufen, um die deutsche Erbschaftsteuer bezahlen zu können. Als kurz darauf die Krise der Automobilzulieferer eintraf, begriffen die Kinder, dass sie trotz allem in letzter Minute ein gutes Geschäft gemacht hatten.

25 Wenn das Kind in den Brunnen gefallen ist – Wann der Erbenstreit zu Gericht getragen werden sollte und wann besser nicht

Anekdote 49

Beruflich hatte der Medienberater Klaus Altmann seinen Kunden die hohe Kunst der Kommunikation beigebracht. Jedoch konnte er das, was er den anderen predigte, selbst nicht umsetzen: Der Kontakt zu seiner Familie war abgebrochen und nicht mehr wiederzubeleben. Klaus lebte in den USA, der Rest der Familie in Deutschland. Als die Eltern verstarben, stellte sich heraus, dass sie Klaus testamentarisch auf den Pflichtteil gesetzt hatten. Alleinerbin wurde seine Schwester Sigrid.

Klaus Altmann störte dies nicht, denn das ihm zustehende ¼ des bedeutenden elterlichen Vermögens hätte nach Klaus Altmanns Berechnungen so groß sein müssen, dass ein sorgenfreies Leben seinerseits garantiert war.

Klaus Altmann schrieb seine Schwester an und forderte sie auf, ihm über das Vermögen der Eltern Auskunft zu erteilen und ihm den entsprechenden Pflichtteil auszubezahlen. Seine Schwester schickte ihm eine sehr detaillierte Aufstellung über Immobilien, Konten, Beteiligungen etc., als deren Ergebnis zu lesen war, dass Klaus einen Anspruch auf 1,5 Mio. € hatte. Klaus sah rot. Er war sicher, dass das Vermögen seiner Eltern mindestens 20 Mio. € betragen hatte, die Prahlerei seines Vaters gegenüber seinen Freunden waren ihm noch bestens in Erinnerung.

Im jähen Zorn rief Klaus seine Schwester Sigrid an und verlangte von ihr rückhaltlose Offenlegung sämtlicher Vermögenswerte. Sigrid entgegnete ihm sachlich, dass sie von mehr als dem, was sie ihm berichtet hatte, nichts wüsste und ihm daher auch keine weitergehenden Auskünfte geben könne. Sollte er, Klaus, sich noch an irgendwelche anderen Vermögenswerte erinnern, so sei sie ihm durchaus dankbar, denn ¾ davon würden ja auch ihr zugute kommen. Da nun aber Klaus zwar viel väterlicher Prahlerei, aber keine konkrete Angaben im Kopf hatte, musste er passen.

Am nächsten Morgen ging er zum Anwalt, damit dieser im Rahmen einer sog. Auskunftsklage aus Sigrid sämtliche ihr zur Verfügung stehenden Informationen herauspressen sollte. Die Klage wurde abgewiesen. Klaus verstand die Welt nicht mehr. Was war geschehen?

Die geschilderte Konstellation kommt in fast jedem Erbfall vor und kann – mit einigen Einschränkungen – durchaus auch auf das Verhältnis von Miterben untereinander übertragen werden. Immer geht es darum, dass einer der Erben die Informationen über die Vermögensverhältnisse des Erblassers in Händen hat, diese aber nicht an die anderen Miterben oder die pflichtteilsberechtigten Personen herausgibt.

Die solcherart an der Nase Herumgeführten geraten in Weißglut und häufig an den falschen Anwalt, der ihnen nicht die ganze Wahrheit auftischt.

Diese besteht nämlich darin, dass die Aussichten, einen solchen Auskunftsprozess zu gewinnen, in jedem Einzelfall sehr vorsichtig und sorgfältig geprüft werden müssen, damit man sich nicht – wie Klaus – eine gerichtliche Abfuhr holt.

Hat nämlich eine auskunftsverpflichtete Person Auskunft erteilt, so gilt diese zunächst als vollständig. Nur wenn die klagenden Miterben oder Pflichtteilsberechtigten nachweisen können, dass die auskunftsverpflichtete Person wesentliche Vermögensteile unterschlagen hat, kommt sie bei Gericht in Verdacht. Nun ist es aber gerade für die außenstehenden Miterben – insbesondere wenn sie, wie in unserem Fall Klaus Altmann – „weit vom Schuss leben", häufig so gut wie unmöglich, dem Auskunftsverpflichteten irgendeine vorsätzliche Unterschlagung von Informationen zu benennen, geschweige denn zu beweisen. Gelingt ihnen dieser Beweis trotzdem, so kann sich der Auskunftsverpflichtete dadurch aus der Affäre ziehen, dass er mitteilt, er habe von diesen Vermögenswerten nichts gewusst und – auf entsprechende gerichtliche Anforderung – eine eidesstattliche Versicherung abgibt, dass nunmehr das Vermögensverzeichnis alles beinhalte, was er selber wisse.

Weitergehende Auskünfte können die Auskunftsberechtigten naturgemäß nicht erhalten, es sei denn, dass sie die Existenz weiterer Vermögensteile nachweisen können. Wie unschwer zu erkennen ist, sind sie aber dabei immer selbst in der Beweislast, was bei Personen wie Klaus, die ihre Eltern über Jahre hinweg nicht mehr gesehen haben, in aller Regel zum Prozessverlust führt.

All diese Schwierigkeiten können mit Detektiven, Auskunfteien, kooperations-willigen Bankern, Grundbuch- und anderen Registern teilweise aus dem Wege geräumt werden. Hat sich der Auskunftsberechtigte auf solche Weise ein Bild von seinen Chancen gemacht, kann er bei entsprechenden Aussichten den Prozess führen. Wer solche Vorbereitungen nicht trifft und schnurstracks in den Prozess marschiert, riskiert eine herbe Abfuhr und hat dann zum Schaden auch noch den Spott.

Fazit: Erbstreitigkeiten können sich über Jahre hinziehen, werden mit steigendem Instanzenzug immer verbitterter geführt und irgendwann geht es nicht mehr ums Geld, sondern nur noch ums Prinzip. Eine sorgfältige Aufarbeitung des Sachverhalts und eine genaue Expertise über die Erfolgsaussichten eines Erbstreites sollte sich jeder auch noch so ungerecht behandelte Erbe oder Pflichtteilsberechtigte einholen, bevor er losschlagen lässt. Alles andere kostet ihn ein Vielfaches an Geld, Nerven und Lebenszeit.

26 Faites vos jeux – Die letzten Spiele des Lebens sind noch nicht gemacht

Im Leben erfolgreich, in den letzten Dingen Versager?
Anekdote 50

Richard Ackermann war im Geschäftsleben erfolgreich und hart gewesen. Privat war er ein Seelchen und benötigte Trost zu jeder Tages- und Nachtzeit. Gleichzeitig war er von tiefem Misstrauen zersetzt und überzeugt, dass alle Freunde und Verwandte es nur auf sein Geld abgesehen hätten. Angesichts dieses Psychogramms konnte er sich zu keinerlei Testament durchringen, sondern spielte sein Spiel mit dem Hoffen und Bangen der ihn umgebenden Personen. Sich der Bösartigkeit seines Treibens bewusst, ließ Richard Ackermann auf dem Totenbett nach dem Notar rufen und vermachte alles der Kirche in der Hoffnung auf Absolution und mit dem Hinweis, dass die für ihn jährlich zu lesende Messe nicht mehr kosten solle als unbedingt erforderlich.

Die Menschen um ihn herum, die ihn wirklich geliebt hatten, fanden sein Verhalten nur noch peinlich, die Spekulanten unter seinen Freunden verwendeten das Wort „schäbig", einig waren sich alle darin, dass Richard Ackermann menschlich ein Versager war.

Wem diese Geschichte unrealistisch erscheint, sollte noch einmal sein Gedächtnis befragen. Diese Geschichte ist die Regel. Über die Hälfte aller Deutschen sterben, ohne ein Testament gemacht zu haben. Zurück bleiben Menschen, die sich früher mochten und nach dem Tod des Erblassers zu erbitterten Feinden werden und diejenigen, die am Ende solcher jahrelanger Streitigkeiten gewinnen, verlieren einen Großteil davon wieder dadurch, dass sie unnötig viel Steuern bezahlen müssen.

Zusammengefasst lässt sich feststellen, dass der größte Teil der Bevölkerung (Leser sind wie üblich natürlich ausgenommen) sich das Leben durch die Jagd nach materiellen Gütern zur Hölle macht, um dann anschließend den Nachfolgenden durch fehlende oder schlechte Regelungen das Leben ebenfalls zur Hölle zu machen. Das Motto „Nach mir die Sintflut" hatte schon in Frankreich nichts als Mord und Totschlag zur Folge.

Die Beispiele dieses Buches sollen dazu anregen, es besser zu machen. Wem seine Nachkommen gleichgültig sind, sollte zumindest so viel posthumen Geiz aufbringen, dass er ein für die Erben steuerlich vorteilhaftes Testament aufsetzt. Familien mit „Sorgenkindern" sollten verstanden haben, dass sie für ihre Kinder unendlich viel Gutes tun, ihnen aber durch Nichtstun auch unendlich schaden können.

Dass weniger als 10 % aller Deutschen ein Testament machen (und davon auch noch die meisten falsch sind, d.h. häufig das Gegenteil von dem bewirken, was sie sollten) liegt ganz einfach daran, dass wir nicht bereit sind, souverän die Tatsache unserer eigenen Sterblichkeit anzuerkennen. Dass uns eben diese meist genau in dem Zeitpunkt einholt, wenn wir sie am wenigsten gebrauchen können, ist eine alte Weisheit. Dass aber Testamente auf dem Totenbett (von tödlichen Unfällen ganz zu schweigen) ebenso wie in emotionalen Stresssituationen geschriebene Testamente häufig nicht sehr viel besser sind als wenn überhaupt keines geschrieben worden wäre, müsste auch einleuchten. Die sorgfältige Beratung und Vorbereitung eines Testamentes muss genau so ernst genommen werden wie jeder geschäftliche Vorgang zu Lebzeiten. Wer dies nicht tut, versündigt sich an den Seinen, seinem eigenen Nachruf und macht lediglich dem Fiskus „das Geschenk seines Lebens".

Abschreibung

Steuerliche Geltendmachung einer Wertminderung, die sich in der Regel über mehrere Jahre hinzieht.

Abschreibungsgesellschaft

Eine Personengesellschaft, die mit dem Ziel gegründet wird, ihren Mitgliedern Verluste zuzuschreiben, die steuerlich gegen Gewinne aus anderen Quellen aufgerechnet werden können. So vermindert sich das zu versteuernde Einkommen.

AfA (Absetzung für Abnutzung)

→ Abschreibung.

Altenteil

→ Leibgeding.

Auflage

Die in einer → letztwilligen Verfügung festgelegte Verpflichtung eines → Erben oder → Vermächtnisnehmers zu einem Tun, Dulden oder Unterlassen, ohne dass der eventuell Begünstigte ein Recht auf diese Leistung zugewandt bekommt.

Auseinandersetzung des Nachlasses

→ Erbauseinandersetzung.

Auseinandersetzungsverbot

In einer → letztwilligen Verfügung enthaltene Anordnung, die es den Erben verbietet, den → Nachlass auseinanderzusetzen. Das Verbot kann nur einen bestimmten Nachlassgegenstand, einen Teil des Nachlasses oder den gesamten Nachlass betreffen. Das Auseinandersetzungsverbot ist eine → Teilungsanordnung mit negativem Inhalt. Die → Erben können sich einverständlich über den Willen des → Erblassers hinwegsetzen. Dies kann der → Erblasser aber verhindern, indem er einen → Testamentsvollstrecker einsetzt.

Auseinandersetzungsvollstreckung

→ Testamentsvollstreckung.

Ausschlagung

Die Erklärung einer als → Erbe berufenen Person gegenüber dem → Nachlassgericht, die → Erbschaft nicht annehmen zu wollen. Diese Erklärung ist innerhalb von sechs Wochen ab Kenntnis vom Anfall und vom Grund der Berufung abzugeben.

Außensteuerrecht

Steuerrechtsnormen nationalen Ursprungs, die auf Sachverhalte mit Auslandsbezug Anwendung finden. In Deutschland im Außensteuergesetz geregelt.

Baisse

Fallende Börsenkurse. Gegenteil: → Hausse.

Bankvollmacht über den Tod hinaus

Vollmacht des → Erblassers, die es dem Inhaber auch schon vor Erteilung des Erbscheines erlaubt, auf die Konten des → Erblassers zuzugreifen.

Bedarfswert

Wert einer Immobilie, berechnet nach den Vorschriften des Bewertungsgesetzes, wie er der Erbschaft-, Schenkung- oder Grunderwerbsteuer zugrunde gelegt wird.

Befreite Vorerbschaft

→ Vorerbschaft.

Behindertengerechtes Testament

Testament, mit dem verhindert werden kann, dass der Sozialhilfeträger auf den Erbteil oder Pflichtteil eines Erben zugreifen kann, der Sozialleistungen empfängt (z.B. wegen seiner Behinderung).

Berliner Testament

→ Ehegattentestament, bei dem sich die Ehegatten beim Tod des Erstversterbenden gegenseitig zu Alleinerben und ihre Kinder beim Tod des Letztversterbenden als → Schlusserben einsetzen.

Bestimmungsvermächtnis

→ Vermächtnis, das mehreren Personen in der Art zugewandt wird, dass eine dritte Person bestimmt, welche dieser Personen das Vermächtnis erhält.

Betreuung

Ist ein Volljähriger aufgrund einer Behinderung oder Krankheit physisch oder psychisch nicht in der Lage, seine Angelegenheiten selber zu besorgen, so wird ihm vom → Vormundschaftsgericht ein Betreuer zur Seite gestellt, der ihn umfassend oder auf einzelnen Gebieten unterstützt. Soweit ein Einwilligungsvorbehalt des Betreuers besteht, kann der Betreute ohne den Betreuer die betroffenen Rechtsgeschäfte nicht abschließen.

Betreuungsverfügung

Anordnung einer Person für den Fall, dass sie unter → Betreuung gestellt wird bezüglich der Person des Betreuers und Art der Ausübung der → Betreuung.

Betriebsaufspaltung

Aufteilung eines Betriebes in zwei Gesellschaften: das Betriebsunternehmen auf der einen Seite, das Besitzunternehmen, das die Verwaltung der Betriebsmittel zusammenfasst, auf der anderen Seite.

Betriebsvermögensfreibetrag

Steuerlicher → Freibetrag bei der Übertragung von Betriebsvermögen im Rahmen einer Schenkung oder eines → Erbfalls.

Betriebsvermögensprivilegien

Erbschaft- und schenkungsteuerliche Vergünstigungen bei der Übertragung von Betriebsvermögen. Hierunter fallen insbesondere der → Betriebsvermögensfreibetrag, der → Bewertungsabschlag und das → Steuerklassenprivileg.

Bewertungsabschlag

Steuererleichterung für die Übertragung von Betriebsvermögen: Der nach Abzug des → Betriebsvermögensfreibetrages verbleibende Erwerb ist nur mit einem Bruchteil seines Wertes zu versteuern.

Buchgewinn

Noch nicht realisierter Gewinn, wenn der → Verkehrswert einer Sache größer ist als sein → Buchwert.

Buchwert

Wert, mit dem ein Wirtschaftsgut in der Bilanz steht.

Capital-Gains-Steuer

In Rechtsordnungen, die keine Erbschaftsteuer kennen, wird z.T. (insbesondere in anglo-amerikanischen Rechtsordnungen) die Erbschaft als Veräußerungsgewinn fingiert und dann versteuert.

Dauernde Last

In der Höhe u.U. veränderliche (da z.B. gewinn- oder umsatzabhängig), regelmäßig wiederkehrende Leistung, in der Regel als Geld-, seltener als Sachleistung. Oft als Gegenleistung zur Vermögensübertragung im Wege der → vorweggenommenen Erbfolge.

Dauertestamentsvollstreckung

→ Testamentsvollstreckung.

Dauervollstreckung

→ Testamentsvollstreckung.

Doppelbesteuerungsabkommen (DBA)

Vertrag zwischen zwei Staaten, dessen Regelungen vermeiden sollen, dass ein und derselbe Vorgang von beiden Staaten besteuert wird.

Ehegattentestament

→ Testament, das zwei Eheleute oder Partner einer eingetragenen Lebenspartnerschaft gemeinsam errichten. Es unterliegt einer erleichterten Form, wenn es handschriftlich verfasst wird, da nur einer der beiden Ehegatten das → Testament komplett handschriftlich verfassen muss, und der andere Ehegatte sich dann dieser → letztwilligen Verfügung durch Unterschrift anschließen kann.

Ehevertrag

Vertrag zwischen zwei Ehegatten v.a. zur Regelung des → Güterstandes. Er kann auch Regelungen für den Fall der Scheidung, insbesondere zu Unterhaltspflichten enthalten. Der Ehevertrag muss notariell beurkundet werden.

Einbringung

Überführung eines Vermögensgegenstandes in das Betriebsvermögen.

Einheitswert

Wert bestimmter Wirtschaftsgüter im Rahmen der steuerlichen Bewertung. V.a. bei der Bewertung von Grundstücken üblich, heute noch Grundlage für die Festsetzung der Grundsteuer.

Einzelrechtsnachfolge

In anderen Ländern bestehendes System der Rechtsnachfolge der → Erben in einzelne Vermögensgegenstände des → Erblassers. Auch → Singularsukzession genannt. Gegenbegriff zu dem in Deutschland herrschenden Grundsatz der → Gesamtrechtsnachfolge oder → Universalsukzession.

Enterbung

Ausschluss eines → gesetzlichen Erben von der → Erbfolge durch → Testament. Abkömmlinge, Ehegatten und evtl. die Eltern des Erblassers bekommen, wenn sie enterbt wurden, die Hälfte ihres gesetzlichen Erbteils als → Pflichtteil.

Entnahme

Gegenbegriff zur → Einbringung. Überführung eines Vermögensgegenstandes aus dem Betriebsvermögen in das Privatvermögen.

Erbanfall

Der Übergang aller Rechte und Pflichten auf den oder die → Erben beim Tod des → Erblassers. Der Erbanfall, auch → Erbgang genannt, geschieht automatisch, die Erbschaft kann jedoch → ausgeschlagen werden.

Erbauseinandersetzung

Verteilung des → Nachlasses auf die → Erben.

Erbausschlagung

→ Ausschlagung.

Erbe

Der Erbe tritt nach § 1922 BGB beim Tode des → Erblassers in dessen Rechte und Pflichten ein.

Erbengemeinschaft

Gibt es mehrere → Erben, so bilden sie bis zur → Auseinandersetzung des → Nachlasses eine Erbengemeinschaft. Der → Nachlass steht allen → Erben in Bruchteilen entsprechend ihrer jeweiligen → Erbquote zu und wird gemeinschaftlich verwaltet.

Erbenhaftung

Da die → Erben alle Rechte und Pflichten des → Erblassers übernehmen, haften sie auch für die Schulden, die der → Erblasser hinterlässt. Ist der → Nachlass überschuldet, also hat der → Erblasser mehr Schulden als Aktivvermögen hinterlassen, so können die → Erben ihre Haftung unter bestimmten Voraussetzungen auf das hinterlassene Vermögen begrenzen und ein → Nachlassinsolvenzverfahren beantragen.

Erbersatzsteuer

→ Familienstiftungen oder -vereine, die als juristische Personen zeitlich unbegrenzt existieren können, werden regelmäßig alle 30 Jahre zu einer Erbersatzsteuer herangezogen. Dabei wird ein Erbfall fingiert und das Vermögen der Stiftung oder des Vereins als steuerpflichtiger Erwerb zugrunde gelegt.

Erbfolge
Die Rechtsnachfolge der ➝ Erben in die Rechte und Pflichten des ➝ Erblassers. In Deutschland ➝ Universalsukzession oder ➝ Gesamtrechtsnachfolge (im Gegensatz zur ➝ Singularsukzession oder ➝ Einzelrechtsnachfolge).

Erbgang
➝ Erbanfall.

Erblasser
Person, die beim ihrem Tod ihr Vermögen den ➝ Erben hinterlässt.

Erbquote
Der Bruchteil, zu dem ein ➝ Miterbe in die Rechte und Pflichten des ➝ Erblassers eintritt.

Erbschaftsteuer
Steuer, die für den Vermögenszuwachs aus Anlass eines Erbfalls vom Erben oder Vermächtnisnehmer erhoben wird. In Deutschland geregelt im Erbschaft- und Schenkungsteuergesetz.

Erbschaftsteuerrichtlinien
Verwaltungsvorschriften zur Auslegung des Erbschaft- und Schenkungsteuergesetzes. Sie haben zwar keine Gesetzeskraft, binden aber die Verwaltung.

Erbschaftsteuerwert
Wert eines Gegenstandes, wie er für die Erhebung der ➝ Erbschaftsteuer zugrunde gelegt wird. Oft niedriger als der ➝ Verkehrswert.

Erbschein
Ein auf Antrag des oder der Erben vom Nachlassgericht erstelltes Zeugnis über die Erbenstellung. Der Erbschein hat öffentlichen Glauben, d.h. der Inhalt des Erbscheins wird als richtig vermutet.

Erbteil
Der Teil des Nachlasses, der auf einen ➝ Miterben entfällt (➝ Erbquote).

Erbvertrag
Form der ➝ letztwilligen Verfügung, bei der der spätere ➝ Erblasser mit einer anderen Person einen notariellen Vertrag schließt. Die vertragsmäßigen Verfügungen binden den ➝ Erblasser auch schon zu Lebzeiten, d.h. er kann keine andere ➝ letztwillige Verfügung mehr treffen, die den vertragsmäßigen Verfügungen widerspricht.

Erbverzicht
Verzicht eines ➝ gesetzlichen Erben auf sein ➝ gesetzliches Erbrecht in notarieller Form. Der verzichtende ➝ Erbe ist somit von der ➝ gesetzlichen Erbfolge ausgeschlossen und verliert auch seinen ➝ Pflichtteilsanspruch.

Ersatzerbe

→ Erbe, der nur für den Fall eingesetzt wird, dass die vorrangig als → Erbe eingesetzte Person nicht erben kann oder will, also z.B. vor dem Erblasser verstirbt oder die → Erbschaft ausschlägt.

Ertragswert

Wert insbesondere eines Unternehmens oder Grundstücks, der sich an dem erzielten und/oder zu erwartenden Ertrag orientiert.

Ertragswertverfahren

Verfahren zur Bewertung des → Ertragswertes eines Wirtschaftsgutes.

EU-Verordnung

Regelung, die in einem gesetzgebungsähnlichem Verfahren von den Organen der Europäischen Union erlassen wird und in den EU-Mitgliedstaaten gesetzesgleich unmittelbare Anwendung findet.

Familienstiftung

→ Stiftung zur Unterstützung einer Familie (meist die des Stifters).

Fideikommiss

Ursprünglich römisches Rechtsinstitut, bei dem ein → Erblasser einer anderen Person die Erfüllung einer Aufgabe zu treuen Händen übergibt. Später unveräußerliche Vermögensmassen, die von Treuhändern verwaltet wurden. Diese Vermögensmassen wurden mit der Abschaffung der Fideikommisse im

deutschen Recht meist in → Stiftungen überführt.

Freibetrag

Steuerbefreiung: Für einen Erwerb bis zur Höhe des Freibetrages müssen keine Steuern gezahlt werden.

Gemeinschaftliches Testament

→ Ehegattentestament.

Gesamthandsgemeinschaft

Vermögensgemeinschaft, deren Rechte und Pflichten mehreren Personen gemeinschaftlich zustehen. Beispiel: → Erbengemeinschaft.

Gesamtrechtsnachfolge

Rechtsnachfolge der → Erben in alle Rechte und Pflichten des → Erblassers, also in sein gesamtes Vermögen, bei mehreren → Erben jeweils in Quoten. Auch → Universalsukzession genannt. Gegenbegriff zu → Einzelrechtsnachfolge oder → Singularsukzession.

Gesellschaft bürgerlichen Rechts (GbR)

Zusammenschluss mehrerer Personen zur Förderung eines gemeinschaftlichen Gesellschaftszwecks, Grundform der Personengesellschaft.

Gesetzliche Erbfolge

Bestimmung der → Erben ohne → letztwillige Verfügung. Die gesetzlichen Erben sind nach dem Grad der Verwandtschaft zum → Erblasser in Ordnungen eingeteilt. Mitglieder einer höheren Ordnung erben nur, wenn keine Verwandten niedrigerer Ordnungen erben.

Gesetzlicher Erbteil

Quote am → Nachlass, die einer Person nach der → gesetzlichen Erbfolge zusteht oder zustehen würde.

Gesetzlicher Güterstand

Güterstand, in dem die Ehegatten leben, wenn sie keine abweichende Vereinbarung in einem → Ehevertrag getroffen haben. In Deutschland ist der gesetzliche Güterstand die → Zugewinngemeinschaft.

Gewerblich geprägte Personengesellschaft

GmbH & Co. KG, die gewerblich tätig ist.

Gewerblicher Grundstückshandel

Sobald der Verkauf von Grundstücken ein gewisses Maß überschreitet, so wird unterstellt, dass es sich um einen Gewerbebetrieb handelt. Die Gewinne sind dann auch nach Ablauf der Spekulationsfrist/Veräußerungsfrist von zehn Jahren einkommensteuerpflichtig.

Gewillkürte Erbfolge

Regelung der → Erbfolge durch den → Erblasser in einer → letztwilligen Verfügung.

Gewinnrealisierung

Tatsächlich erzielter Gewinn, der auch der Einkommensteuer unterliegen kann.

Grundbuch

Öffentliches Register, das bei den Amtsgerichten geführt wird und das Auskunft über das Eigentum und die Belastungen von Grundstücken gibt.

Gütergemeinschaft

→ Güterstand, nach dem der Großteil des Vermögens beider Ehegatten beiden gemeinsam gehört. Daneben haben aber beide Ehegatten noch ein Vorbehaltsgut und ein Sondergut, das ihnen jeweils alleine gehört. Dieser → Güterstand kann in Deutschland nur durch notariellen → Ehevertrag begründet werden.

Güterstand

Regelung der vermögensrechtlichen Beziehungen zwischen den Ehegatten während der Ehe. Es gibt den → gesetzlichen Güterstand der → Zugewinngemeinschaft sowie die durch → Ehevertrag zu begründenden Güterstände der → Gütertrennung und der → Gütergemeinschaft oder diverse Abwandlungen der → Zugewinngemeinschaft.

Güterstandsregister

Öffentliches Verzeichnis, in das vom →gesetzlichen Güterstand abweichende Vereinbarungen zwischen Ehegatten eingetragen werden können. Es wird bei den Amtsgerichten (→ Registergericht) geführt.

Gütertrennung

Durch notariellen → Ehevertrag begründeter → Güterstand, bei dem die Vermögensmassen der beiden Eheleute sowohl während der Ehe als auch nach Beendigung der Ehe getrennt bleiben.

Hausse
Steigende Börsenkurse. Gegenteil von → Baisse.

Juristische Person
Personenvereinigung (Vereine, Gesellschaften etc.) oder selbständige Vermögensmasse, der vom Gesetz eine eigene Rechtspersönlichkeit zugesprochen wird. Sie ist selber Träger von Rechten und Pflichten.

Kapitalkonto
Konto, das bei Personengesellschaften die Entwicklung des Gesellschaftsanteils eines Gesellschafters aufzeigt. Angefangen von der Einlage werden darauf auch sämtliche diesem Gesellschafter zugewiesenen Gewinne und Verluste ausgewiesen.

Kommanditgesellschaft auf Aktien
Mischform der Kommanditgesellschaft und der Aktiengesellschaft, bei der mindestens ein Gesellschafter, der Komplementär, unbeschränkt haftet.

Körperschaftsteuer
Äquivalent zur Einkommensteuer für → Juristische Personen und Kapitalgesellschaften.

Leibgeding
Die Rechte, die sich der Landwirt bei Übergabe eines landwirtschaftlichen Betriebes an seinen Nachfolger vorbehält, in der Regel auf Lebenszeit: Wohnrecht, Naturalleistungen, Geldrenten, Nutzungsrechte, etc.

Leibrente
Wiederkehrende Leistung, üblicherweise vertraglich auf Lebenszeit vereinbart, oft im Zusammenhang mit Vermögensübertragungen zur → vorweggenommenen Erbfolge. Anders als bei der → dauernden Last ist die Leibrente in der Höhe grundsätzlich unveränderlich.

Letztwillige Verfügung
Verfügung von Todes wegen. Anordnung des → Erblassers, die zu seinem Tode Wirkung entfalten soll. Üblicherweise → Testament oder → Erbvertrag.

Miterbe
Einer von mehreren gleichzeitig berufenen → Erben.

Mittelbare Grundstücksschenkung
Schenkung eines Geldbetrages, mit dem ein bestimmtes Grundstück erworben werden soll.

Nacherbe
Der Nacherbe erbt nicht direkt mit dem Tod des → Erblassers, sondern erst zu einem vom → Erblasser bestimmten Zeitpunkt (→ Nacherbfall). Juristisch

erbt der Nacherbe aber direkt vom → Erblasser, nicht vom → Vorerben.

Nacherbfall

Der Zeitpunkt oder das Ereignis, zu dem das Vermögen vom → Vorerben auf den → Nacherben übergeht, wird als Nacherbfall bezeichnet.

Nacherbschaft

Der → Erblasser kann verfügen, dass sein Vermögen oder ein Teil davon zunächst auf eine oder mehrere Personen (→ Vorerbe), später zu einem bestimmten Zeitpunkt oder bei Eintritt eines bestimmten Ereignisses (→ Nacherbfall) auf eine oder mehrere andere Personen (→ Nacherbe) übergehen soll. Die beim → Nacherben anfallende Erbschaft wird als Nacherbschaft bezeichnet.

Nachfolgeklausel

Regelung im Gesellschaftsvertrag, nach der ein bestimmter oder alle → Erben eines Gesellschafters nach dessen Tode an seiner Stelle in die Gesellschaft eintreten können oder ausdrücklich davon ausgeschlossen sein sollen.

Nachlass

Das Vermögen des → Erblassers mit allen Aktiva und Passiva.

Nachlassgericht

Abteilung des Amtsgerichts, das für Verfahren im Zusammenhang mit erbrechtlichen Fragen zuständig ist.

Nachlassinsolvenzverfahren

Verfahren, das bei Überschuldung des → Nachlasses dazu dienen soll, die Haftung der → Erben auf die Nachlassaktiva zu begrenzen.

Nachlasssteuer

→ Erbschaftsteuer.

Nachlassverbindlichkeit

Verbindlichkeiten, die vom → Nachlass zu begleichen sind. Hierunter fallen einerseits die Erblasserschulden, also die vom → Erblasser selbst eingegangenen Verbindlichkeiten, und die Erbfallschulden, die im Zusammenhang mit dem Erbfall selber stehen (z.B. Beerdigungskosten, Kosten der Nachlassabwicklung etc.).

Nachlassversteigerung

Versteigerung einzelner Nachlassgegenstände (besonders häufig: Grundstücke) oder des gesamten Nachlasses zum Zwecke der → Auseinandersetzung. Der Erlös wird entsprechend den → Erbquoten auf die → Erben verteilt.

Nachlassverzeichnis

Verzeichnis aller Nachlassaktiva und -passiva.

Nachvermächtnis

Parallel zur → Nacherbschaft kann auch ein → Vermächtnis erst einem Vorvermächtnisnehmer und dann einem Nachvermächtnisnehmer zugewandt werden.

Nießbrauch

Das Recht, aus einer Sache oder einem Recht Nutzungen zu ziehen. Der Berechtigte kann die Sache oder das Recht selbst nutzen oder die Früchte daraus ziehen.

Nießbrauchsvorbehalt

Klausel, üblicherweise im Vertrag zur Übertragung von Immobilien oder anderen wertvollen Gegenständen im Wege der ➙ vorweggenommenen Erbfolge, mit der sich der Übertragende den ➙ Nießbrauch an dem übertragenen Gegenstand sichert. Auf diese Weise kann der Übertragende den Gegenstand auch nach der Übertragung nutzen oder die Früchte daraus ziehen, obwohl das Eigentum bereits auf den Erwerber übergegangen ist.

Objektgesellschaft

Gesellschaft, die zur Verwaltung eines bestimmten Vermögens (meist Immobilien) gegründet wird. Durch die Ausnutzung diverser Steuerprivilegien kann so unter Umständen ➙ Erbschaftsteuer gespart werden.

Öffentliches Testament

Vor einem Notar errichtetes ➙ Testament.

Öffnungsklausel

Hier: Klausel in einem ➙ Ehegattentestament, die es dem überlebenden Ehegatten in den im Testament formulierten Grenzen erlaubt, das ➙ Ehegattentesta-

ment auch nach dem Tode des zuerst versterbenden Ehegatten zu ändern.

Patientenverfügung

Verfügung einer Person, wonach insbesondere lebensverlängernde medizinische Maßnahmen nicht mehr länger durchzuführen sind, wenn sie sich in einer aussichtslosen gesundheitlichen Verfassung befindet.

Pflichtteil

Mindestbeteiligung des Ehegatten, der Abkömmlinge und u.U. der Eltern des ➙ Erblassers am ➙ Nachlass. Der Pflichtteil beträgt die Hälfte des ➙ gesetzlichen Erbteils.

Pflichtteilsergänzungsanspruch

Aufstockung des Pflichtteils, wenn der ➙ Erblasser innerhalb der letzten zehn Jahre vor seinem Tod Schenkungen gemacht hat. Dies soll verhindern, dass der ➙ Erblasser die Pflichtteilsberechtigten durch Schenkungen kurz vor seinem Tode ungebührlich benachteiligt.

Pflichtteilsstrafklausel

Meist in ➙ Ehegattentestamenten enthaltene Klausel, mit der ein Pflichtteilsberechtigter, der für den Fall des Todes des ersten Erben (meist eines Elternteils) ➙ enterbt wurde, davon abgehalten werden soll, den ➙ Pflichtteil zu verlangen. In der Regel wird er, sollte er den ➙ Pflichtteil verlangen, dann beim Tod des anderen Ehegatten auch auf den → Pflichtteil gesetzt.

Pflichtteilsverzicht
In einem notariellen Vertrag zwischen dem zukünftigen → Erblasser und dem Pflichtteilberechtigten enthaltener Verzicht des Pflichtteilsberechtigten auf seinen → Pflichtteil für den Fall seiner Enterbung. Sollte es aber keine → letztwillige Verfügung geben, so bleibt ihm das → gesetzliche Erbrecht erhalten. Der Pflichtteilsverzicht kann auch beschränkt werden, etwa auf den → Pflichtteilsergänzungsanspruch.

Pro-Rata-Regelung
Der Pflichtteilsergänzungsanspruch nach einer Schenkung schmilzt jährlich um $1/10$ über zehn Jahre anteilig („prorata") ab.

Publikumsgesellschaft
Kommanditgesellschaft, die für eine Vielzahl nicht persönlich haftender Gesellschafter geöffnet ist.

Registergericht
Gericht, das ein öffentliches Register führt, z.B. Handelsregister oder → Güterstandsregister.

Rente
→ Leibrente.

Rückfallklausel
Klausel in einem Schenkungsvertrag, die bestimmt, unter welchen Umständen der geschenkte Gegenstand automatisch wieder an den Schenkenden zurückfällt.

Rückübertragungsanspruch
Anspruch des Schenkenden gegen den Beschenkten auf Rückübertragung des geschenkten Gegenstandes.

Schenkung
Vermögensübertragung ohne Gegenleistung.

Schenkung auf den Todesfall
→ Schenkung unter Lebenden, die jedoch erst beim Tod des Schenkers vollzogen werden soll.

Schenkung unter Lebenden
→ Schenkung, die zu Lebzeiten des Schenkers und des Beschenkten vorgenommen wird.

Schenkung von Todes wegen
Schenkungsversprechen unter der Bedingung, dass der Beschenkte den Schenker überlebt. Im Gegensatz zur Schenkung unter Lebenden oder auf den Todesfall finden besondere Formvorschriften Anwendung.

Schlusserbe
In einem → Berliner Testament als → Erbe nach dem letztversterbenden Ehegatten eingesetzte Person.

Singularsukzession
→ Einzelrechtsnachfolge.

Sonderbetriebsvermögen

Wirtschaftsgüter aus dem Privatvermögen eines Gesellschafters, die aber unmittelbar gesellschaftlichen Zwecken dienen.

Sozialhilfefestes Testament

➥ Behindertengerechtes Testament.

Spekulationsfrist

➥ Spekulationsgeschäft.

Spekulationsgeschäft

Veräußerungsgeschäft, bei dem zwischen An- und Verkauf ein gesetzlich festgelegter Zeitraum (➥ Spekulationsfrist) nicht überschritten wird. Die Gewinne aus solchen Geschäften sind einkommensteuerpflichtig (➥ Spekulationssteuer).

Spekulationssteuer

➥ Spekulationsgeschäft.

Steuerklassen

Einteilung der Steuerpflichtigen in Gruppen, sei es z.B. bei der Einkommensteuer oder auch bei der ➥ Erbschaftsteuer.

Steuerklassenprivileg

Ermäßigung bei der ➥ Erbschaftsteuer, wenn Betriebsvermögen an Personen vererbt wird, die nicht zur günstigsten ➥ Steuerklasse gehören.

Steuerprogression

Der ➥ Steuersatz erhöht sich mit den zu versteuernden Einnahmen, so dass auf höhere Einnahmen prozentual mehr Steuern zu zahlen sind als auf niedrigere.

Steuersatz

Prozentsatz, der bestimmt, welcher Anteil der Einnahmen als Steuern abzuführen sind.

Steuerwert

Wert eines Wirtschaftsgutes, wie er für die Berechnung der Steuer zugrunde gelegt wird.

Stichtagsprinzip

Grundsatz, nach dem für bestimmte steuerrechtliche Folgen ausschließlich die Situation an einem bestimmten (Stich-)Tag ausschlaggebend ist.

Stiftung

Vermögensmasse mit eigener Rechtspersönlichkeit. Die Stiftung ist eine ➥ juristische Person.

Stille Beteiligung

Beteiligung einer Person am Handelsgewerbe einer anderen Person, ohne dass die Beteiligung nach außen in Erscheinung tritt.

Stille Reserven

Beim Verkauf eines Wirtschaftsgutes, dessen ➥ Buchwert niedriger ist als sein ➥ Verkehrswert, realisierte ➥ Buchgewinne. Stille Reserven müssen versteuert werden.

Stuttgarter Verfahren
Verfahren zur Ermittlung des Wertes nicht-börsennotierter Kapitalgesellschaften zum Zwecke der Erhebung der Erbschaftsteuer.

Teilungsanordnung
Verfügung des ➡ Erblassers in seiner ➡ letztwilligen Verfügung, die bestimmt, welcher ➡ Erbe welche Nachlassgegenstände erhalten soll.

Teilungsverbot
➡ Auseinandersetzungsverbot.

Teilungsversteigerung
➡ Nachlassversteigerung.

Testament
Einseitige ➡ letztwillige Verfügung des Erblassers, in der er Verfügungen für den Fall seines Todes trifft. Er kann insbesondere ➡ Erben einsetzen, ➡ Vermächtnisse aussetzen, einen ➡ Testamentsvollstrecker einsetzen, ➡ Auflagen anordnen, ➡ Teilungsanordnungen treffen etc.

Testamentseröffnung
Gerichtliche Öffnung und Verlesung eines bei Gericht verwahrten oder dort abgegebenen ➡ Testamentes.

Testamentsvollstrecker
Person, die das Testament vollstrecken soll ➡ Testamentsvollstreckung.

Testamentsvollstreckung
Anordnung des ➡ Erblassers in einer ➡ letztwilligen Verfügung, nach der ein ➡ Testamentsvollstrecker die Ausführung des letzten Willens des ➡ Erblassers überwachen und notfalls durchsetzen soll. Die Testamentsvollstreckung kann auf die ➡ Auseinandersetzung des Nachlasses beschränkt sein (➡ Auseinandersetzungsvollstreckung) oder darüber hinaus zur Verwaltung des Nachlasses angeordnet sein (➡ Verwaltungsvollstreckung oder ➡ Dauervollstreckung).

Testierfähigkeit
Fähigkeit einer Person, selbständig ein ➡ Testament zu errichten. In Deutschland ab Vollendung des 16. Lebensjahres bis zum Tode, sofern die Einsicht in die Tragweite der Verfügung nicht wegen einer Bewusstseinsstörung oder durch Geistesschwäche oder Krankheit eingeschränkt ist.

Testierfreiheit
Freiheit einer Person, ➡ letztwillige Verfügungen zu treffen. Im Grundgesetz grundrechtlich geschützt. Die Testierfreiheit ist jedoch durch das ➡ Pflichtteilsrecht eingeschränkt.

Trust

Insbesondere in anglo-amerikanischen Rechtsordnungen übliche Treuhandkonstruktion, die auch für die Nachlassgestaltung eingesetzt wird.

Umwandlungssteuergesetz

Vorschrift über die steuerrechtlichen Folgen einer Umwandlung einer Gesellschaft, also der Überführung der Gesellschaft in eine andere Rechtsform.

Universalsukzession

➙ Gesamtsrechtsnachfolge.

Verfügung von Todes wegen

➙ Letztwillige Verfügung.

Verkehrswert

Der bei einem Verkauf auf dem freien Markt erzielbare Wert eines Wirtschaftsgutes.

Verlustvortrag

Berücksichtigung bereits entstandener Verluste in späteren Veranlagungszeiträumen zur Senkung des dann zu versteuernden Einkommens.

Vermächtnis

Zuwendung eines Vermögensvorteils beim Tode des ➙ Erblassers durch ➙ letztwillige Verfügung. Im Gegensatz zu anderen Rechtsordnungen, die auch das „Vindikationslegat" kennen, bekommt der ➙ Vermächtnisnehmer nach deutschem Recht nicht unmittelbar das Eigentum an dem vermachten Vermögen, sondern nur einen schuldrechtlichen Anspruch gegen den oder die ➙ Erben auf Übereignung („Damnationslegat").

Vermächtnisnehmer

Person, der ein ➙ Vermächtnis zugewandt wird.

Versorgungsfreibetrag

➙ Freibetrag zugunsten des überlebenden Ehegatten und der unter 28 Jahre alten Kinder des ➙ Erblassers bei der ➙ Erbschaftsteuer, um deren Versorgung sicherzustellen.

Vertrag zu Gunsten Dritter

Vertrag zwischen zwei Personen, der eine Leistungspflicht einer der Vertragsparteien nicht an die andere Vertragspartei, sondern an eine dritte Person begründet. Je nach Ausgestaltung des Vertrages hat nur der Gläubiger oder aber auch der Dritte einen Anspruch auf Erfüllung der versprochenen Leistung.

Verwaltungsvollstreckung

➙ Testamentsvollstreckung.

Vorausvermächtnis

Einem ➙ Erben zugewandtes Vermächtnis. Dieser Erbe bekommt das ➙ Vermächtnis ohne Anrechnung auf seine ➙ Erbquote, d.h. zusätzlich zu dem ihm quotal zustehenden Anteil am restlichen ➙ Nachlass.

Vorerbe

Der Vorerbe erbt direkt beim Tode des ➡ Erblassers, das Ererbte fällt jedoch beim ➡ Nacherbfall an den ➡ Nacherben.

Vorerbschaft

Der ➡ Erblasser kann verfügen, dass sein Vermögen oder ein Teil davon zunächst auf eine oder mehrere Personen (➡ Vorerbe), später zu einem bestimmten Zeitpunkt oder bei Eintritt eines bestimmten Ereignisses (➡ Nacherbfall) dann auf eine oder mehrere andere Personen (➡ Nacherbe) übergehen soll. Die beim ➡ Vorerben anfallende Erbschaft wird als Vorerbschaft bezeichnet. Das Gesetz sieht weitgehende Verfügungsbeschränkungen für den ➡ Vorerben vor, um dem Nacherben die Substanz der Erbschaft zu erhalten (nicht befreite Vorerbschaft). Der ➡ Erblasser kann den ➡ Vorerben jedoch in seiner ➡ letztwilligen Verfügung von den meisten dieser Beschränkungen befreien (befreite Vorerbschaft) und ihm somit größere Verfügungsrechte über den ➡ Nachlass zugestehen.

Vormundschaftsgericht

Abteilung des Amtsgerichts, die für Betreuungssachen, Adoptionen und Vormundschaften zuständig ist.

Vorsorgevollmacht

Vollmacht, in der Regel Generalvollmacht, für den Fall, dass der Vollmachtgeber wegen Krankheit, Alter, etc. selber nicht mehr in der Lage ist, seine Angelegenheiten selbst zu regeln.

Vorweggenommene Erbfolge

Übertragung von Vermögen an die Nachkommen schon zu Lebzeiten, meist aus dem Grund, um die für lebzeitige Schenkungen und Erbschaften gleichermaßen geltenden Steuerfreibeträge mehrfach ausnutzen zu können.

Wechselbezügliche Verfügungen

Verfügungen in ➡ Ehegattentestamenten, die in einem Gegenseitigkeitsverhältnis stehen. Sie können nicht ohne Wissen des anderen zu Lebzeiten beider Ehegatten geändert werden und entfalten nach dem Tode des Erstversterbenden ähnliche Bindungswirkung wie vertragsmäßige Verfügungen in einem ➡ Erbvertrag.

Wiederverheiratungsklausel

Regelung in ➡ Ehegattentestamenten über die Folgen einer erneuten Eheschließung des überlebenden Ehegatten. Meist wird die Wiederverheiratung als ➡ Nacherbfall für die ➡ Nacherbschaft der gemeinsamen Abkömmlinge festgesetzt oder die ➡ Testierfreiheit für vorher erworbenes Vermögen eingeschränkt.

Wohnrecht

Recht einer Person, ein Grundstück ganz oder zum Teil unter Ausschluss des Eigentümers selber zu nutzen. Das Wohnrecht unterscheidet sich vom

➡ Nießbrauch dadurch, dass der Wohnberechtigte kein Recht auf die Früchte (insbesondere Mietzinseinnahmen) hat, wenn er das Gebäude nicht selbst nutzt.

Zugewinnausgleich

Ausgleichzahlung desjenigen Ehegatten, der im Laufe der Ehe mehr verdient hat, an den anderen Ehegatten bei Beendigung des ➡ Güterstandes der ➡ Zugewinngemeinschaft durch Scheidung oder Tod eines Ehepartners. Bei der Beendigung des ➡ Güterstandes durch Tod eines Ehegatten kann stattdessen auch ein pauschalierter Zugewinnausgleich in Höhe eines Viertels des ➡ Nachlasses gewählt werden.

Zugewinngemeinschaft

➡ Gesetzlicher Güterstand, der jedoch durch notariellen ➡ Ehevertrag modifiziert oder durch einen anderen ➡ Güterstand (➡ Gütertrennung oder ➡ Gütergemeinschaft) ersetzt werden kann. Während der Ehe sind die Vermögensmassen der beiden Ehegatten voneinander getrennt. Bei Auflösung der Ehe durch Scheidung oder Tod eines Ehegatten wird verglichen, wie viel die beiden Ehegatten im Laufe der Ehe hinzuverdient haben. Die Differenz der Zugewinne ist soweit auszugleichen, dass beide Ehegatten gleich viel hinzuverdient haben (➡ Zugewinnausgleich).

Zustiftung

Zuwendung in das Kapital einer bereits bestehenden ➡ Stiftung.

Zuwendungsnießbrauch

➡ Nießbrauch.

Stichwortregister

Dr. Thomas Fritz:
Wie Sie Ihre Familie zerstören
ohne es zu merken

1. Auflage, 160 Seiten, Gebunden
34,90 €, Inhalt durchgehend zweifarbig
ISBN: 978-3-941480-46-9

Inhalt:

Was kann es vergnüglicheres geben als sich von Anekdoten unterhalten zu lassen und nicht ganz ohne Schadenfreude zu begreifen, wie man es keinesfalls machen sollte. Und die Lösung, wie man es richtig macht, wird gleich mitgeliefert.

Meistens ist es – wenn man etwas genauer hinschaut – in den meisten Erbfällen und sonstigen Geschäften innerhalb der Familie gar nicht so sehr der Vermögensaspekt (wer kriegt mehr und wer kriegt weniger?), der zählt, sondern die emotionale Frage, wer bevorzugt und wer – möglicherweise „schon wieder mal" – benachteiligt wird.

Nichts bringt so viel Streit und Leid in die Familien wie falsche Rechtshandlungen: Anhand von 25 unterhaltsamen Anekdoten werden elementare Versäumnisse und Fehler aufgezeigt, die täglich gemacht werden.

Der Autor schildert die Problemstellen in den Bereichen

- Adoption
- Auslandssachverhalte
- Behandlung des Hausrats
- Betreuung
- Ehescheidung und Scheidungsfolgen und deren Vereinbarungen
- Erbrecht
- Familienrechtliche Verträge
- Eheliche Lebensgemeinschaft
- Ehewohnung und Gewaltschutz
- Elterliche Sorge und Regelung des Umgangs
- Gleichgeschlechtliche Partnerschaft
- Gütergemeinschaft
- Gütertrennung
- Nicht eheliche Lebensgemeinschaft
- Pflegschaft und Vormundschaft

- Trennungs- und Scheidungsmediation
- Unterhalt
- Versicherungen
- Verträge zum Vermögen der Ehegatten außerhalb des Güterrechts
- Versorgungsausgleich
- Zugewinnausgleich
- Zugewinngemeinschaft

und zeigt auf, wie Sie es besser machen können.

Zielgruppe: Unternehmer sowie Privatpersonen und deren Berater z.B. Rechtsanwälte, Steuerberater, Wirtschaftsprüfer, Unternehmensberater, Kapitalanlageberater, Versicherungsmakler.

- -

Hiermit bestelle ich versandkostenfrei auf Rechnung:

___ Exemplare „**Wie Sie Ihre Familie zerstören ohne es zu merken**" zum Preis von 34,90 € (je Exemplar)

Lieferanschrift:

Name, Vorname _____

Firma _____

Strasse _____

PLZ / Ort _____

E-Mail _____

Telefon _____

HDS-Verlag
Stäudach 52, 71093 Weil im Schönbuch
Telefon: 07157 / 65162, Fax: 07157 / 620294
E-Mail: info@hds-verlag.de
Internet: www.hds-verlag.de